OEUVRES
COMPLÈTES
DE DUCLOS.

TOME HUITIÈME.

DE L'IMPRIMERIE DE P. DIDOT L'AINÉ,
CHEVALIER DE L'ORDRE ROYAL DE SAINT-MICHEL,
IMPRIMEUR DU ROI.

OEUVRES
COMPLÈTES
DE DUCLOS

PRÉCÉDÉES D'UNE NOTICE
SUR SA VIE ET SES ÉCRITS

Par M. AUGER,
DE L'ACADÉMIE FRANÇOISE.

NOUVELLE ÉDITION.

TOME HUITIÈME.

A PARIS,
CHEZ JANET ET COTELLE, LIBRAIRES,
RUE NEUVE-DES-PETITS-CHAMPS, N° 17.

M DCCCXXI.

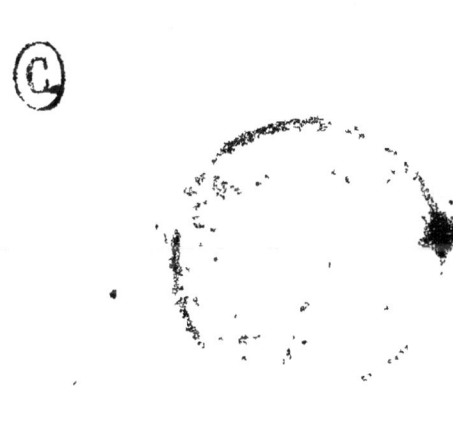

REMARQUES
SUR
LA GRAMMAIRE
GÉNÉRALE ET RAISONNÉE.

La grammaire est l'art de parler.

Parler est expliquer ses pensées par des signes que les hommes ont inventés à ce dessein.

On a trouvé que les plus commodes de ces signes étoient les sons et les voix.

Mais, parceque ces sons passent, on a inventé d'autres signes pour les rendre durables et visibles, qui sont les caractères de l'écriture, que les Grecs appellent γραμματα, d'où est venu le mot de *grammaire*.

Ainsi l'on peut considérer deux choses dans ces signes. La première, ce qu'ils sont par leur nature, c'est-à-dire, en tant que sons et caractères.

La seconde, leur signification, c'est-à-dire, la manière dont les hommes s'en servent pour signifier leurs pensées.

Nous traiterons de l'une dans la première partie de cette grammaire, et de l'autre dans la seconde.

PREMIÈRE PARTIE

OU IL EST PARLÉ DES LETTRES ET DES CARACTÈRES DE L'ÉCRITURE.

CHAPITRE PREMIER.

Des lettres comme sons, et premièrement des voyelles.

Les divers sons dont on se sert pour parler, et qu'on appelle *lettres*, ont été trouvés d'une manière toute naturelle, et qu'il est utile de remarquer.

Car, comme la bouche est l'organe qui les forme, on a vu qu'il y en avoit de si simples, qu'ils n'avoient besoin que de sa seule ouverture pour se faire entendre et pour former une voix distincte, d'où vient qu'on les a appelés *voyelles*.

Et on a aussi vu qu'il y en avoit d'autres qui, dépendant de l'application particulière de quelqu'une de ses parties, comme des dents, des lèvres, de la langue, du palais, ne pouvoient néanmoins faire un son parfait que par l'ouverture même de la bouche, c'est-à-dire, par leur union avec ces premiers sons, et, à cause de cela, on les appelle *consonnes*.

L'on compte d'ordinaire cinq de ces voyelles, *a,
e, i, o, u;* mais, outre que chacune de celles-là peut
être brève ou longue, ce qui cause une variété assez
considérable dans le son, il semble qu'à consulter
la différence des sons simples, selon les diverses
ouvertures de la bouche, on auroit encore pu ajouter quatre ou cinq voyelles aux cinq précédentes;
car l'*e* ouvert et l'*e* fermé sont deux sons assez différents pour faire deux différentes voyelles, comme
mèr, abîmér, comme le premier et le dernier *e* dans
nètteté, dans *sèrré,* etc.

Et de même l'*o* ouvert et l'*o* fermé, *côte* et *cotte,
hôte* et *hotte;* car, quoique l'*e* ouvert et l'*o* ouvert
tiennent quelque chose du long, et l'*e* et l'*o* fermés
quelque chose du bref, néanmoins ces deux voyelles
se varient davantage par être ouvertes et fermées,
qu'un *a* ou un *i* ne varient par être longs ou brefs,
et c'est une des raisons pourquoi les Grecs ont plutôt inventé deux figures à chacune de ces deux
voyelles, qu'aux trois autres.

De plus l'*u,* prononcé *ou,* comme faisoient les Latins, et comme font encore les Italiens et les Espagnols, a un son très différent de l'*u,* comme le prononçoient les Grecs, et comme le prononcent les
François.

Eu, comme il est dans *feu, peu,* fait encore un son
simple, quoique nous l'écrivions avec deux voyelles.

Il reste l'*e* muet ou féminin, qui n'est dans son

origine qu'un son sourd, conjoint aux consonnes, lorsqu'on les veut prononcer sans voyelle, comme lorsqu'elles sont suivies immédiatement d'autres consonnes, ainsi que dans ce mot *scamnum* : c'est ce que les Hébreux appellent *scheva*, sur-tout lorsqu'il commence la syllabe. Et ce *scheva* se trouve nécessairement en toutes les langues, quoiqu'on n'y prenne pas garde, parcequ'il n'y a point de caractère pour le marquer. Mais quelques langues vulgaires, comme l'allemand et le françois, l'ont marqué par la voyelle *e*, ajoutant ce son aux autres qu'elle avoit déja; et de plus ils ont fait que cet *e* féminin fait une syllabe avec sa consonne, comme est la seconde dans *netteté, j'aimerai, donnerai*, etc., ce que ne faisoit pas le *scheva* dans les autres langues, quoique plusieurs fassent cette faute en prononçant le *scheva* des Hébreux. Et ce qui est encore plus remarquable, c'est que cet *e* muet fait souvent tout seul en françois une syllabe, ou plutôt une demi-syllabe, comme *vie, vue, aimée*.

Ainsi, sans considérer la différence qui se fait entre les voyelles d'un même son, par la longueur ou briéveté, on en pourroit distinguer jusqu'à dix, en ne s'arrêtant qu'aux sons simples, et non aux caractères : *a, é, è, i, o, ô, eu, ou, u, e* muet, où l'on peut remarquer que ces sons se prononcent de la plus grande ouverture de la bouche et de la plus petite.

REMARQUES.

Les grammairiens reconoissent plus ou moins de sons dans une langue, selon qu'ils ont l'oreille plus ou moins sensible, et qu'ils sont plus ou moins capables de s'afranchir du préjugé.

Ramus avoit déja remarqué dis voyèles dans la langue françoise, et MM. de P. R. ne difèrent de lui sur cet article, qu'en ce qu'ils ont senti que *au* n'étoit autre chose qu'un *o* écrit avec deus caractères; aigu et bref dans P*au*l, grave et long dans h*au*teur. Ce même son simple s'écrit avec trois ou quatre caractères, dont aucun n'en est le signe propre; par exemple, dans tomb*eau*, dont les trois caractères de la dernière silabe ne font qu'un *ŏ* aigu et bref, et dans tomb*eaus* dont les quatre derniers caractères ne représentent que le son d'un *ô* grave et long que P. R. a substitué à l'*au* de Ramus. Notre ortografe est pleine de ces combinaisons fausses et inutiles. Il est assés singulier que l'abé de Dangeau, qui avoit réfléchi avec esprit sur les sons de la langue, et qui conoissoit bien la gramaire de P. R., ait fait la même méprise que Ramus sur le son *au*, tandis que Wallis, un étranger, ne s'y est pas mépris. C'est que Wallis ne jugeoit les sons que d'oreille, et l'on n'en doit juger que de cète manière, en oubliant absolument cèle dont ils s'écrivent.

MM. de P. R. n'ont pas marqué toutes les voyèles qu'ils pouvoient aisément reconoître dans notre langue; ils n'ont rien dit des nasales. Les Latins en avoient quatre finales, qui terminent les mots *romam*, *urbem*, *sitim*, *templum*, et autres semblables. Ils les regardoient si bien come des voyèles, que dans les vers ils en faisoient l'élision devant la voyèle initiale du mot suivant. Ils pouvoient avoir l'*o* nasal, tel que dans *bombus*, *pondus*, etc., mais il n'étoit jamais final, au lieu que les quatre autres nasales étoient initiales, médiales, et finales.

Je dis qu'ils pouvoient avoir l'*o* nasal; car, pour en être sûr, il faudroit qu'il y ût des mots purement latins terminés en *om* ou *on*, faisant élision avec la voyèle initiale d'un mot suivant, et je ne conois cète terminaison que dans la négation *non*, qui ne fait pas élision. Si l'on trouve quelquefois *servom* pour *servum*, *com* pour *cum*, etc., on trouve aussi dans quelques éditions un *u* au-dessus de l'*o*, pour faire voir que ce ne sont que deus manières d'écrire le même son, ce qui ne feroit pas une nasale de plus. Nous ne somes pas en état de juger de la prononciation des langues mortes. La lètre *m* qui suit une voyèle avec laquèle èle s'unit, est toujours la lètre caractéristique des nasales finales des Latins. A l'égard des nasales initiales et médiales, ils faisoient le même usage que nous des lètres *m* et *n*.

Nous avons quatre nasales qui se trouvent dans *banc, bien, bon, brun*. L'*u* nasal se prononce toujours *eun*, c'est un *eu* nasal. Il faut observer que nous ne considérons ici nos nasales que relativement au son, et non pas à l'ortografe, parcequ'une même nasale s'écrit souvent d'une manière très-diférente. Par exemple, l'*a* nasal s'écrit diféramment dans *antre* et dans *embrasser*. L'*e* nasal s'écrit de cinq manières diférentes, *pain, bien, frein, faim, vin*. Notre ortografe est si vicieuse, qu'il n'y faut avoir aucun égard en parlant des sons de la langue; on ne doit consulter que l'oreille.

Plusieurs grammairiens admètent un *i* nasal, encore le bornent-ils à la silabe initiale et négative qui répond à l'*a privatif* des Grecs, come *ingrat, injuste, infidèle*, etc.; mais c'est un son provincial qui n'est d'usage ni à la cour, ni à la ville. Il est vrai que l'*i* nasal s'est introduit au téâtre, mais il n'en est pas moins vicieus, puisqu'il n'est pas autorisé par le bon usage, auquel le téâtre est obligé de se conformer, come la chaire et le barau. On prononce assés généralement bien au téâtre; mais il ne laisse pas de s'y trouver quelques prononciations vicieuses, que certains acteurs tiènent de leur province ou d'une mauvaise tradition. L'*in* négatif n'est jamais nasal lorsqu'il est suivi d'une voyèle; alors l'*i* est pur, et le *n* modifie la voyèle suivante. Exemple, i-nutile, i-noui, i-natendu, etc. Lorsque le son est nasal, come dans *in*constant, *in*grat, etc., c'est un *e* nasal pour l'oreille, quoiqu'il soit écrit avec un *i;* ainsi on doit prononcer *ain*constant, *ain*grat.

Si nous joignons nos quatre nasales aux dis voyèles reconues par MM. de P. R., il y en aura déjà quatorze. Mais puisqu'ils distinguent trois *e* et deus *o*, pourquoi n'admètoient-ils pas deus *a,* l'un grave et l'autre aigu, come dans *pâte, massa farinacea,* et *păte, pes;* et dans *eu*, come dans *jeûne, jejunium,* et *jeŭne, juvenis ?* L'aigu et le grave diférent par le son, indépendament de leur quantité. On doit encore faire, à l'égard de l'*e* ouvert, la même distinction du grave et de l'aigu, tels qu'ils sont dans *tête* et *tĕte*. Ainsi nous avons au moins quatre *e* diférents; *e* fermé dans *bonté*, *e* ouvert grave dans *tête, caput;* ouvert aigu dans *tĕte, uber;* e muet dans la dernière silabe de *tombe.* L'*e* muet n'est proprement que la voyèle *eu* sourde et afoiblie. J'en pourois compter un cinquième, qui est moyen entre l'*e* fermé et l'*e* ouvert bref. Tel est le second *e* de *préfere,* et le premier de *succède ;* mais n'étant pas aussi sensible que les autres *e*, il ne seroit pas généralement admis. Cependant il se rencontre assés souvent, et deviendra peut-être encore plus usité qu'il ne l'est.

Je me permétrai ici une réflection sur le penchant que nous avons à rendre notre langue mole, efféminée et monotone. Nous avons raison d'éviter la rudesse dans la prononciation, mais je crois que nous tombons trop dans le défaut oposé. Nous prononcions autrefois beaucoup plus de diftongues qu'aujourd'hui ; elles se prononçoient dans les tems des verbes, tels que j'av*ois*, j'aur*ois*, et dans plusieurs noms, tels que franç*ois*, angl*ois*, polon*ois*, au-lieu que nous prononçons aujourd'hui j'avès, j'aurès, francès, anglès, polonès. Cependant ces diftongues mètoient de la force et de la variété dans la prononciation, et la sauvoient d'une espèce de monotonie qui vient, en partie, de notre multitude d'*e* muets.

La même négligence de prononciation fait que plusieurs *e* qui originairement étoient accentués, deviènent insensiblement ou muets ou moyens. Plus un mot est manié, plus la prononciation en devient foible. On a dit autrefois *roine* et non pas *reine*, et de nos jours Charo*lois* est devenu Charolès, harn*ois* a fait harnès. Ce qu'on apèle parmi nous la société, et ce que les anciens n'auroient apelé que coterie, décide aujourd'hui de la langue et des mœurs. Dès qu'un mot est quelque tems en usage chés le peuple des gens du monde, la prononciation s'en amolit. Si nous étions dans une relation aussi habituèle d'afaires, de guère et de comerce avec les Suédois et les Danois qu'avec les Anglois, nous prononcerions bientôt Danès et Suédès, comme nous disons Anglès. Avant que Henri III devint roi de Pologne, on disoit les Polon*ois* ; mais ce nom ayant été fort répété dans la conversation, et dans ce tems-là, et depuis, à l'occasion des élections, la prononciation s'en est afoiblie. Cète nonchalance dans la prononciation, qui n'est pas incompatible avec l'impatience de s'exprimer, nous fait altérer jusqu'à la nature des mots, en les coupant de façon que le sens n'en est plus reconoissable. On dit, par exemple, aujourd'hui proverbialement, en dépit de lui et de *ses dens*, au lieu de *ses aidans*. Nous avons, plus qu'on ne croit, de ces mots racourcis ou altérés par l'usage.

Notre langue deviendra insensiblement plus propre pour la conversation que pour la tribune, et la conversation done le ton à la chaire, au barau et au téâtre ; au lieu que chés les Grecs et chés les Romains la tribune ne s'y asservissoit pas. Une prononciation soutenue et une prosodie fixe et distincte doivent se conserver particulièrement chés des peuples qui sont obligés de traiter publiquement des matières intéressantes pour tous les auditeurs, parce que, toutes choses égales d'ailleurs, un orateur dont la prononciation est ferme et variée, doit être entendu de plus loin qu'un autre qui n'auroit pas les mêmes avantages dans sa langue, quoiqu'il parlât d'un ton aussi élevé. Ce seroit la matière d'un examen assés filosofique, que d'observer dans le fait et de montrer par des exemples, combien le caractère, les mœurs et les intérêts d'un peuple influent sur sa langue.

Pour revenir à notre sujet, nous avons donc au moins dis-sept voyèles.

á grave.	páte.	*u*.	vertu.
a aigu	păte.	*eú* grave.	jeúne.
é ouvert		*eu* aigu	jeune.
grave.	téte.	*ou*.	sou.
è ouvert			NASALES.
aigu.	tĕte.	*an*.	ban, lent.
é fermé.	bonté.	*en*.	bien, pain.

e muet.	tombe		fr*ein*, f*aim*,
i	ici.		v*in*.
o grave.	côte.	*on*.	b*on*.
o aigu.	cote.	*eun*.	br*un*, à j*eun*.

Il faut remarquer que l'*i*, l'*u*, l'*ou* et l'*e* fermé sont susceptibles de diférente quantité, come toutes les autres voyèles, mais non pas de modification plus ou moins grave; ce qui pouroit les faire nomer petites voyèles par oposition aux grandes *a*, *e* ouvertes; *o*, *eu*, qui, indépendamment de la quantité, peuvent être aiguës, graves et nasales. L'*e* muet est la cinquième petite voyèle.

CHAPITRE II.

Des consonnes.

Si nous faisons, touchant les consonnes, ce que nous avons fait touchant les voyelles, et que nous considérions seulement les sons simples qui sont en usage dans les principales langues, nous trouverons qu'il n'y a que celles qui sont dans la table suivante, où ce qui a besoin d'explication est marqué par des chiffres qui renvoient plus bas et à l'autre page.

Consonnes qui n'ont qu'un son simple.

Latines et vulgaires.	Grecques.	Hébraïques.
B. b,	B. β,	בּ 1 Beth.
P. p,	Π. π,	פּ Pe.

SUR LA GRAMMAIRE.

Latines et vulgaires.	Grecques.	Hébraïques.
F. f, 2 ph.	Φ. φ, 2	3
V. v, *consonne*,	Ϝ, 4	5
C. c, 6	K. κ,	כ Caph.
G. g, 7	Γ. γ,	ג Ghimel.
J. j *consonne*,	*	י Iod.
D. d,	Δ. δ,	ד Daleth.
T. t,	T. τ,	ט Teth.
R. r,	P. ρ,	ר Resch.
L. l,	Λ. λ,	ל Lamed.
Ill. 8	*	*
M. m,	M. μ,	ם Mem.
N. n,	N. ν,	נ Nun.
Gn. 9	*	*
S. s,	Σ. σ,	ם Samech.
Z. z,	Z. ζ, 10	ז Zaïn.
CH. ch, 11	*	שׁ Schin.
H. h, 12	c. 13	ח 14 Heth.

1. Avec un point apelé *dagesch lene*.

2. Le φ se prononce aussi maintenant comme on prononce l'*f* latine, quoiqu'autrefois il eût plus d'aspiration.

3. C'est aussi comme se prononce le *pe* des Hébreux, quand il est sans point, comme lorsqu'il finit les syllabes.

4. C'est la figure du *digamma* des Éoliens, qui étoit comme un double *gamma*, qu'on a renversé pour le distinguer de l'*f* capitale; et ce *digamma* avoit le son de l'*v* consonne.

5. Comme encore le *beth*, quand il finit les syllabes.

6. Prononcé toujours comme avant *a, o, u*, c'est-à-dire comme un *k*.

7. Prononcé toujours comme avant l'*a, o, u*.

8. *ll*, comme dans *fille*. Les Espagnols s'en servent au

commencement des mots *llamar, llorar;* les Italiens le marquent par *gl.*

9. *n*, liquide, que les Espagnols marquent par un tiret sur l'*ñ*; et nous, comme les Italiens, par un *gn.*

10. Comme on le prononce maintenant, car autrefois on le prononçoit comme un δσ.

11. Comme on le prononce en françois dans *chose, cher, chu,* etc.

12. Aspirée, comme dans *hauteur, honte;* car dans les mots où elle n'est point aspirée, comme dans *honneur, homme,* ce n'est qu'un caractère et non pas un son.

13. Esprit âpre des Grecs, au lieu duquel ils se servoient autrefois de l'*eta* H, dont les Latins ont pris l'*h.*

14. Selon son vrai son, qui est une aspiration.

S'il y a quelques autres sons simples, comme pouvoit être l'aspiration de l'*aïn* parmi les Hébreux, ils sont si difficiles à prononcer, qu'on peut bien ne les pas compter entre les lettres qui entrent dans l'usage ordinaire des langues.

Pour toutes les autres qui se trouvent dans les alphabets hébreux, grecs, latins, et des langues vulgaires, il est aisé de montrer que ce ne sont point des sons simples, et qu'ils se rapportent à quelques uns de ceux que nous avons marqués.

Car des quatre gutturales des Hébreux, il y a de l'apparence que l'*aleph* valoit autrefois un *a, he* un *e,* et l'*aïn* un *o.* Ce qui se voit par l'ordre de l'alphabet grec, qui a été pris de celui des Phéniciens jusqu'au τ, de sorte qu'il n'y avoit que le *heth* qui fût proprement aspiration.

Maintenant l'*aleph* ne sert que pour l'écriture, et n'a aucun son que celui de la voyelle qui lui est jointe.

Le *he* n'en a guère davantage, et au plus n'est distingué du *heth* que parceque l'un est une aspiration moins forte, et l'autre plus forte, quoique plusieurs ne comptent pour aspiration que le *he*, et prononcent le *heth* comme un *k*, *keth*.

Pour l'*aïn*, quelques uns en font une aspiration du gosier et du nez; mais tous les Juifs orientaux ne lui donnent point de son, non plus qu'à l'*aleph*; et d'autres le prononcent comme une *n* liquide.

Le *thau* et le *teth* ou n'ont que le même son, ou ne sont distingués que parceque l'un se prononce avec aspiration, et l'autre sans aspiration; et ainsi l'un des deux n'est pas un son simple.

J'en dis de même du *caph* et du *coph*.

Le *tsade* n'est pas aussi un son simple, mais il vaut un *t* et une *s*.

De même dans l'alphabet grec, les trois aspirées, φ, χ, θ, ne sont pas des sons simples, mais composés du π, κ, τ, avec l'aspiration.

Et les trois doubles, ζ, ξ, ψ, ne sont visiblement que des abrégés d'écriture pour *ds, cs, ps*.

Il en est de même de l'*x* du latin, qui n'est que le ζ des Grecs.

Le *q* et le *k* ne sont que le *c*, prononcé dans le son qui lui est naturel.

Le double *w* des langues du Nord n'est que l'*u* romain, c'est-à-dire, *ou*, lorsqu'il est suivi de voyelle, comme *winum, vinum*; ou l'*v* consonne, lorsqu'il est suivi d'une consonne.

REMARQUES.

1° Il faudroit joindre au *c* le *k* et le *q* pour répondre exactement au son du *cappa* et du *caph*, parce que le *c* s'emploie pour *s* devant l'*e* et l'*i*, au-lieu que le *k* garde toujours le son qui lui est propre. Il seroit même à désirer qu'on l'employât préférablement au *q*, auquel on joint un *u* presque toujours inutile, et quelquefois nécessaire, sans que rien indique le cas de nécessité. On écrit, par exemple, également *quarante* et *quadrature*, sans qu'il y ait rien qui désigne que dans le premier mot la première silabe est la simple voyèle *a*, et dans le second, la diftongue *oua*. Le *k* est la lètre dont nous faisons le moins et dont nous devrions faire le plus d'usage, atendu qu'il n'a jamais d'emploi vicieus.

On doit observer que le son du *q* est plus ou moins fort dans des mots diférens. Il est plus fort dans *banqueroute* que dans *banquet*, dans *quenouille* que dans *queue*. Les grammairiens pouroient convenir d'employer le *k* pour le son fort du *q*, *kalendes, kenouille, bankeroute;* et le *q* pour le son afoibli, *queue, vainqueur*.

Alors le *c* qui deviendroit inutile dans notre alfabet, et qu'il seroit abusif d'employer pour le son du *s*, qui a son caractère propre; le *c*, dis-je, serviroit à rendre le son du *ch*, qui n'a point de caractère dans l'alfabet.

2° Le *g* est aussi plus ou moins fort. Il est plus fort dans *guenon* que dans *gueule*, dans *gome* que dans *guide*.

On pouroit employer le caractère *g* pour le son du *g*

fort, en lui donant pour dénomination dans l'alfabet, le son qu'il a dans la dernière silabe de *bague*. On emprunteroit du grec le *gamma* γ pour le *g* foible, et sa dénomination dans l'alfabet seroit le son qu'il a dans *gué*; *vadum*, ou dans la seconde silabe de *baguete*. Le caractère *j*, qu'on apèle *j* consone, prendroit la dénomination qu'on done vulgairement au *g*; de sorte que l'on écriroit *gome*, γ*uide*, *anje*, et les autres mots pareils.

Je ne dois pas dissimuler que d'habiles grammairiens, en admètant la diférence sensible des diférens sons du *g* et du *q*, pensent qu'èle ne vient que des voyèles ausquèles ils s'unissent, ce que je ne crois pas. Mais si le sentiment de ces grammairiens étoit adopté, on ne pouroit pas nier du moins qu'il ne falût fixer un caractère pour le *ch*, doner au *g* dans l'alfabet la dénomination de *gue*, come on le prononce dans figue, et a l'*j* consone cèle de *je*: Anje, sonje.

3º Nous avons trois sons mouillés, deus forts et un foible. Les deus forts sont le *gn* dans *règne*, le *ill* dans *paille*; le mouillé foible se trouve dans *aïeul*, *païen*, *faïance*, etc. C'est dans ces mots une véritable consone quant au son, puisqu'il ne s'entend pas seul, et qu'il ne sert qu'à modifier la voyèle suivante par un mouillé foible.

Il est aisé d'observer que les enfans et ceus dont la prononciation est foible et lâche, disent *païe* pour *paille*, *Versaïes* pour *Versailles*; ce qui est précisément substituer le mouillé foible au mouillé fort. Si l'on faisoit entendre l'*i* dans *aïeul* et dans *païen*, les mots seroient alors de trois silabes fisiques; on entendroit *a-i-eul*, *pa-i-en*, au lieu qu'on n'entend que *a-ïeul*, *pa-ïen*; car on ne doit pas oublier que nous traitons ici des sons, quels que soient les caractères qui les représentent.

Pour éviter toute équivoque, il faudroit introduire

dans notre alfabet le *lambda* λ come signe du mouillé fort. Exemple, *paλe, Versaλes, fiλe*. Le mouillé foible seroit marqué par *y*, qui, par sa forme, n'est qu'un lambda λ renversé *y*. Exemple, *payen, ayeul, fayance*. On n'abuseroit plus de *y* tantôt pour un *i*, tantôt pour deus *ii*; on écriroit *on i va*, et non pas *on y va; paiis*, et encore mieux *pé-is*, et non pas *pays; abéie*, et non pas *abaye*.

On se serviroit du *ñ* des Espagnols pour le mouillé de *règne, vigne, agneau*, etc., qu'on écriroit *rèñe, viñe, añeau*; come les Espagnols en usent en écrivant *Iñes, España*, qu'ils prononcent *Ignes, Espagna*. Ceus qui sont instruits de ces matières savent qu'il est très-dificile de faire entendre par écrit ce qui concerne les sons d'une langue; cela seroit très-facile de vive vois, pourvu qu'on trouvât une oreille juste et un esprit libre de préjugés. Au reste, ce ne sont ici que de simples vues; car il n'y auroit qu'une compagnie littéraire qui pût avoir l'autorité nécessaire pour fixer les caractères d'une langue; autorité qui seroit encore long-temps contrariée, mais qui feroit enfin la loi.

Nous avons donc trois consones de plus qu'on n'en marque dans les grammaires; ce qui fait vingt-deus au lieu de dis-neuf.

Consones.

SEPT FOIBLES.	SEPT COURTES.
b, de *bon*.	*p*, de *pont*
d, de *don*,	*t*, de *ton*.
g, de *gueule*.	*g*, de *gueunon*.
j, de *jamais*.	*ch*, de *cheval*.
c, q. de *cuillier, queue*.	*k*, de *kalendes*.

v, de *vin*.   *f*, de *fin*.
z, de *zèle*.   *s*, de *seul*.

DEUS NASALES.   DEUS LIQUIDES.

m, de *mon*.   *l*, de *lent*.
n, de *non*.   *r*, de *rond*.

TROIS MOUILLÉES.

DEUS FORTES.

Ill, de *paille*; *gn*, de *règne*.

UNE FOIBLE

ï tréma, de *païen*, *aïeul*..

UNE ASPIRÉE.

h, de *héros*.

Les dis-sept voyèles et les vingt-deus consones font trente-neuf sons simples dans notre langue, et si l'on y joint celui de *x*, il y aura quarante sons. Mais on doit observer que cète double consone *x* n'est point un son simple, ce n'est qu'une abréviation de *cs* dans *axe*, de *gz* dans *exil*, de deus *ss* dans *Auxerre*, et qui s'emploie improprement pour *s* dans *baux*, *maux*, etc. C'est un *s* fort dans *six*, un *z* dans *sixième*, et un *c* dur dans *excélent*; on s'en sert enfin d'une manière si vicieuse et si inconséquente, qu'il faudroit ou suprimer ce caractère, ou en fixer l'emploi.

L'*y* grec, dans notre ortografe actuèle, est un *i* simple, quand il fait seul un mot. Exemple, il *y* a. Il est un simple signe étimologique dans *systéme*. Il est *ii* double dans *pays*, c'est come s'il y avoit *pai-is*, mais dans *payer*, *royaume*, *moyen*, etc., il est voyèle et consone quant au son, c'est-à-dire un *i* qui s'unit à l'*a*, pour lui doner le son d'un *é*, et le second jambage est un mouillé foible; c'est come s'il y avoit *pai-ier*, *moi-ïen*. Il est pure consone dans *ayeul*, *payen*, *fayance*, pour ceux qui emploient l'*y* au lieu de l'*i* tréma, qui est aujourd'ui le seul en usage pour ces sortes de mots, qu'on écrit *aïeul*, *païen*, *faïance*, etc. L'*y grec* employé pour deus *i*, devroit, dans la tipographie, être marqué de deus points *ÿ*, dont le premier jambage est un *i*, et le second un mouillé foible.

L'*i* tréma, qui est un mouillé foible dans *aïeul* et autres mots pareils, est voyèle dans *Sinaï*. Tous les grammairiens ne conviendront peut-être pas de ce troisième son mouillé, parce qu'ils ne l'ont jamais vu écrit avec un caractère doné pour consone; mais tous les filosofes le sentiront. Un son est tel son par sa nature, et le caractère qui le désigne est arbitraire.

On pouroit bien aussi ne pas reconoître tous les sons que je propose; mais je doute fort qu'on en exige, et qu'il y en ait actuèlement dans la langue plus que je n'en ai marqué. Il peut bien se trouver encore quelques sons mixtes, sensibles à une oreille délicate et exercée; mais ils ne sont ni assés fixes, ni assés déterminés pour être comptés. C'est pourquoi je ne fais point de subdivisions d'*e* muets plus ou moins forts, parce que, si l'on donoit à un *e* muet plus de force qu'il n'en a ordinairement, il changeroit de nature en devenant un *eu*, come il est aisé de le remarquer dans les finales du chant. A l'égard de l'*e* muet qui répond au *scheva* des Hébreus, et qui se fait nécessairement sentir à l'oreille, quoiqu'il ne s'écrive pas lorsqu'il y a plusieurs consones de suite qui se prononcent, il ne difère des autres que par la rapidité avec laquèle il passe. Ce n'est pas come la diférence d'un son à un autre, c'est une diférence de durée, tèle que d'une double croche à une noire ou une blanche.

CHAPITRE III.

Des syllabes.

La syllabe est un son complet qui est quelquefois composé d'une seule lettre, mais pour l'ordinaire de plusieurs; d'où vient qu'on lui a donné le nom de syllabe, συλλαϐη, *comprehensio*, *assemblage*.

Une voyelle peut faire une seule syllabe.

Deux voyelles aussi peuvent composer une syllabe ou entrer dans la même syllabe; mais alors on les appelle diphtongues, parceque les deux sons se joignent en un son *complet*, comme *mien, hier, ayant, eau.*

La plupart des diphtongues se sont perdues dans la prononciation ordinaire du latin; car leur *æ* et leur *œ* ne se prononcent plus que comme un *e;* mais elles se retiennent encore dans le grec par ceux qui prononcent bien.

Pour les langues vulgaires, quelquefois deux voyelles ne font qu'un son simple, comme nous avons dit de *eu*, comme encore en françois, *oe, au*. Mais elles ont pourtant de véritables diphtongues, comme *ai*, ayant; *oue*, fouet; *oi*, foi; *ie*, mien, premier; *eau*, beau; *ieu*, Dieu; où il faut remarquer que ces deux dernières ne sont pas des triphtongues, comme quelques uns ont voulu dire, parceque *eu* et *au* ne valent dans le son qu'une simple voyelle, non pas deux.

Les consonnes ne peuvent seules composer une syllabe; mais il faut qu'elles soient accompagnées de voyelles ou de diphtongues, soit qu'elles les suivent, soit qu'elles les précèdent; ce dont la raison a été touchée ci-dessus au chapitre Ier.

Plusieurs néanmoins peuvent être de suite dans la même syllabe, de sorte qu'il y en peut avoir quelquefois jusqu'à trois devant la voyelle, et deux après, comme *scrobs;* et quelquefois deux devant et trois après, comme *stirps*. Les Hébreux n'en souffrent jamais plus de deux au commencement de la syllabe, non plus qu'à la fin, et toutes leurs syllabes commencent par des consonnes, mais c'est en comptant *aleph* pour une consonne; et jamais une syllabe n'a plus d'une voyelle.

REMARQUES.

Quoique cète grammaire soit remplie d'excèlentes réflexions, on y trouve plusieurs choses qui font voir que la nature des sons de la langue n'étoit pas alors parfaitement conue, et c'est encore aujourd'hui une matière assés neuve. Je ne conois point de grammaire, même cèle-ci, qui ne soit en défaut sur le nombre et sur la nature des sons. Tout grammairien qui n'est pas né dans la capitale, ou qui n'y a pas été élevé dès l'enfance, devroit s'abstenir de parler des sons de la langue. Lorsque je lus la grammaire du père Buffier, j'ignorois qu'il fût normand, je m'en aperçus dès la première page à l'accentuation. Son ouvrage est d'ailleurs celui d'un home d'esprit. J'en parlois un jour à M. du Marsais, qui, n'ayant pas totalement perdu l'accent de sa province, fut assés frapé dé mes idées pour m'engager à lui doner l'état des sons de notre langue, tels que je les avois observés. J'en ai fait depuis la matière de mes premières remarques sur cète grammaire. Le libraire qui se proposoit d'en doner une nouvèle édition me les ayant demandées, je les lui ai abandonées avec les diférentes notes que j'avois faites sur quelques chapitres de l'ouvrage, sans prétendre en avoir fait un examen complet; car je m'étois borné à des observations en marge, sur ce qui m'avoit paru de plus essentiel. Je ne comptois pas les faire jamais paroître, je n'ai cédé qu'aus sollicitations du libraire, et n'ai fait que peu d'additions à ce que j'avois écrit sur les marges et le blanc des pages de l'imprimé.

Il faut d'abord distinguer la silabe rèèle et fisique de la silabe d'usage, et la vraie diftongue dè la fausse. J'entens par silabe d'usage, cèle qui, dans nos vers, n'est comptée que pour une, quoique l'oreille soit rèèlement et fisiquement frapée de plusieurs sons.

La silabe étant un son complet, peut être formée ou d'une voyèle seule, ou d'une voyèle précédée d'une consone qui la modifie. *Ami* est un mot de deus silabes; *a* forme seul la première, et *mi* la seconde.

Pour distinguer la silabe rèèle ou fisique, de la silabe d'usage, il faut observer que toutes les fois que plusieurs consones de suite se font sentir dans un mot, il y a autant de silabes rèèles qu'il y a de ces consones qui se font entendre, quoiqu'il n'y ait point de voyèle écrite à la suite de chaque consone : la prononciation supléant alors un *e* muet, la silabe devient réèle pour l'oreille, au lieu que les silabes d'usage ne se comptent que par le nombre des voyèles qui se font entendre et qui s'écrivent. Voilà ce qui distingue la silabe fisique ou réèle de la silabe d'usage. Par exemple, le mot *armateur* seroit, en vers, de trois silabes d'usage, quoiqu'il soit de cinq silabes réèles, parce qu'il faut supléer un *e* muet après chaque *r;* on entend nécessairement *aremateure. Bal* est monosilabe d'usage, et dissilabe fisique. *Amant* est dissilabe réel et d'usage, *aimant* l'est aussi, parce que *ai* n'est là que pour *e*, et qu'on n'entend qu'une voyèle.

C'est par cète raison que dans nos vers, qui ne sont pas réductibles à la mesure du tems come ceus des Grecs et des Latins, nous en avons tels qui sont à la fois de douze silabes d'usage et de vingt-cinq à trente silabes fisiques.

A l'égard de la diftongue, c'est une silabe d'usage formée de deus voyèles, dont chacune fait une silabe réèle, *Dieu, cieus, foi, oui, lui.* Il faut pour une diftongue que les deus voyèles s'entendent, sans quoi ce qu'on apèle diftongue et triftongue n'est qu'un son simple, malgré la pluralité des lètres. Ainsi, des sept exemples cités dans cète grammaire, il y en a deus de faus; la première silabe d'*ayant* n'est point une diftongue; la première silabe de ce mot est, quant au son, un *a* dans l'anciène prononciation qui étoit *a*-ïant, ou un *e* dans l'usage actuel qui prononce *ai*-ïant: la dernière silabe est la nasale *ant*, modifiée par le mouillé foible *ï*. A l'égard des trois voyèles du mot *beau*, c'est le simple son *o* écrit avec trois caractères. Il n'existe point de triftongue. Les grammairiens n'ont pas assés distingué les vraies diftongues des fausses, les auriculaires de cèles qui ne sont qu'oculaires.

Je pourois nomer *transitoire* le premier son de nos diftongues, et *reposeur* le second, parce que le premier se prononce toujours rapidement, et qu'on ne peut faire de tenue que sur le second. C'est sans doute pour cela que la première voyèle est toujours une des petites, *i* dans ciel, *u* dans nuit, et *ou* dans oui; car quoique l'on écrive *loi, foi, moi* avec un *o*, on n'entend que le son *ou*, come si l'on écrivoit *louè, fouè*, etc., mais cète voyèle auriculaire *ou*, écrite avec deus lètres, faute d'un caractère propre, se prononce très-rapidement.

C'est encore à tort qu'on dit dans cète grammaire, en parlant de l'union des consones et des voyèles: Soit qu'elles les suivent, soit qu'elles les précèdent; cela ne pouroit se dire que de la silabe d'usage; car dans la silabe fisique, la consone précède toujours, et ne peut jamais suivre la voyèle qu'èle modifie; puisque les lètres *m* et *n*, caractéristiques des nasales, ne font pas la fonction de consones, lorsqu'èles marquent la nasalité; l'une ou l'autre n'est alors qu'un simple signe qui suplée au défaut d'un caractére qui nous manque pour chaque nasale.

Le dernier article du chapitre ne doit s'entendre que des silabes d'usage, et non des réèles; ainsi *stirps* est un monosilabe d'usage, et il est de cinq silabes fisiques.

Puisque j'ai fait la distinction des vraies et des fausses diftongues, il est à propos de marquer ici toutes les vraies.

Après les avoir examinées et combinées avec atention, je n'en ai remarqué que seize diférentes, dont quelques unes même se trouvent dans très-peu de mots.

DIFTONGUES.

ia.	*diacre, diable.*
ian, ient.	*viande, patient.*

iè, ié, iai.	*cièl, pié, biais.*
ien.	*rien.*
ieu, ieus.	*Dieu, cieus.*
io, iau.	*pioche, piautre.*
ion.	*pion.*
iou.	*alpiou* (terme de jeu).
uè.	*écuèle, équèstre.*
ui.	*lui.*
uin.	*alcuin, quinquagésime.*

Toutes nos diftongues, dont la voyéle transitoire est un *o* se prononçant comé si c'étoit un *ou*, je les range dans la même classe.

oua.	*couacre.*
ouan.	*Écouan* (le château d').
oè, oi, ouai.	*boète, loi, mois, ouais* (interjection).
oin, ouin.	*loin, marsouin.*
oui.	*oui* (afirmation).

CHAPITRE IV.

Des mots en tant que sons, où il est parlé de l'accent.

Nous ne parlons pas encore des mots selon leur sigulfication, mais seulement de ce qui leur convient en tant que sons.

On appelle *mot* ce qui se prononce à part et s'écrit à part. Il y en a d'une syllabe, comme *moi*, *da*, *tu*, *saint*, qu'on appelle monosyllabes : et de plusieurs, comme *père*, *dominus*, *miséricordieusement*, *Constantinopolitanorum*, etc., qu'on nomme polysyllabes.

Ce qu'il y a de plus remarquable dans la prononciation des mots, est l'accent, qui est une élévation de voix sur l'une des syllabes du mot, après laquelle la voix vient nécessairement à se rabaisser.

L'élévation de la voix s'appelle accent *aigu*, et le rabaissement accent *grave*; mais parcequ'il y avoit en grec et en latin de certaines syllabes longues sur lesquelles on élevoit et on rabaissoit la voix, ils avoient inventé un troisième accent qu'ils appeloient *circonflexe*, qui d'abord s'est fait ainsi (^), puis (¯), et les comprenoit tous deux.

On peut voir ce qu'on a dit sur les accents des Grecs et des Latins, dans les nouvelles Méthodes pour les langues grecque et latine.

Les Hébreux ont beaucoup d'accents qu'on croit avoir autrefois servi à leur musique, et dont plusieurs font maintenant le même usage que nos points et nos virgules.

Mais l'accent qu'ils appellent naturel et de grammaire, est toujours sur la pénultième, ou sur la dernière syllabe des mots. Ceux qui sont sur les précédentes sont appelés accents de rhétorique, et n'empêchent pas que l'autre ne soit toujours sur l'une des deux dernières, où il faut remarquer que la même figure d'accent, comme l'*atnach* et le *silluk*, qui marquent la distinction des périodes, ne laissent pas aussi de marquer en même temps l'accent naturel.

REMARQUES.

Il est surprenant qu'en traitant des accens, on ne parle que de ceus des Grecs, des Latins et des Hébreus, sans rien dire de l'usage qu'ils ont, ou qu'ils peuvent avoir en françois. Il me semble encore qu'on ne définit pas bien l'accent en général, par *une élévation de la vois sur l'une des silabes du mot*. Cela ne peut se dire que de l'aigu, puisque le grave est un abaissement. D'ailleurs, pour ôter toute équivoque, j'aimerois mieus dire, du *ton* que de la *vois*. Élever ou baisser la vois peut s'entendre de parler plus haut ou plus bas en général, sans distinction de silabes particulières.

Il n'y a point de langue qui n'ait sa prosodie, c'est-à-dire où l'on ne puisse sentir les accens, l'aspiration, la quantité et la ponctuation, ou les repos entre les diférentes parties du discours, quoique cète prosodie puisse être plus marquée dans une langue que dans une autre. Èle doit se faire beaucoup sentir dans le chinois, s'il est vrai que les diférentes inflexions d'un même mot servent à exprimer des idées diférentes. Ce n'étoit pas faute d'expressions que les Grecs avoient une prosodie très-marquée; car nous ne voyons pas que la signification d'un mot dépendît de sa prosodie, quoique cela pût se trouver dans les homonimes. Les Grecs étoient fort sensibles à l'harmonie des mots. Aristoxène parle du chant du discours, et Denys d'Halicarnasse dit que l'élévation du ton dans l'accent aigu, et l'abaissement dans le grave, étoient d'une quinte ; ainsi l'accent prosodique étoit aussi musical, sur-tout le circonflexe, où la vois, après avoir monté d'une quinte, descendoit d'une autre quinte sur la même silabe, qui par conséquent se prononçoit deus fois.

On ne sait plus aujourd'hui quèle étoit la proportion des accens des Latins, mais on n'ignore pas qu'ils étoient fort sensibles à la prosodie : ils avoient les accèns, l'aspiration, la quantité et les repos.

Nous avons aussi notre prosodie ; et quoique les intervales de nos accens ne soient pas déterminés par des règles, l'usage seul nous rend si sensibles aus lois de la prosodie, que l'oreille seroit blessée si un orateur ou un acteur prononçoit un aigu pour un grave, une longue pour une brève, suprimoit ou ajoutoit une aspiration ; s'il disoit enfin *tempête* pour *tempête*, *āxe* pour *ăxe*, *l'Holande* pour *la Holande*, *le home* pour *l'home*, et s'il n'observoit point d'intervales entre les diférentes parties du discours. Nous avons, come les Latins, des *irrationèles* dans notre quantité, c'est-à-dire des longues plus ou moins longues, et des brèves plus ou moins brèves. Mais si nous avons, come les anciens, la prosodie dans la langue *parlée*, nous ne faisons pas absolument le même usage qu'eus des accens dans l'écriture. L'aigu ne sert qu'à marquer l'*é* fermé, *bonté* ; le grave marque l'*è* ouvert, *succès* ; on le met aussi sur les particules *à*, *là*, *çà*, etc., où il est absolument inutile. Ainsi ni l'aigu, ni le grave ne font pas exactement la fonction d'accens, et ne désignent que la nature des *e* : le circonflexe ne la fait pas davantage, et n'est qu'un signe de quantité ; au-lieu que chés les Grecs c'étoit un double accent qui élevoit et ensuite baissoit le ton sur une même voyèle : nous le mètons ordinairement sur les voyèles qui sont longues et graves; exemples, *âge, fête, côte, jeûne*: on le met aussi sur les voyèles qui sont longues sans être graves; exemples, *gîte, flûte, voûte*. Il est à remarquer que nous n'avons point de sons graves qui ne soient longs; ce qui ne vient cependant pas de la nature du grave, car les Anglois ont des graves brefs. On a imaginé, pour marquer les brèves, de redoubler la consone qui suit la voyèle; mais l'emploi de cète lètre oisive n'est pas fort conséquent: on la suprime quelquefois par respect pour l'étimologie, come dans *comète* et *prophète*; quelquefois on la redouble malgré l'étimologie, come dans *personne, honneur*, et *couronne*: d'autres fois on redouble la consone après une longue, *flamme, manne*, et l'on n'en met qu'une après une brève, *dame, rame, rime, prune*, etc. La superstition de l'étimologie fait dans son petit domaine autant d'inconséquences que la superstition proprement dite en fait en matière plus grave. Notre ortografe est un assemblage de bisareries et de contradictions.

Le moyen de marquer exactement la prosodie seroit d'abord d'en déterminer les signes et d'en fixer l'usage, sans jamais en faire d'emplois inutiles : il ne seroit pas même nécessaire d'imaginer de nouvaus signes.

Quant aus accens, le grave et l'aigu sufiroient, pourvu qu'on les employât toujours pour leur valeur.

A l'égard de la quantité, le circonflexe ne se mètroit que sur les longues décidées; de façon que toutes les voyèles qui n'auroient pas ce signe, seroient censées brèves ou moyennes. On pouroit même, en simplifiant, se borner à marquer d'un circonflexe les longues qui ne sont pas graves, puisque tous nos sons graves étant longs, l'accent grave sufiroit pour la double fonction de marquer à la fois la gravité et la longueur. Ainsi on écriroit *àge, fète, còte, jeùne,* et *gîte, flûte, voûte,* etc.

L'*é* fermé conserveroit l'accent aigu partout où il n'est pas long ; il ne seroit pas même besoin de substituer le circonflexe à l'aigu sur l'*é* fermé final au pluriel. Pour ne pas se tromper à la quantité, il sufit de retenir pour règle générale que cet *é* fermé au pluriel est toujours long ; exemples, les bon*tés,* les beau*tés,* etc.

Les sons ouverts brefs (ce qui n'a lieu que pour des *e* tels que dans *père, mère, frère,* dans la première silabe de *neteté, fermeté;* etc.) pouroient se marquer d'un accent perpendiculaire.

Il ne resteroit plus qu'à suprimer l'aspiration *h* partout où la voyèle n'est pas aspirée, come les Italiens l'ont fait. Leur ortografe est la plus raisonable de toutes.

Cependant, quelque soin qu'on prît de noter notre prosodie, outre le désagrément de voir une impression hérissée de signes, je doute fort que cela fût d'une grande utilité. Il y a des choses qui ne s'aprènent que par l'usage ; èles sont purement organiques, et donent si peu de prise à l'esprit, qu'il seroit impossible de les saisir par la téorie seule, qui même est fautive dans les auteurs qui en ont traité expressément. Je sens même que ce que j'écris ici est très-dificile à faire entendre, et qu'il seroit très-clair si je m'exprimois de vive vois.

Les grammairiens, s'ils veulent être de bone foi, conviendront qu'ils se conduisent plus par l'usage que par leurs règles, que je conois peut-être come eus ; et il s'en faut bien qu'ils aient présent à l'esprit tout ce qu'ils ont écrit sur la grammaire ; quoiqu'il soit utile que ces règles, c'est-à-dire les observations sur l'usage, soient rédigées, écrites et consignées dans des métodes analogiques. Peu de règles, beaucoup de réflexions, et encore plus d'usage, c'est la clé de tous les arts. Tous les signes prosodiques des anciens, suposé que l'emploi en fût bien fixé, ne valoient pas encore l'usage.

On ne doit pas confondre l'accent oratoire avec l'accent prosodique. L'accent oratoire influe moins sur chaque silabe d'un mot, par raport aus autres silabes, que sur la frase entière par raport au sens et au sentiment: il modifie la substance même du discours, sans altérer sensiblement l'accent prososique. La prosodie particulière des mots d'une frase intérogative, ne difère pas de la prosodie d'une frase afirmative, quoique l'accent oratoire soit très diférent dans l'une et dans l'autre. Nous marquons dans l'écriture l'intérogation et la surprise; mais combien avons-nous de mouvemens de l'âme, et par conséquent d'inflexions oratoires, qui n'ont point de signes écrits, et que l'intelligence et le sentiment peuvent seuls faire saisir! Tèles sont les inflexions qui marquent la colère, le mépris, l'ironie, etc. L'accent oratoire est le principe et la base de la déclamation.

CHAPITRE V.

Des lettres considérées comme caracteres.

Nous n'avons pas pu jusqu'ici parler des lettres, que nous ne les ayons marquées par leurs caractères; mais néanmoins nous ne les avons pas considérées comme caractères, c'est-à-dire, selon le raport que ces caractères ont aux sons.

Nous avons déja dit que les sons ont été pris par les hommes pour être signes de pensées, et qu'ils ont aussi inventé certaines figures pour être les signes de ces sons. Mais quoique ces figures ou caractères, selon leur première institution, ne signifient immédiatement que les sons, néanmoins les hommes portent souvent leurs pensées des caractères à la chose même signifiée par les sons; ce qui fait que les caractères peuvent être considérés en ces deux manières: ou comme signifiant simplement le son, ou comme nous aidant à concevoir ce que le son signifie.

En les considérant en la première manière, il auroit fallu observer quatre choses pour les mettre en leur perfection.

1º Que toute figure marquât quelque son, c'est-à-dire, qu'on n'écrivît rien qui ne se prononçât.

2º Que tout son fût marqué par une figure, c'est-à-dire, qu'on ne prononçât rien qui ne fût écrit.

3º Que chaque figure ne marquât qu'un son, ou simple ou double: car ce n'est pas contre la perfection de l'écriture qu'il y ait des lettres doubles, puisqu'elles la facilitent en l'abrégeant.

4º Qu'un même son ne fût point marqué par différentes figures.

Mais considérant les caractères en la seconde manière, c'est-à-dire, comme nous aidant à concevoir ce que le son signifie, il arrive quelquefois qu'il nous est avantageux que ces régles ne soient pas toujours observées, au moins la première et la dernière.

Car 1º il arrive souvent, sur-tout dans les langues dérivées d'autres langues, qu'il y a de certaines lettres qui ne se prononcent point, et qui ainsi sont inutiles quant au son, lesquelles ne laissent pas de nous servir pour l'intelligence de ce que les mots signifient. Par exemple, dans les mots de *champs* et *chants*, le *p* et le *t* ne se prononcent point, qui néanmoins sont utiles pour la signification, parceque nous apprenons de là que le premier vient du latin *campi*, et le second du latin *cantus*.

Dans l'hébreu même, il y a des mots qui ne sont différents que parceque l'un finit par un *aleph*, et l'autre par un *he*, qui ne se prononce point : comme ירא qui signifie *craindre*; et ירה qui signifie *jeter*.

Et de là on voit que ceux qui se plaignent tant de ce qu'on écrit autrement qu'on ne prononce, n'ont pas toujours grande raison, et que ce qu'ils appellent abus, n'est pas quelquefois sans utilité.

La différence des grandes et des petites lettres semble aussi contraire à la quatrième régle, qui est qu'un même son fût toujours marqué par la même figure ; et en effet cela seroit tout-à-fait inutile, si l'on ne considéroit les caractères que pour marquer les sons, puisqu'une grande et une petite lettre n'ont que le même son : d'où vient que les anciens n'avoient pas cette différence, comme les Hébreux ne l'ont point encore, et que plusieurs croient que les Grecs et les Romains ont été long-temps à n'écrire qu'en lettres capitales. Néanmoins, cette distinction est fort utile pour commencer les périodes et pour distinguer les noms propres d'avec les autres.

Il y a aussi dans une même langue différentes sortes d'écriture, comme le romain et l'italique dans l'impression du latin et de plusieurs langues vulgaires, qui peuvent être utilement employés pour le sens, en distinguant ou de certains mots, ou de certains discours, quoique cela ne change rien dans la prononciation.

Voilà ce qu'on peut apporter pour excuser la diversité qui se trouve entre la prononciation et l'écriture; mais cela n'empêche pas qu'il n'y en ait plusieurs qui se sont faites sans raison, et par la seule corruption qui s'est glissée dans les langues. Car c'est un abus d'avoir donné, par exemple, au *c* la prononciation de l'*s*, avant l'*e* et l'*i*; d'avoir prononcé autrement le *g* devant ces deux mêmes voyelles, que devant les autres; d'avoir adouci l'*s* entre deux voyelles; d'avoir donné aussi au *t*, le son de l'*s* avant l'*i* suivi d'une autre voyelle, comme *gratia, actio, action*. On peut voir ce qui a été dit dans le traité des lettres, qui est dans la nouvelle méthode latine.

8.

Quelques uns se sont imaginés qu'ils pourroient corriger ce défaut dans les langues vulgaires, en inventant de nouveaux caractères, comme a fait Ramus dans sa grammaire pour la langue françoise, retranchant tous ceux qui ne se prononcent point, et écrivant chaque son par la lettre à qui cette prononciation est propre, comme en mettant une *s* au lieu d'un *c* devant l'*e* et l'*i*. Mais ils devoient considérer qu'outre que cela seroit souvent désavantageux aux langues vulgaires, pour les raisons que nous avons dites, ils tentoient une chose impossible. Car il ne faut pas s'imaginer qu'il soit facile de faire changer à toute une nation tant de caractères auxquels elle est accoutumée depuis long-temps, puisque l'empereur Claude ne put pas même venir à bout d'en introduire un qu'il vouloit mettre en usage.

Tout ce que l'on pourroit faire de plus raisonnable, seroit de retrancher les lettres qui ne servent de rien ni à la prononciation ni au sens, ni à l'analogie des langues, comme on a déja commencé de faire, et, conservant celles qui sont utiles, y mettre de petites marques qui fissent voir qu'elles ne se prononcent point, ou qui fissent connoître les diverses prononciations d'une même lettre. Un point au-dedans ou au-dessous de la lettre pourroit servir pour le premier usage, comme *temps*. Le *c* a déja sa cédille, dont on pourroit se servir devant l'*e* et devant l'*i* aussi bien que devant les autres voyelles.

Le *g*, dont la queue ne seroit pas toute fermée, pourroit marquer le son qu'il a devant l'*e* et devant l'*i*. Ce qui ne soit dit que pour exemple.

REMARQUES.

MM. de P. R., après avoir exposé dans ce chapitre les meilleurs principes tipografiques, ne sónt arétés que par le scrupule sur les étimologies; mais ils proposent du moins un correctif qui fait voir que les caractères superflus devroient être ou suprimés ou distingués. Il est vrai qu'on ajoute aussi-tôt: *Ce qui ne soit dit que pour exemple.* Il semble qu'on ne puisse proposer la vérité qu'avec timidité et réserve.

On est étóné de trouver à la fois tant de raison et de préjugés. Celui des étimologies est bien fort, puisqu'il fait régarder come un avantage ce qui est un véritable défaut; car enfin les caractères n'ont été inventés que pour représenter les sons. C'étoit l'usage qu'en faisoient nos anciens: quand le respect pour eus nous fait croire que nous les imitons, nous faisons précisément le contraire de ce qu'ils faisoient. Ils peignoient leurs sons: si un mot ût alors été composé d'autres sons qu'il ne l'étoit, ils auroient employé d'autres caractères. Ne conservons donc pas les mêmes pour des sons qui sont devenus diférens. Si l'on emploie quelquefois les mêmes sons dans la langue *parlée*, pour exprimer des idées diférentes, le sens et la suite des mots sufisent pour ôter l'équivoque des homonimes. L'intelligence ne feroit-èle pas pour la langue *écrite* ce qu'èle fait pour la langue *parlée?* Par exemple, si l'on écrivoit champ de *campus*, come chant de *cantus*, en confondroit-on plutôt la signification dans un écrit que dans le discours? L'esprit seroit-il là-dessus en défaut? N'avons-nous pas même des homonimes dont l'ortografe est pareille? cependant on n'en confond pas le sens. Tels sont les mots *son, sonus; son, furfur; son suus,* et plusieurs autres.

L'usage, dit-on, est le maître de la langue; ainsi il doit décider également de la parole et de l'écriture. Je ferai ici une distinction. Dans les choses purement arbitraires on doit suivre l'usage, qui équivaut alors à la raison : ainsi l'usage est le maître de la langue *parlée.* Il peut se faire que ce qui s'apèle aujourd'hui un livre, s'apèle dans la suite un arbre; que vert signifie un jour la couleur rouge, et rouge la couleur verte, parce qu'il n'y a rien dans la nature ni dans la raison qui détermine un objet à être désigné par un son plutôt que par un autre : l'usage qui varie là-dessus n'est point vicieus, puisqu'il n'est point inconséquent, quoiqu'il soit inconstant. Mais il n'en est pas ainsi de l'écriture : tant qu'une convention subsiste, èle doit s'observer. L'usage doit être conséquent dans l'emploi d'un signe dont l'établissement étoit arbitraire : il est inconséquent et en contradiction, quand il done à des caractères assemblés une valeur diférente de cèle qu'il leur a donée, et qu'il leur conserve dans leur dénomination; à moins que ce ne soit une combinaison nécessaire de caractères, pour en représenter un dont on manque. Par exemple, on unit un *e* et un *u* pour exprimer le son *eu* dans *feu;* un *o* et un *u* pour rendre le son *ou* dans *cou.* Ces voyèles *eu* et *ou* n'ayant point de caractères propres, la combinaison qui se fait de deus lètres ne forme alors qu'un seul signe. Mais on peut dire que l'usage est vicieus, lorsqu'il fait des combinaisons inutiles de lètres qui perdent leur son, pour exprimer des sons qui ont des caractères propres On emploie, par exemple, pour exprimer le son *e,* les combinaisons *ai, ei, oi, oient*, dans les mots *vrai, j'ai, peine, connoître, faisoient*. Dans ce dernier mot, *ai* ne désigne qu'un *e* muet, et les cinq lètres *oient* un *e* ouvert grave. Nous avons cependant, avec le secours des accens, tous les *e* qui nous sont nécessaires, sans recourir à de fausses combinaisons. On peut donc entreprendre de coriger l'usage, du moins par degrés, et non pas en le heurtant de front, quoique la raison en ût le droit; mais la raison même s'en interdit l'exercice trop éclatant, parce qu'en matière d'usage ce n'est que par des ménagemens qu'on parvient au succès. Il faut plus d'égars que de mépris pour les préjugés qu'on veut guérir.

Le corps d'une nation a seul droit sur la langue *parlée*, et les écrivains ont droit sur la langue *écrite*. *Le peuple*, disoit Varron, *n'est pas le maître de l'écriture come de la parole*.

En éfet, les écrivains ont le droit, ou plutôt sont dans l'obligation de coriger ce qu'ils ont corompu. C'est une vaine ostentation d'érudition qui a gâté l'ortografe: ce sont des savans et non pas des filosofes qui l'ont altérée; le peuple n'y a u aucune part. L'ortografe des fames, que les savans trouvent si ridicule, est, à plusieurs égars, moins déraisonable que la leur. Quelques-unes veulent aprendre l'ortografe des savans; il vaudroit bien mieux que les savans adoptassent une partie de cèle des fames, en y corigeant ce qu'une demi-éducation y a mis de défectueus, c'est-à-dire de savant. Pour conoître qui doit décider d'un usage, il faut voir qui en est l'auteur.

C'est un peuple en corps qui fait une langue: c'est par le concours d'une infinité de besoins, d'idées et de causes fisiques et morales, variées et combinées durant une succession de siècles, sans qu'il soit possible de reconoître l'époque des changements, des altérations ou des progrès. Souvent le caprice décide, quelquefois c'est la métafisique la plus subtile qui échape à la réflexion et à la conoissance de ceus même qui en sont les auteurs. Un peuple est donc le maître absolu de la langue *parlée*, et c'est un empire qu'il exerce sans s'en apercevoir.

L'écriture (je parle de cèle des sons) n'est pas née, come le langage, par une progression lente et insensible : èle a été bien des siècles avant de naître; mais èle est née tout-à-coup come la lumière. Suivons somairement l'ordre de nos conoissances en cète matière.

Les homes, ayant senti l'avantage de se comuniquer leurs idées dans l'absence, n'imaginèrent rien de mieus que de tâcher de peindre les objets. Voilà, dit-on, l'origine de l'écriture figurative. Mais, outre qu'il n'est guère vraisemblable que, dans cète enfance de l'esprit, les arts fussent asses perfectionés pour que l'on fût en état de peindre les objets au point de les faire bien reconoître, quand même on se seroit borné à peindre une partie pour un tout, on n'en auroit pas été plus avancé. Il est impossible de parler des objets les plus matériels, sans y joindre des idées, qui ne sont pas susceptibles d'images, et qui n'ont d'existence que dans l'esprit; ne fût-ce que l'assertion où la négation de ce qu'on voudroit assurer ou nier d'un sujet. Il falut donc inventer des signes qui, par un raport d'institution, fussent atachés à ces idées. Tèle fut l'écriture hiéroglifique qu'on joignit à l'écriture figurative, si toutefois cèle-ci a jamais pu exister qu'en projet, pour doner naissance à l'autre. On reconut bientôt que, si les hiéroglifes étoient de nécessité pour les idées intellectuèles, il étoit aussi simple et plus facile d'employer des signes de convention pour désigner les objets matériels : et, quand il y auroit

u quelque rapport de figure entre le caractère hiéroglifique et l'objet dont il étoit le signe, il ne pouvoit pas
être considéré come figuratif. Par exemple, il n'y a pas
un caractère astronomique qui pût réveiller par lui-
même l'idée de l'objet dont il porte le nom, quoiqu'on
ai afecté dans quelques-uns un peu d'imitation. Ce sont
de purs hiéroglifes.

L'écriture hiéroglifique se trouva établie, mais sûrement fort bornée dans son usage, et à portée d'un très-
petit nombre d'homes. Chaque jour le besoin de comuniquer une idée nouvèle, ou un nouvau raport d'idée,
faisoit convenir d'un signe nouvau : c'étoit un art qui
n'avoit point de bornes ; et il a falu une longue suite
de siècles avant qu'on fût en état de se comuniquer les
idées les plus usuèles. Tèle est aujourd'hui l'écriture des
Chinois qui répond aus idées et non pas aus sons ; tels
sont parmi nous les signes algébriques et les chifres
arabes.

L'écriture étoit dans cet état, et n'avoit pas le moindre
raport avec l'écriture actuèle, lorsqu'un génie heureus
et profond sentit que le discours, quelque varié et quelqu'étendu qu'il puisse être pour les idées, n'est pourtant
composé que d'un assés petit nombre de sons, et qu'il
ne s'agissoit que de leur doner à chacun un caractère
représentatif.

Si l'on y réfléchit, on vèra que cet art, ayant une fois
été conçu, dut être formé presqu'en même tems ; et c'est
ce qui relève la gloire de l'inventeur. En éfet, après avoir
u le génie d'apercevoir que les mots d'une langue pouvoient se décomposer, et que tous les sons dont les paroles sont formées pouvoient se distinguer, l'énumération dut en être bientôt faite. Il étoit bien plus facile de
compter tous les sons d'une langue, que de découvrir

qu'ils pouvoient se compter. L'un est un coup de génie, l'autre un simple éfet de l'atention. Peut-être n'y a-t-il jamais u d'alfabet complet que celui de l'inventeur de l'écriture. Il est bien vraisemblable que, s'il n'y ut pas alors autant de caractères qu'il nous en faudroit aujourd'hui, c'est que la langue de l'inventeur n'en exigeoit pas davantage. L'ortografe n'a donc été parfaite qu'à la naissance de l'écriture; èle comença à s'altérer lorsque, pour des sons nouvaus ou nouvèlement aperçus, on fit des combinaisons des caractères conus, au lieu d'en instituer de nouvaus; mais il n'y ut plus rien de fixe, lorsqu'on fit des emplois diférens ou des combinaisons inutiles, et par conséquent vicieuses, pour des sons qui avoient leurs caractères propres. Tèle est la source de la coruption de l'ortografe. Voilà ce qui rend aujourd'hui l'art de la lecture si dificile, que, si on ne l'aprenoit pas de routine dans l'enfance, âge où les inconséquences de la métode vulgaire ne se font pas encore apercevoir, on auroit beaucoup de peine à l'aprendre dans un âge avancé; et la peine seroit d'autant plus grande, qu'on auroit l'esprit plus juste. Quiconque sait lire, sait l'art le plus dificile, s'il l'a apris par la métode vulgaire.

Quoiqu'il y ait beaucoup de réalité dans le tableau abrégé que je viens de tracer, je ne le done cependant que pour une conjecture filosofique. L'art de l'écriture des sons, d'autant plus admirable que la pratique en est facile, trouva de l'oposition dans les savans d'Égipte, dans les païens. Ceus qui doivent leur considération aus ténèbres qui envelopent leur nullité, craignent de produire leurs mistères à la lumière; ils aiment mieus être respectés qu'entendus, parce que, s'ils étoient entendus, ils ne seroient peut-être pas respectés. Les homes de génie découvrent, inventent et publient; ils font les découvertes et n'ont point de secrets ; les gens médiocres ou intéressés en font des mistères. Cependant l'intérêt général a fait prévaloir l'écriture des sons. Cet art sert également à confondre le mensonge et à manifester la vérité : s'il a quelquefois été dangereus, il est du moins le dépôt des armes contre l'erreur, celui de la religion et des lois.

Après avoir déterminé tous les sons d'une langue, ce qu'il y auroit de plus avantageus seroit que chaque son ût son caractère, qui ne pût être employé que pour le son auquel il auroit été destiné, et jamais inutilement. Il n'y a peut-être pas une langue qui ait cet avantage; et les deus langues dont les livres sont les plus recherchés, la françoise et l'angloise, sont cèles dont l'ortografe est la plus vicieuse.

Il ne seroit peut-être pas si dificile qu'on se l'imagine, de faire adopter par le public un alfabet complet et régulier ; il y auroit très-peu de choses à introduire pour les caractères, quand la valeur et l'emploi en seroient fixés. L'objection de la prétendue dificulté qu'il y auroit à lire les livres anciens, est une chimère : nous les lisons, quoiqu'il y ait aussi loin de leur ortografe à la nôtre, que de la nôtre à une qui seroit raisonable. 1.° Tous les livres d'usage se réimpriment continuèlement. 2.° Il n'y auroit point d'innovation pour les livres écrits dans les langues mortes. 3.° Ceus que leur profession oblige de lire les anciens livres, y seroient bientôt stilés.

On objecte encore qu'un empereur n'a pas eu l'autorité d'introduire un caractère nouvau (le digamma ou *V* consone). Cela prouve seulement qu'il faut que chacun se renferme dans son empire.

Des écrivains tels que Cicéron, Virgile, Horace, Tacite, etc., auroient été en cète matière plus puissans qu'un empereur. D'ailleurs, ce qui étoit alors impossible, ne le seroit pas aujourd'hui. Avant l'établissement de l'imprimerie, coment auroit-on pu faire adopter une loi en fait d'ortografe? On ne pouvoit pas aler y contraindre chés eus tous ceus qui écrivoient.

- Cependant Chilpéric a été plus heureus ou plus habile que Claude, puisqu'il a introduit quatre lètres dans l'alfabet françois. Il est vrai qu'il ne dut pas avoir baucoup de contradictions à essuyer dans une nation toute guèrière, où il n'y avoit peut-être que ceus qui se mêloient du gouvernement qui sussent lire et écrire.

Il y a grande aparence que, si la réforme de l'alfabet, au lieu d'être proposée par un particulier, l'étoit par un corps de gens de lètres, il finiroit par la faire adopter: la révolte du préjugé céderoit insensiblement à la persévérance des filosofes, et à l'utilité que le public y reconoîtroit bientôt pour l'éducation des enfans et l'instruction des étrangers. Cète légère partie de la nation, qui est en droit ou en possession de plaisanter de tout ce qui est utile, sert quelquefois à familiariser le public avec un objet, sans influer sur le jugement qu'il en porte. Alors l'autorité qui préside aus écoles publiques pouroit concourir à la réforme, en fixant une métode d'institution.

En cète matière, les vrais législateurs sont les gens de lètres. L'autorité proprement dite ne doit et ne peut que concourir. Pourquoi la raison ne deviendroit-èle pas enfin à la mode come autre chose? seroit-il possible qu'une nation reconue pour éclairée, et acusée de légèreté, ne fût constante que dans des choses déraisonables? Tèle est la force de la prévention et de l'habitude, que lorsque la réforme, dont la proposition paroît aujourd'hui chimérique, sera faite, car èle se fera, on ne croira pas qu'èle ait pu éprouver de la contradiction.

Quelques zélés partisans des usages qui n'ont de mérite que l'ancièneté, voudroient faire croire que les changemens qui se sont faits dans l'ortografe ont altéré la prosodie; mais c'est exactement le contraire. Les changemens arivés dans la prononciation obligent tôt ou tard d'en faire dans l'ortografe. Si l'on avoit écrit *j'avès*, *Francès*, etc., dans le tems qu'on prononçoit encore *j'avois*, *François*, avec une diftongue, on pouroit croire que l'ortografe auroit ocasioné le changement arivé dans la prononciation; mais, atendu qu'il y a plus d'un siècle que la finale de ces mots se prononce come un *e* ouvert grave, et que l'on continue toujours de l'écrire come une diftongue, on ne peut pas en acuser l'ortografe. Bien loin que la prosodie suive l'ortografe, l'ortografe ne suit la prosodie que de très-loin. Nous ne somes pas encore devenus assés raisonnables pour que le préjugé soit en droit de nous faire des reproches.

Je crois devoir à cète ocasion rendre compte au lecteur de la diférence qu'il a pu remarquer entre l'ortografe du texte et cèle des remarques. J'ai suivi l'usage dans le texte, parce que je n'ai pas le droit d'y rien changer; mais, dans les remarques, j'ai un peu anticipé la réforme vers laquèle l'usage même tend de jour en jour. Je me suis borné au retranchement des lètres doubles qui ne se prononcent point. J'ai substitué des *f* et des *t* simples aus *ph* et aus *th*: l'usage le fera sans doute un jour partout, come il a déjà fait dans *fantaisie*, *fantôme*, *frénésie*, *trône*, *trésor*, et dans quantité d'autres mots.

Si je fais quelques autres légers changemens, c'est toujours pour raprocher les lètres de leur destination et de leur valeur.

Je n'ai pas cru devoir toucher aus fausses combinaisons de voyèles, tèles que les *ai, ei, oi*, etc., pour ne pas trop éfaroucher les ieus. Je n'ai donc pas écrit conétre au lieu de conoître, Francès au lieu de François, jamès au lieu de jamais, fren au lieu de frein, pene au lieu de peine; ce qui seroit pourtant plus naturel. La plupart des auteurs écrivent aujourd'hui conaître, paraître, Français, etc. Il est vrai que c'est encore une fausse combinaison pour exprimer le son de la voyèle e; mais èle est du moins sans équivoque, puisque ai n'est jamais pris dans l'ortografe pour une diftongue, au lieu que oi est une diftongue dans lois, rois, gaulois, et n'est qu'un e ouvert grave dans conoître, paroître, Francois (peuple), etc. Ce premier pas fait d'après un illustre moderne, en amènera d'autres, tels que la supression des consones oiseuses, aussi souvent contraires que conformes à l'étimologie. Par exemple, donner, homme, honneur avec double consone, quoique venus de donare, homo, honor, et une quantité d'autres. C'est, dit-on, pour marquer les voyèles brèves. On a déjà vu, dans les remarques sur le chapitre IV, la valeur de cète raison. Les étimologistes prétendent encore qu'ils redoublent le t après un e, pour marquer qu'il est ouvert, come dans houlette, trompette, etc., ce qui ne les empéche pas d'écrire comete, prophete, etc., sans réduplication du t, quoique dans ces quatre mots les e soient absolument de la même nature, ouverts et brefs. On ne finiroit pas sur les inconséquences. Qu'on parte, si l'on veut, des étimologies; mais, quelque sistème d'ortografe qu'on adopte, du moins devroit-on être conséquent. Je n'ai rien changé à la manière d'écrire les nasales, quelque déraisonable que notre ortografe soit sur cet article. En éfet, les nasales n'ayant point de caractères simples qui en soient les signes, on a u recours à la combinaison d'une voyèle avec m ou n; mais on auroit au moins dû employer pour chaque nasale la voyèle avec laquèle èle a le plus de rapport; se servir, par exemple, de l'*an* pour l'*a* nasal, de l'*en* pour l'*e* nasal. Cependant nous employons plus souvent l'*e* que l'*a* pour l'*a* nasal. Cète nasale se trouve trois fois daŋs *entendement*, sans qu'il y en ait une seule écrite avec l'*a*, et quoiqu'il fût plus simple d'écrire *antandemant*. L'*e* nasal est presque toujours écrit par *i*, *ai*, *ei*; f*in*, p*ain*, fr*ein*, etc., au lieu d'y employer un *e*, come dans l'*e* nasal de b*ien*, entret*ien*, sout*ien*, etc. Je ne manquerois pas de bones raisons pour autoriser les changements que j'ai faits, et que je ferois encore; mais le préjugé n'admet pas la raison.

Plusieurs grammairiens ont déjà tenté la réforme de l'ortografe; et, quoiqu'ils n'aient pas été suivis en tout, on leur doit les changemens en bien qui se sont faits depuis un tems. Je saisis, pour faire le même essai, l'ocasion d'une grammaire très-estimée où l'on remarque les défauts de notre ortografe, et où l'on indique les moyens d'y remédier. D'ailleurs, come je l'ai fait voir, il s'en faut bien que je me sois permis tout ce que la raison autoriseroit; mais il faut aler par degrés : peut-être aurai-je des lecteurs qui ne s'apercevront pas de ce qui en choquera quelques autres. Cependant je me suis permis dans l'ortografe des remarques plus de changemens que je n'en voudrois d'abord; mais c'est uniquement pour indiquer le but vers lequel on devroit tendre. Je me bornerois, quant à présent, à la supression des consones qui ne se font point entendre dans la prononciation. Les partisans du vieil usage qui prétendent que la réduplication des consones sert à marquer les voyèles brèves, se détromperoient en lisant quelque livre que ce fût, s'ils y faisoient atention. Je dois bien conoître l'ortografe du Dictionaire de l'académie, dont j'ai été, en qualité de secrétaire, le principal éditeur, et je ne crains point d'avancer qu'il s'y trouve au moins autant de brèves, sans réduplication de consones, qu'avec cète superfluité. Si l'on soutient ce prétendu principe d'ortografe, il faut avouer que tous les dictionaires le contredisent à chaque page. Ceus qui en doutent peuvent aisément s'en éclaircir. M. du Marsais a suprimé dans son ouvrage sur les Tropes, la réduplication des consones oiseuses, et plusieurs écrivains ont tenté davantage. J'avoue, car il ne faut rien dissimuler, que la réformation de notre ortografe n'a été proposée que par des filosofes; il me semble que cela ne devroit pas absolument en décrier le projet. On pouroit presque en même tems borner le caractère *x* à son emploi d'abréviation de *cs*, tel que dans Alexandre, et de *gz*, come dans exil; mais on écriroit heureus, fâcheus, etc., puisqu'on est déjà obligé de substituer la lètre *s* dans les féminins heureuse, fâcheuse, etc.

On poura trouver extraordinaire que j'écrive il a *u*, *habuit*, avec un *u* seul, sans *e*; mais n'écrit-on pas il *a*, *habet*, avec un *a* seul? Il seroit d'autant plus à propos de suprimer l'*e*, come on l'a déjà fait dans il a *pu*, il a *vu*, il a *su*, que j'ai entendu des persones, d'ailleurs très-instruites, prononcer il a *éu*. Je ne prétens pas au surplus doner mon sentiment pour règle; mais on doit faire une distinction entre un changement subit d'ortografe qui embarasseroit les lecteurs, et une réforme raisonable, dont les gens de lètres s'apercevroient seuls, sans être arêtés dans leur lecture.

CHAPITRE VI.

D'une nouvelle manière pour apprendre à lire facilement en toutes sortes de langues.

Cette méthode regarde principalement ceux qui ne savent pas encore lire.

Il est certain que ce n'est pas une grande peine à ceux qui commencent, que de connoître simplement les lettres; mais la plus grande est de les assembler.

Or, ce qui rend maintenant cela plus difficile, est que chaque lettre ayant son nom, on la prononce seule autrement qu'en l'assemblant avec d'autres. Par exemple, si l'on fait assembler *fry*, à un enfant, on lui fait prononcer *ef, er, y grec;* ce qui le brouille infailliblement, lorsqu'il veut ensuite joindre ces trois sons ensemble, pour en faire le son de la syllabe *fry*.

Il semble donc que la voie la plus naturelle, comme quelques gens d'esprit l'ont déja remarqué, seroit que ceux qui montrent à lire, n'apprissent d'abord aux enfants à connoître leurs lettres que par le nom de leur prononciation, et qu'ainsi pour apprendre à lire en latin par exemple, on ne donnât que le même nom d'*e* à l'*e* simple, l'*æ* et l'*œ*, parcequ'on les prononce d'une même façon; et de même à l'*i* et à l'*y*; et encore à l'*o* et à l'*au*, selon qu'on les prononce aujourd'hui en France; car les Italiens font l'*au* diphthongue.

Qu'on ne leur nommât aussi les consonnes que par leur son naturel, en y ajoutant seulement l'*e* muet, qui est nécessaire pour les prononcer : par exemple, qu'on donnât pour nom à *b*, ce qu'on prononce dans la dernière syllabe de *tombe*; à *d* celui de la dernière syllabe de *ronde*; et ainsi des autres qui n'ont qu'un seul son.

Que pour celles qui en ont plusieurs, comme *c*, *g*, *t*, *s*, on les appelât par le son le plus naturel et le plus ordinaire, qui est au *c* le son de *que*, et au *g* le son de *gue*, au *t* le son de la dernière syllabe de *sorte*, et à l'*s* celui de la dernière syllabe de *bourse*.

Et ensuite on leur apprendroit à prononcer à part, et sans épeler, les syllabes *ce*, *ci*, *ge*, *gi*, *tia*, *tie*, *tii*. Et on leur feroit entendre que l'*s*, entre deux voyelles, se prononce comme un *z*, *miseria*, *misère*, comme s'il y avoit *mizeria*, *mizère*, etc.

Voilà les plus générales observations de cette nouvelle méthode d'apprendre à lire, qui seroit certainement très utile aux enfants. Mais, pour la mettre dans toute sa perfection, il en faudroit faire un petit traité à part, où l'on pourroit faire les remarques nécessaires pour l'accommoder à toutes les langues.

REMARQUES.

Tout ce chapitre est eccèlent, et ne soufre ni ecception, ni replique. Il est étonant que l'autorité de P. R., sur-tout dans ce tems-là, et qui depuis a été apuyée de l'expérience, n'ait pas encore fait trionfer la raison, des absurdités de la métode vulgaire. C'est d'après la réflexion de P. R. que le bureau tipografique a doné aus lètres leur dénomination la plus naturèle; *fe, he, ke, le, me, ne, re, se, ze, ve, je,* et l'abréviation *cse, gze;* et non pas *efe, ache, ka, èle, eme, ene, ere, esse, zede, i* et *u* consones, *icse.* Cète métode, déjà admise dans la dernière édition du Dictionaire de l'académie, et pratiquée dans les meilleures écoles, l'emportera tôt ou tard sur l'anciène, par l'avantage qu'on ne poura pas enfin s'empêcher d'y reconoître; mais il faudra du tems, parce que cela est raisonable.

REMARQUES

SUR

LA GRAMMAIRE

GÉNÉRALE ET RAISONNÉE.

SECONDE PARTIE,

OÙ IL EST PARLÉ DES PRINCIPES ET DES RAISONS SUR LESQUELS SONT APPUYÉES LES DIVERSES FORMES DE LA SIGNIFICATION DES MOTS.

CHAPITRE PREMIER.

Que la connoissance de ce qui se passe dans notre esprit est nécessaire pour comprendre les fondements de la grammaire; et que c'est de là que dépend la diversité des mots qui composent le discours.

Jusqu'ici nous n'avons considéré dans la parole que ce qu'elle a de matériel, et qui est commun, au moins pour le son, aux hommes et aux perroquets.

Il nous reste à examiner ce qu'elle a de spirituel, qui fait l'un des plus grands avantages de l'homme au-dessus de tous les autres animaux, et qui est une des plus grandes preuves de la raison : c'est l'usage que nous en faisons pour signifier nos pensées, et cette invention merveilleuse de composer de vingt-cinq ou trente sons cette infinie variété de mots qui, n'ayant rien de semblable en eux-mêmes à ce qui se passe dans notre esprit, ne laissent pas d'en découvrir aux autres tout le secret, et de faire entendre à ceux qui n'y peuvent pénétrer, tout ce que nous concevons, et tous les divers mouvements de notre ame.

Ainsi l'on peut définir les mots des sons distincts et articulés, dont les hommes ont fait des signes pour signifier leurs pensées.

C'est pourquoi on ne peut bien comprendre les diverses sortes de significations qui sont enfermées dans les mots, qu'on n'ait bien compris auparavant ce qui se passe dans nos pensées, puisque les mots n'ont été inventés que pour les faire connoître.

Tous les philosophes enseignent qu'il y a trois opérations de notre esprit : CONCEVOIR, JUGER, RAISONNER.

CONCEVOIR, n'est autre chose qu'un simple regard de notre esprit sur les choses, soit d'une manière purement intellectuelle, comme quand je connois *l'être, la durée, la pensée, Dieu;* soit avec des images corporelles, comme quand je m'imagine un *carré*, un *rond*, un *chien*, un *cheval*.

Juger, c'est affirmer qu'une chose que nous concevons est telle, ou n'est pas telle; comme lorsqu'ayant conçu ce que c'est que la *terre*, et ce que c'est que *rondeur*, j'affirme de la *terre*, qu'elle *est ronde*.

Raisonner, est se servir de deux jugements pour en faire un troisième : comme lorsqu'ayant jugé que toute vertu est louable, et que la patience est une vertu, j'en conclus que la patience est louable.

D'où l'on voit que la troisième opération de l'esprit n'est qu'une extension de la seconde; et ainsi il suffira pour notre sujet de considérer les deux premières, ou ce qui est enfermé de la première dans la seconde; car les hommes ne parlent guère pour exprimer simplement ce qu'ils conçoivent; mais c'est presque toujours pour exprimer les jugements qu'ils font des choses qu'ils conçoivent.

Le jugement que nous faisons des choses, comme quand je dis *la terre est ronde*, s'appelle Proposition; et ainsi toute proposition enferme nécessairement deux termes; l'un appelé *sujet*, qui est ce dont on affirme, comme *terre;* et l'autre appelé *attribut*, qui est ce qu'on affirme, comme *ronde :* et de plus la liaison entre ces deux termes, *est*.

Or il est aisé de voir que les deux termes appartiennent proprement à la première opération de l'esprit, parceque c'est ce que nous concevons, et ce qui est l'objet de notre pensée ; et que la liaison appartient à la seconde, qu'on peut dire être proprement l'action de notre esprit, et la manière dont nous pensons.

Et ainsi la plus grande distinction de ce qui se passe dans notre esprit, est de dire qu'on y peut considérer l'objet de notre pensée, et la forme ou la manière de notre pensée, dont la principale est le jugement ; mais on y doit encore rapporter les conjonctions, disjonctions, et autres semblables opérations de notre esprit, et tous les autres mouvements de notre ame, comme les desirs, le commandement, l'interrogation, etc.

Il s'ensuit de là que les hommes ayant eu besoin de signes pour marquer tout ce qui se passe dans leur esprit, il faut aussi que la plus générale distinction des mots soit que les uns signifient les objets des pensées, et les autres la forme et la manière de nos pensées, quoique souvent ils ne la signifient pas seule, mais avec l'objet, comme nous le ferons voir.

Les mots de la première sorte sont ceux que l'on a appelés *noms, articles, pronoms, participes, prépositions* et *adverbes* ; ceux de la seconde sont *les verbes, les conjonctions* et *les interjections ;* qui sont tous tirés, par une suite nécessaire, de la manière naturelle en laquelle nous exprimons nos pensées, comme nous allons le montrer.

REMARQUES.

MM. de P. R. établissent dans ce chapitre les vrais fondemens sur lesquels porte la métafisique des langues. Tous les grammairiens qui s'en sont écartés, ou qui ont voulu les déguiser, sont tombés dans l'erreur ou dans l'obscurité. M. du Marsais, en adoptant le principe de P. R., a u raison d'en rectifier l'aplication au sujet des vues de l'esprit. En éfet, MM. de P. R., après avoir si bien distingué les mots qui signifient *les objets des pensées* d'avec ceus qui marquent *la manière de nos pensées*, ne devoient pas mètre dans la première classe *l'article*, *la préposition*, ni même *l'adverbe*. *L'article* et *la préposition* apartiènent à la seconde classe; et *l'adverbe* contenant une préposition et un nom, pouroit sous diférens aspects, se rapeler à l'une et à l'autre.

CHAPITRE II.

Des noms, et premièrement des substantifs et adjectifs.

Les objets de nos pensées sont ou les choses, comme *la terre*, *le soleil*, *l'eau*, *le bois*, ce qu'on apelle ordinairement *substance*; ou la manière des choses, comme d'être *rond*, d'être *rouge*, d'être *dur*, d'être *savant*, etc., ce qu'on appelle *accident*.

Et il y a cette différence entre les choses et les substances, et la manière des choses ou les accidents, que les substances subsistent par elles-mêmes, au lieu que les accidents ne sont que par les substances.

C'est ce qui a fait la principale différence entre les mots qui signifient les objets des pensées; car ceux qui signifient les substances ont été appelés *noms substantifs;* et ceux qui signifient les accidents, en marquant le sujet auquel ces accidents conviennent, *noms adjectifs.*

Voilà la première origine des noms *substantifs* et *adjectifs.* Mais on n'en est pas demeuré là; et il se trouve qu'on ne s'est pas tant arrêté à la signification qu'à la manière de signifier; car, parceque la substance est ce qui subsiste par soi-même, on a appelé noms substantifs tous ceux qui subsistent par eux-mêmes dans le discours, sans avoir besoin d'un autre nom, encore même qu'ils signifient des accidents. Et au contraire on a appelé adjectifs ceux mêmes qui signifient des substances, lorsque, par leur manière de signifier, ils doivent être joints à d'autres noms dans le discours.

Or ce qui fait qu'un nom ne peut subsister par soi-même, est quand, outre sa signification distincte, il en a encore une confuse, qu'on peut appeler connotation d'une chose à laquelle convient ce qui est marqué par la signification distincte.

Ainsi la signification distincte de *rouge,* est la *rougeur;* mais il la signifie en marquant confusément le sujet de cette rougeur; d'où vient qu'il ne subsiste point seul dans le discours, parcequ'on y doit exprimer ou sous-entendre le mot qui signifie ce sujet.

Comme donc cette connotation fait l'adjectif, lorsqu'on l'ôte des mots qui signifient les accidents, on en fait des substantifs, comme de *coloré, couleur;* de *rouge, rougeur;* de *dur, dureté;* de *prudent, prudence,* etc.

Et au contraire, lorsqu'on ajoute aux mots qui signifient les substances, cette connotation ou signification confuse d'une chose à laquelle ces substances se rapportent, on en fait des adjectifs; comme d'*homme, humain, genre humain, vertu humaine,* etc.

Les Grecs et les Latins ont une infinité de ces mots; *ferreus, aureus, bovinus, vitulinus,* etc.

Mais l'hébreu, le françois et les autres langues vulgaires en ont moins; car le françois l'explique par un *de; d'or, de fer, de bœuf,* etc.

Que si l'on dépouille ces adjectifs formés des noms de substances, de leur connotation, on en fait de nouveaux substantifs, qu'on appelle *abstraits,* ou séparés. Ainsi d'*homme* ayant fait *humain,* d'*humain* on fait *humanité,* etc.

Mais il y a une autre sorte de noms qui passent pour substantifs, quoiqu'en effet ils soient adjectifs, puisqu'ils signifient une forme accidentelle, et qu'ils marquent aussi un sujet auquel convient cette forme : tels sont les noms de diverses professions des hommes, comme *roi, philosophe, peintre, soldat,* etc.; et ce qui fait que ces noms passent pour substantifs, est que ne pouvant avoir pour sujet que l'homme seul, au moins pour l'ordinaire, et selon la première imposition des noms, il n'a pas été nécessaire d'y joindre leur substantif, parcequ'on l'y peut sous-entendre sans aucune confusion, le rapport ne s'en pouvant faire à aucun autre ; et par là ces mots ont eu dans l'usage ce qui est particulier aux substantifs, qui est de subsister seuls dans le discours.

C'est pour cette même raison qu'on dit de certains noms ou pronoms qu'ils sont pris substantivement, parcequ'ils se rapportent à un substantif si général, qu'il se sous-entend facilement et déterminément ; comme *triste lupus stabulis,* suppléez *negotium; patria,* sup. *terra; Judæa,* sup. *provincia*. (*Voyez* la Nouvelle Méthode latine.)

J'ai dit que les adjectifs ont deux significations ; l'une distincte, qui est celle de la forme ; et l'autre confuse, qui est celle du sujet; mais il ne faut pas conclure de là qu'ils signifient plus directement la forme que le sujet, comme si la signification la plus distincte étoit aussi la plus directe. Car, au contraire, il est certain qu'ils signifient le sujet directement, et, comme parlent les grammairiens, *in recto,* quoique plus confusément ; et qu'ils ne signifient la forme qu'indirectement, et, comme ils parlent encore, *in obliquo*, quoique plus distinctement. Ainsi *blanc, candidus,* signifie directement ce qui a de la blancheur, *habens candorem,* mais d'une manière fort confuse, ne marquant en particulier aucune des choses qui peuvent avoir de la blancheur ; et il ne signifie qu'indirectement la blancheur, mais d'une manière aussi distincte que le mot même de blancheur, *candor.*

CHAPITRE III.

Des noms propres, et appellatifs ou généraux.

Nous avons deux sortes d'idées ; les unes qui ne nous représentent qu'une chose singulière, comme l'idée que chaque personne a de son père et de sa mère, d'un tel ami, de son cheval, de son chien, de soi-même, etc.

Les autres, qui nous en représentent plusieurs semblables, auxquels cette idée peut également convenir, comme l'idée que j'ai d'un homme en général, d'un cheval en général, etc.

Les hommes ont eu besoin de noms différents pour ces deux différentes sortes d'idées.

Ils ont appelé *noms propres* ceux qui conviennent aux idées singulières, comme le nom de *Socrate,* qui convient à un certain philosophe appelé Socrate, le nom de *Paris*, qui convient à la ville de Paris.

Et ils ont appelé *noms généraux* ou *appellatifs*, ceux qui signifient les idées communes ; comme le mot d'*homme*, qui convient à tous les hommes en général ; et de même du mot de *lion, chien, cheval*, etc.

Ce n'est pas qu'il n'arrive souvent que le mot propre ne convienne à plusieurs, comme *Pierre, Jean*, etc. ; mais ce n'est que par accident, parceque plusieurs ont pris un même nom ; et alors il faut y ajouter d'autres noms qui le déterminent, et qui le font rentrer dans la qualité de nom propre ; comme le nom de *Louis*, qui convient à plusieurs, est propre au roi qui règne aujourd'hui, en disant *Louis quatorzième*. Souvent même il n'est pas nécessaire de rien ajouter, parceque les circonstances du discours font assez voir de qui l'on parle.

CHAPITRE IV.

Des nombres singulier et plurier.

Les noms communs qui conviennent à plusieurs, peuvent être pris en diverses façons.

Car, 1° on peut ou les appliquer à une des choses

auxquelles ils conviennent, ou même les considérer toutes dans une certaine unité qui est appelée par les philosophes, *l'unité universelle*.

2° On peut les appliquer à plusieurs tous ensemble, en les considérant comme plusieurs.

Pour distinguer ces deux sortes de manières de signifier, on a inventé les deux *nombres;* le singulier, *homo, homme;* et le plurier, *homines, hommes.*

Et même quelques langues, comme la grecque, ont fait un *duel,* lorsque les noms conviennent à deux.

Les Hébreux en ont aussi un, mais seulement lorsque les mots signifient une chose double, ou par nature, comme les *yeux,* les *mains,* les *pieds,* etc., ou par art, comme des *meules* de moulin, des *ciseaux,* etc.

De là il se voit que les noms propres n'ont point d'eux-mêmes de plurier, parceque de leur nature ils ne conviennent qu'à un; et que si on les met quelquefois au plurier, comme quand on dit les *Césars,* les *Alexandres,* les *Platons,* c'est par figure, en comprenant dans le nom propre toutes les personnes qui leur ressembleroient; comme qui diroit : des rois aussi vaillants qu'Alexandre, des philosophes aussi savants que Platon, etc. Et il y en a même qui improuvent cette façon de parler, comme n'étant pas assez conforme à la nature, quoiqu'il s'en trouve des exemples dans toutes les langues;

de sorte qu'elle semble trop autorisée pour la rejeter tout-à-fait : il faut seulement prendre garde d'en user modérément.

Tous les adjectifs au contraire doivent avoir un *plurier*, parcequ'il est de leur nature d'enfermer toujours une certaine signification vague d'un sujet, qui fait qu'ils peuvent convenir à plusieurs, au moins quant à la manière de signifier, quoiqu'en effet ils ne convinssent qu'à un.

Quant aux substantifs qui sont communs et appellatifs, il semble que par leur nature ils devroient tous avoir un plurier; néanmoins il y en a plusieurs qui n'en ont point, soit par le simple usage, soit par quelque sorte de raison. Ainsi les noms de chaque métal, *or, argent, fer,* n'en ont point en presque toutes les langues, dont la raison est, comme je pense, que la ressemblance si grande qui est entre les parties des métaux, fait que l'on considère d'ordinaire chaque espéce de métal, non comme une espéce qui ait sous soi plusieurs individus, mais comme un tout qui a seulement plusieurs parties : ce qui paroît bien en notre langue, en ce que pour marquer un métal singulier, on ajoute la particule de partition ; *de l'or, de l'argent, du fer*. On dit bien *fers* au plurier, mais c'est pour signifier des chaînes, et non seulement une partie du métal appelé *fer*. Les Latins disent bien aussi *œra,* mais c'est pour signifier de la monnoie ou des instruments à faire son, comme des cymbales; et ainsi des autres.

CHAPITRE V.

Des genres.

Comme les noms adjectifs de leur nature conviennent à plusieurs, on a jugé à propos, pour rendre le discours moins confus, et aussi pour l'embellir par la variété des terminaisons, d'inventer dans les adjectifs une diversité selon les substantifs auxquels on les appliqueroit.

Or, les hommes se sont premièrement considérés eux-mêmes; et ayant remarqué parmi eux une différence extrêmement considérable, qui est celle des deux sexes, ils ont jugé à propos de varier les mêmes noms adjectifs, y donnant diverses terminaisons, lorsqu'ils s'appliquoient aux hommes, et lorsqu'ils s'appliquoient aux femmes; comme en disant, *bonus vir*, un bon homme; *bona mulier*, une bonne femme; et c'est ce qu'ils ont appelé *genre masculin* et *genre féminin*.

Mais il a fallu que cela ait passé plus avant. Car, comme ces mêmes adjectifs se pouvoient attribuer à d'autres qu'à des hommes ou à des femmes, ils ont été obligés de leur donner l'une ou l'autre des terminaisons qu'ils avoient inventées pour les hommes et pour les femmes : d'où il est arrivé que par rapport aux hommes et aux femmes, ils ont distingué tous les autres noms substantifs en *masculins* et *féminins* : quelquefois par quelque sorte de raison, comme lorsque les offices d'hommes, *rex, judex, philosophus*, etc., qui ne sont qu'improprement substantifs, comme nous avons dit, sont du masculin, parcequ'on sous-entend *homo*; et que les offices de femmes sont du féminin, comme *mater*, *uxor*, *regina*, etc., parcequ'on sous-entend *mulier*.

D'autres fois aussi par un pur caprice, et usage sans raison, ce qui fait que cela varie selon les langues, et dans les mots même qu'une langue a empruntés d'une autre; comme *arbor* est du féminin en latin, et *arbre* du masculin en françois; *dens* masculin en latin, et *dent* féminin en françois.

Quelquefois même cela a changé dans une même langue selon le temps; comme *alvus* étoit autrefois masculin en latin, selon Priscien, et depuis il est devenu féminin. *Navire*, en françois étoit autrefois féminin, et depuis il est devenu masculin.

Cette variation d'usage a fait aussi qu'un même mot étant mis par les uns en un genre, et par les autres en l'autre, est demeuré *douteux;* comme *hic finis*, ou *hæc finis* en latin; comme *comté* et *duché* en françois.

Mais ce qu'on appelle genre commun n'est pas si commun que les grammairiens s'imaginent; car il ne convient proprement qu'à quelques noms d'animaux, qui en grec et en latin se joignent à des adjectifs masculins et féminins, selon qu'on veut signifier le mâle et la femelle, comme *bos*, *canis*, *sus*.

Les autres, qu'ils comprennent sous le nom de genre commun, ne sont proprement que des adjectifs qu'on prend pour substantifs, parceque d'ordinaire ils subsistent seuls dans le discours, et qu'ils n'ont pas de différentes terminaisons pour être joints aux divers genres, comme en ont *victor* et *victrix*, *victorieux* et *victorieuse*; *rex* et *regina*, *roi* et *reine*; *pistor* et *pistrix*, *boulanger* et *boulangère*, etc.

On voit encore par là que ce que les grammairiens appellent *épicène* n'est point un genre séparé; car *vulpes*, quoiqu'il signifie également le mâle et la femelle d'un renard, est véritablement féminin dans le latin; et de même une *aigle* est véritablement féminin dans le françois, parceque le genre masculin ou féminin dans un mot ne regarde pas proprement sa signification, mais le dit seulement de telle nature qu'il se doive joindre à l'adjectif dans la terminaison masculine ou féminine. Ainsi, en latin, *custodiæ*, des *gardes* ou des *prisonniers*, *vigiliæ*, des *sentinelles*, etc., sont véritablement féminins, quoiqu'ils signifient des hommes. Voilà ce qui est commun à toutes les langues, pour le regard des genres.

Les Grecs et les Latins ont encore inventé un troisième genre avec le masculin et le féminin, qu'ils ont appelé *neutre*, comme n'étant ni de l'un ni de l'autre; ce qu'ils n'ont pas regardé par la raison, comme ils eussent pu faire en attribuant le neutre aux noms des choses qui n'avoient nul rapport au sexe masculin ou féminin, mais par fantaisie, et en suivant seulement certaines terminaisons.

REMARQUES.

L'institution ou la distinction des genres est une chose purement arbitraire, qui n'est nulement fondée en raison, qui ne paroît pas avoir le moindre avantage, et qui a baucoup d'inconvéniens.

Les Grecs et les Latins en avoient trois; nous n'en avons que deus, et les Anglois n'en ont point dans les noms; ce qui, pour la facilité d'aprendre leur langue, est un avantage : mais ils en ont trois au pronom de la troisième persone; *he* pour le masculin, *she* pour le féminin, des êtres animés; et *it*, neutre pour tous les êtres inanimés. Les genres sont utiles, dit-on, pour distinguer de quel sexe est le sujet dont on parle : on auroit donc dû les borner à l'home et aus animaus; encore une particule distinctive auroit-èle sufi; mais on n'auroit jamais dû l'apliquer universèlement à tous les êtres. Il y a là-dedans une déraison, dont l'habitude seule nous empêche d'être révoltés.

Nous perdons par-là une sorte de variété qui se trouveroit dans la terminaison des adjectifs, au lieu qu'en les féminisant, nous augmentons encore le nombre de nos *e* muets. Mais un plus grand inconvénient des genres, c'est de rendre une langue très dificile à aprendre. C'est une ocasion continuèle d'erreurs pour les étrangers et pour baucoup de naturels d'un pays. On ne peut se guider que par la mémoire dans l'emploi des genres, le raisonement n'y étant pour rien. Aussi voyons-nous des étrangers de baucoup d'esprit, et très-instruits de notre sintaxe, qui parleroient très-corectement, sans les fautes contre les genres. Voilà ce qui les rend quelquefois si ridicules devant les sots, qui sont incapables de discerner ce qui est de raison, d'avec ce qui n'est que d'un usage arbitraire et capricieus. Les gens d'esprits sont ceus qui ont le plus de mémoire dans les choses qui sont du ressort du raisonement, et qui en ont souvent le moins dans les autres.

C'est ici une observation purement spéculative: car il ne s'agit pas d'un abus qu'on puisse coriger; mais il me semble qu'on doit en faire la remarque dans une grammaire filosofique.

CHAPITRE VI.

Des cas et des prépositions, en tant qu'il est nécessaire d'en parler pour entendre quelques cas.

Si l'on considéroit toujours les choses séparément les unes des autres, on n'auroit donné aux noms que les deux changements que nous venons de marquer ; savoir : du nombre pour toutes sortes de noms, et du genre pour les adjectifs; mais, parce-

5.

qu'on les regarde souvent avec les divers rapports qu'elles ont les unes aux autres, une des inventions dont on s'est servi en quelques langues pour marquer ces rapports, a été de donner encore aux noms diverses terminaisons qu'ils ont appelées des *cas*, du latin *cadere*, *tomber*, comme étant les diverses chutes d'un même mot.

Il est vrai que, de toutes les langues, il n'y a peut-être que la grecque et la latine qui aient proprement des cas dans les noms. Néanmoins, parcequ'aussi il y a peu de langues qui n'aient quelques sortes de cas dans les pronoms, et que sans cela on ne sauroit bien entendre la liaison du discours, qui s'appelle *construction*, il est presque nécessaire, pour apprendre quelque langue que ce soit, de savoir ce qu'on entend par ces cas : c'est pourquoi nous les expliquerons l'un après l'autre le plus clairement qu'il nous sera possible.

Du nominatif.

La simple position du nom s'appelle le *nominatif*, qui n'est pas proprement un cas, mais la matière d'où se forment les cas par les divers changements qu'on donne à cette première terminaison du nom. Son principal usage est d'être mis dans le discours avant tous les verbes, pour être le sujet de la proposition. *Dominus regit me, le Seigneur me conduit. Deus exaudit me, Dieu m'écoute.*

Du vocatif.

Quand on nomme la personne à qui on parle, ou la chose à laquelle on s'adresse comme si c'étoit une personne, ce nom acquiert par là un nouveau rapport, qu'on a quelquefois marqué par une nouvelle terminaison qui s'appelle *vocatif*. Ainsi de *dominus* au nominatif, on a fait *domine* au vocatif; d'*Antonius, Antoni*. Mais comme cela n'étoit pas beaucoup nécessaire, et qu'on pouvoit employer le nominatif à cet usage, de là il est arrivé:

1° Que cette terminaison différente du nominatif n'est point au pluriel.

2° Qu'au singulier même elle n'est en latin qu'en la seconde déclinaison.

3° Qu'en grec, où elle est plus commune, on la néglige souvent, et on se sert du nominatif au lieu du vocatif, comme on peut voir dans la version grecque des Psaumes, d'où saint Paul cite ces paroles dans l'épître aux Hébreux, pour prouver la divinité de Jésus-Christ, θρονός σε, ὁ θεὸς où il est clair que ὁ θεὸς est un nominatif pour un vocatif; le sens n'étant pas *Dieu est votre trône*; mais *votre trône, ô Dieu, demeurera*, etc.

4° Et qu'enfin on joint quelquefois des nominatifs avec des vocatifs. *Domine, Deus meus. Nate, meæ vires, mea magna potentia solus*. Sur quoi l'on peut voir la Nouvelle Méthode latine. (Remarques sur les pronoms.)

En notre langue et dans les autres vulgaires, ce cas s'exprime dans les noms communs qui ont un article au nominatif, par la suppression de cet article. *Le Seigneur est mon espérance. Seigneur, vous êtes mon espérance.*

Du génitif.

Le rapport d'une chose qui appartient à une autre, en quelque manière que ce soit, a fait donner, dans les langues qui ont des cas, une nouvelle terminaison aux noms, qu'on a appelée le *génitif*, pour exprimer ce rapport général qui se diversifie ensuite en plusieurs espèces, telles que sont les rapports,

Du tout à la partie. *Caput hominis.*

De la partie au tout. *Homo crassi capitis.*

Du sujet à l'accident ou l'attribut. *Color rosœ, Misericordia Dei.*

De l'accident au sujet. *Puer optimœ indolis.*

De la cause efficiente à l'effet. *Opus Dei. Oratio Ciceronis.*

De l'effet à la cause. *Creator mundi.*

De la cause finale à l'effet. *Potio soporis.*

De la matière au composé. *Vas auri.*

De l'objet aux actes de notre ame. *Cogitatio belli. Contemptus mortis.*

Du possesseur à la chose possédée. *Pecus Melibœi. Divitiœ Crœsi.*

Du nom propre au commun, ou de l'individu à l'espèce. *Oppidum Lugduni.*

Et comme entre ces rapports il y en a d'opposés, cela cause quelquefois des équivoques. Car dans ces paroles, *vulnus Achillis*, le génitif *Achillis* peut signifier ou *le rapport du sujet*, et alors cela se prend passivement pour la plaie qu'Achille a reçue ; ou *le rapport de la cause*, et alors cela se prend activement pour la plaie qu'Achille a faite. Ainsi, dans ce passage de saint Paul : *Certus sum quia nequè mors, nequè vita*, etc., *poterit nos separare à charitate Dei in Christo Jesu Domino nostro*; le génitif *Dei* a été pris en deux sens différents par les interprètes : les uns y ont donné *le rapport de l'objet*, ayant expliqué ce passage de l'amour que les élus portent à Dieu en Jésus-Christ; et les autres y ont donné *le rapport du sujet*, l'ayant expliqué de l'amour que Dieu porte aux élus en Jésus-Christ.

Quoique les noms hébreux ne se déclinent point par cas, néanmoins ce rapport exprimé par ce génitif cause un changement dans les noms, mais tout différent de celui de la langue grecque et de la latine : car au lieu que dans ces langues on change le nom qui est régi, dans l'hébreu on change celui qui régit; comme רבר שקר *verbum falsitatis*, où le changement ne se fait pas dans שקר *falsitas*, mais dans רבר pour רבר *verbum.*

On se sert d'une particule dans toutes les langues

vulgaires pour exprimer le génitif, comme est *de* dans la nôtre : *Deus, Dieu; Dei, de Dieu.*

Ce que nous avons dit, que le génitif servoit à marquer le rapport du nom propre au nom commun, ou, ce qui est la même chose, de l'individu à l'espèce, est bien plus ordinaire en françois qu'en latin : car en latin on met souvent le nom commun et le nom propre au même cas, ce qu'on appelle apposition : *Urbs Roma, fluvius Sequana, mons Parnassus :* au lieu qu'en françois, l'ordinaire, dans ces rencontres, est de mettre le nom propre au génitif : *La ville de Rome, la rivière de Seine, le mont de Parnasse.*

Du datif.

Il y a encore un autre rapport, qui est de la chose au profit ou au dommage de laquelle d'autres choses se rapportent. Les langues, qui ont des cas, ont encore un mot pour cela, qu'ils ont appelé le *datif*, et qui s'étend encore à d'autres usages, qu'il est presque impossible de marquer en particulier. *Commodare Socrati*, prêter à Socrate. *Utilis reipublicæ*, utile à la république. *Perniciosus ecclesiæ*, pernicieux à l'église. *Promittere amico*, promettre à un ami. *Visum est Platoni*, il a semblé à Platon. *Affinis regi*, allié au roi, etc.

Les langues vulgaires marquent encore ce cas par une particule, comme est *à* en la nôtre, ainsi qu'on peut voir dans les exemples ci-dessus.

De l'accusatif.

Les Verbes qui signifient des actions qui passent hors de ce qui agit, comme *battre*, *rompre*, *guérir*, *aimer*, *haïr*, ont des sujets où ces choses sont reçues, ou des objets qu'elles regardent. Car si on bat, on bat quelqu'un; si on aime, on aime quelque chose, etc.; et ainsi ces verbes demandent après eux un nom qui soit le sujet ou l'objet de l'action qu'ils signifient. C'est ce qui a fait donner aux noms, dans les langues qui ont des cas, une nouvelle terminaison qu'on appelle *l'accusatif*. *Amo Deum. Cæsar vicit Pompeium.*

Nous n'avons rien dans notre langue qui distingue ce cas du nominatif. Mais, comme nous mettons presque toujours les mots dans leur ordre naturel, on reconnoît le nominatif de l'accusatif en ce que, pour l'ordinaire, le nominatif est avant le verbe, et l'accusatif après. *Le roi aime la reine. La reine aime le roi. Le roi* est nominatif dans le premier exemple, et accusatif dans le second, et *la reine* au contraire.

De l'ablatif.

Outre ces cinq cas, les Latins en ont un sixième qui n'a pas été inventé pour marquer seul aucun rapport particulier, mais pour être joint à quelqu'une des particules qu'on appelle *prépositions*.

Car, comme les cinq premiers cas n'ont pas pu suffire pour marquer tous les rapports que les choses ont les unes aux autres, on a eu recours dans toutes les langues à un autre expédient, qui a été d'inventer des petits mots pour être mis avant les noms, ce qui les a fait appeler *prépositions;* comme le rapport d'une chose en laquelle une autre est, s'exprime en latin par *in*, et en françois par *dans : Vinum est in dolio, le vin est dans le muid.* Or, dans les langues qui ont des cas, on ne joint pas ces prépositions à la première forme du nom, qui est le nominatif, mais à quelqu'un des autres cas ; et, en latin, quoiqu'il y en ait qu'on joigne à l'accusatif, *amor erga Deum*, *amour envers Dieu*, on a néanmoins inventé un cas particulier, qui est l'*ablatif*, pour y en joindre plusieurs autres, dont il est inséparable dans le sens ; au lieu que l'accusatif en est souvent séparé, comme quand il est après un verbe actif ou devant un infinitif.

Ce cas, à proprement parler, ne se trouve point au pluriel, où il n'y a jamais pour ce cas une terminaison différente de celle du datif ; mais, parceque cela auroit brouillé l'analogie, de dire, par exemple, qu'une préposition gouverne l'ablatif au singulier, et le datif au pluriel, on a mieux aimé dire que ce nombre avoit aussi un ablatif, mais toujours semblable au datif.

C'est par cette même raison qu'il est utile de donner aussi un ablatif aux noms grecs, qui soit toujours semblable au datif, parceque cela conserve une plus grande analogie entre ces deux langues, qui s'apprennent ordinairement ensemble.

Et enfin toutes les fois qu'en notre langue un nom est gouverné par une préposition quelle qu'elle soit : *Il a été puni pour ses crimes; il a été amené par violence; il a passé par Rome; il est sans crime; il est allé chez son rapporteur; il est mort avant son père :* nous pouvons dire qu'il est à l'ablatif, ce qui sert beaucoup pour bien s'exprimer en plusieurs difficultés touchant les pronoms.

REMARQUES.

Les cas n'ayant été imaginés que pour marquer les diférentes vues de l'esprit, ou les divers raports des objets entr'eus; pour qu'une langue fût en état de les exprimer tous par des cas, il faudroit que les mots ussent autant de terminaisons diférentes qu'il y a de ces raports. Or il n'y a vraisemblablement jamais u de langue qui ût le nombre nécessaire de ces terminaisons. Ce ne seroit d'ailleurs qu'une surcharge pour la mémoire, qui n'auroit aucun avantage qu'on ne se procure d'une manière plus simple. La dénomination des cas est prise de quelqu'un de leurs usages. Nous avons peu de cas en françois : nous nomons l'objet de notre pensée; et les raports sont marqués par des prépositions, ou par la place du mot.

Plusieurs grammairiens se sont servis improprement du nom de cas. Come les premières grammaires ont été faites pour le latin et le grec, nos grammaires françoises ne se sont que trop ressenties des syntaxes grèque ou latine. On dit, par exemple, que *de* marque le génitif, quoique cète préposition exprime les raports que l'usage seul lui a assignés, souvent très-diférens les uns des autres, sans qu'on puisse dire qu'ils répondent aus cas des Latins, puisqu'il y a baucoup de circonstances où les Latins, pour rendre le sens de notre *de*, mètent des *nominatifs*, des *accusatifs*, des *ablatifs* ou des *adjectifs*. Exemple : *La vile de Rome, urbs Roma. L'amour de Dieu*, en parlant de celui que nous lui devons, *amor erga Deum. Un temple de marbre, templum de marmore. Un vase d'or, vas aureum.*

Les cas sont nécessaires dans les langues *transpositives*, où les inversions sont très-fréquentes, tèles que la grèque et la latine. Il faut absolument, dans ces inversions, que les noms qui expriment les mêmes idées, comme λογος, λογου, λογω, λογον, λογε ; *sermo, sermonis, sermoni, sermonem, sermone* (*discours*), aient des terminaisons diférentes, pour faire conoître au lecteur et à l'auditeur, les diférens raports sous lesquels l'objet est envisagé. Le françois et les langues qui, dans leur construction, suivent l'ordre analitique, n'ont pas besoin de cas ; mais èles ne sont pas aussi favorables à l'harmonie mécanique du discours que le latin et le grec, qui pouvoient transposer les mots, en varier l'arangement, choisir le plus agréable à l'oreille, et quelquefois le plus convenable à la passion. Il s'en faut pourtant bien qu'aucune langue ait tous les cas propres à marquer tous les raports, cela seroit presque infini ; mais èles y supléent par les prépositions.

Nous n'avons de cas en françois que pour les pronoms personels, *je, me, moi, tu, te, toi, il, èle, nous, vous, eus*, et les relatifs *qui, que*; encore tous ces cas ont-ils leurs places fixées, de manière que l'un ne peut être employé pour l'autre. Aussi avons-nous peu d'inversions, et si simples, que l'esprit saisit facilement les raports, et y trouve souvent plus d'élégance.

> Rhode, *des Otomans* ce redoutable écueil,
> *De tous ses défenseurs* devenu le cercueil.
>
> *A l'injuste Athalie* ils se sont tous vendus.
>
> *D'un pas majestueux, à côté de sa mère,*
> Le jeune Éliacin s'avance.
>
> Comment *en un plomb vil* l'or pur s'est-il changé!
> Quel sera l'ordre affreux qu'*apporte* un tel ministre?

Tout ce qui est ici en italique est transposé. Ces inversions sont très-fréquentes en vers, et se trouvent quelquefois en prose, mais èles n'embarassent assurément pas l'esprit.

Plusieurs savans prétendent que les inversions latines ou grèques nuisoient à la clarté, ou du moins exigeoient, de la part des auditeurs, une atention pénible, parce que, disent-ils, le verbe régissant étant presque toujours le dernier mot de la frase, on ne comprenoit rien qu'on ne l'ût entendue toute entière. Mais cela est comun à toutes les langues, à cèles mêmes tèles que la nôtre, dont la construction suit l'ordre analitique. Il est absolument nécessaire pour qu'une proposition soit comprise, que la mémoire en réunisse et en présente à l'esprit tous les termes à la fois. Qu'on essaye de s'arêter à la moitié ou aus trois quarts de quelque frase que ce soit de notre langue, on vèra que le sens ne se dévelope qu'au moment où l'esprit en saisit tous les termes. Témoin, sans multiplier les exemples, les dernières frases qu'on vient de lire, et toutes cèles qu'on voudra observer.

CHAPITRE VII.

Des articles.

La signification vague des noms communs et appellatifs, dont nous avons parlé ci-dessus chapitre IV, n'a pas seulement engagé à les mettre en deux sortes de nombres, au singulier et au pluriel, pour la déterminer ; elle a fait aussi que presqu'en toutes les langues on a inventé de certaines particules appelées *articles*, qui en déterminent la signification d'une autre manière, tant dans le singulier que dans le pluriel.

Les Latins n'ont point d'article ; ce qui a fait dire sans raison à Jules-César Scaliger, dans son livre des Causes de la langue latine, que cette particule étoit inutile, quoiqu'elle soit très utile pour rendre le discours plus net, et éviter plusieurs ambiguités.

Les Grecs en ont un, ὁ, ἡ, τό.

Les langues nouvelles en ont deux ; l'un qu'on appelle défini, comme *le, la,* en françois ; et l'autre indéfini, *un, une.*

Ces articles n'ont point proprement de cas, non plus que les noms ; mais ce qui fait que l'article *le* semble en avoir, c'est que le génitif et le datif se font toujours au pluriel, et souvent au singulier, par une contraction des particules *de* et *à*, qui sont les marques de ces deux cas, avec le pluriel *les*, et le singulier *le :* car au pluriel, qui est commun aux deux genres, on dit toujours au génitif *des*, par contraction de *de les. Les rois, des rois*, pour *de les rois*; et au datif *aux* pour *à les, aux rois*, pour *à les rois*, en ajoutant à la contraction le changement d'*l* en *u*, qui est fort commun en notre langue; comme quand de *mal* on fait *maux*, de *altus*, *haut*, de *alnus*, *aune*.

On se sert de la même contraction et du même changement d'*l* en *u* au génitif et au datif du singulier, aux noms masculins qui commencent par une consonne. Car on dit *du* pour *de le*, *du roi*, pour *de le roi; au* pour *à le, au roi,* pour *à le roi*. Dans tous les autres masculins qui commencent par une voyelle, et tous les féminins généralement, on laisse l'article comme il étoit au nominatif, et on ne fait qu'ajouter *de* pour le génitif, et *à* pour le datif. *L'état, de l'état, à l'état. La vertu, de la vertu, à la vertu.*

Quant à l'autre article, *un* et *une*, que nous avons appelé *indéfini*, on croit d'ordinaire qu'il n'a point de pluriel, et il est vrai qu'il n'en a point qui soit formé de lui-même : car on ne dit pas *uns, unes,* comme font les Espagnols, *unos animales*; mais je dis qu'il en a un pris d'un autre mot, qui est *des* avant les substantifs, *des animaux*; ou *de,* quand l'adjectif précède, *de beaux lits,* etc.; ou bien, ce qui est la même chose, je dis que la particule *des* ou *de* tient souvent au pluriel le même lieu d'article indéfini qu'*un* au singulier.

Ce qui me le persuade est que dans tous les cas, hors le génitif, pour la raison que nous dirons dans la suite, par-tout où on met *un* au singulier, on doit mettre *des* au pluriel, ou *de* avant les adjectifs.

Nominatif. . . . . { *un* crime si horrible mérite la mort
des crimes si horribles (ou) *de* si horribles crimes méritent la mort.

Accusatif. Il a commis. . { *un* crime horrible.
des crimes horribles (ou) *d*'horribles crimes.

Ablatif. Il est puni. . . { pour *un* crime horrible.
pour *des* crimes horribles (ou) pour *d*'horribles crimes.

Datif. Il a eu recours. . { à *un* crime horrible.
à *des* crimes horribles (ou) à *d*'horribles crimes.

Génitif. Il est coupable. { *d'un* crime horrible.
de crimes horribles (ou) *d*'horribles crimes.

Remarquez qu'on ajoute *à*, qui est la particule du datif, pour en faire le datif de cet article, tant au singulier *à un*, qu'au pluriel *à des*; et qu'on ajoute aussi *de*, qui est la particule du génitif, pour en faire le génitif du singulier, savoir : *d'un*. Il est donc visible que, selon cette analogie, le génitif pluriel devoit être formé de même, en ajoutant *de* à *des* ou *de*, mais qu'on ne l'a pas fait pour une raison qui fait la plupart des irrégularités des langues, qui est la cacophonie ou mauvaise prononciation. Car *de des*, et encore plus *de de*, eût trop choqué l'oreille, et elle eût eu peine à souffrir qu'on eût dit : *Il est accusé de des crimes horribles*, ou, *il est accusé de de grands crimes*. Et ainsi, selon la parole d'un ancien, *impetratum est à ratione, ut peccare suavitatis causâ liceret*[1].

Cela fait voir que *des* est quelquefois le génitif pluriel de l'article *le*, comme quand on dit : *Le Sauveur des hommes*, pour *de les hommes*, et quelquefois le nominatif ou l'accusatif, ou l'ablatif, ou le datif du pluriel de l'article *un*, comme nous venons de le faire voir; et que *de* est aussi quelquefois la simple marque du génitif sans article, comme quand on dit : *Ce sont des festins de roi*, et quelquefois ou le génitif pluriel du même article *un*, au lieu de *de des*, ou les autres cas du même article devant les adjectifs, comme nous l'avons montré.

Nous avons dit en général que l'usage des articles étoit de déterminer la signification des noms communs; mais il est difficile de marquer précisément en quoi consiste cette détermination, parceque cela n'est pas uniforme en toutes les langues qui ont des articles. Voici ce que j'en ai remarqué dans la nôtre.

---

[1] On lit dans le texte de Cicéron, *à consuetudine*.

Le nom commun, comme Roi.

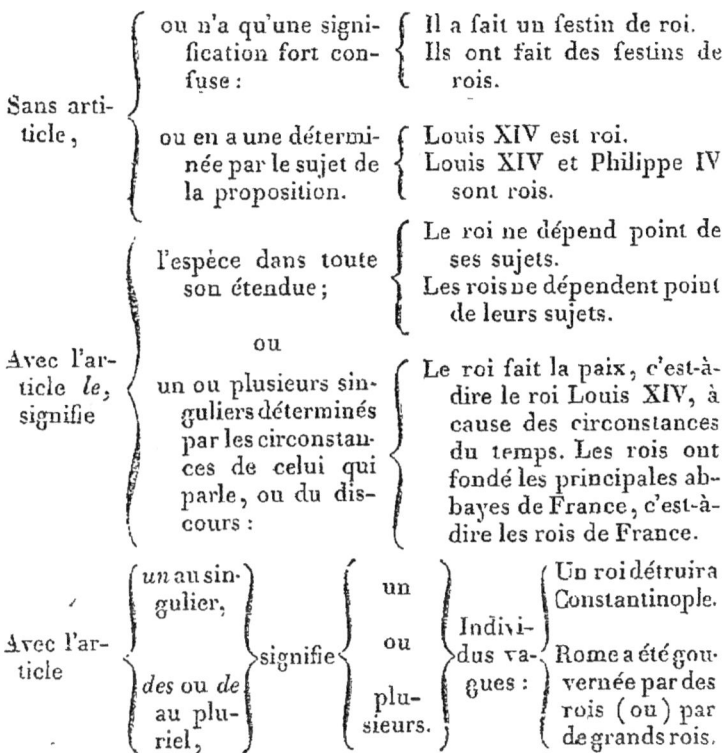

Nous voyons par là que l'article ne se devroit point mettre aux noms propres, parceque, signifiant une chose singulière et déterminée, ils n'ont pas besoin de la détermination de l'article.

Néanmoins l'usage ne s'accordant pas toujours avec la raison, on en met quelquefois en grec aux noms propres des hommes mêmes, ὁ Φίλιππος. Et les Italiens en font un usage assez ordinaire, *l'Ariosto*, *il Tasso*, *l'Aristotele* : ce que nous imitons quelquefois, mais seulement dans les noms purement italiens, en disant, par exemple, *l'Arioste, le Tasse*, au lieu que nous ne dirions pas *l'Aristote, le Platon*. Car nous n'ajoutons point d'articles aux noms propres des hommes, si ce n'est par mépris, ou en parlant de personnes fort basses, *le tel, la telle*, ou bien que d'appellatifs ou communs, ils soient devenus propres, comme il y a des hommes qui s'appellent *Le Roi, Le Maître, Le Clerc*. Mais alors tout cela n'est pris que comme un seul mot; de sorte que ces noms passant aux femmes, on ne change point l'article *le* en *la*, mais une femme signe *Marie le Roi, Marie le Maître*, etc.

Nous ne mettons point aussi d'articles aux noms propres des villes ou villages, *Paris, Rome, Milan, Gentilly*, si ce n'est aussi que d'appellatifs ils soient devenus propres, comme *La Capelle, Le Plessis, Le Castelet*.

Ni pour l'ordinaire aux noms des églises, qu'on nomme simplement par le nom du saint auquel elles sont dédiées : *Saint-Pierre, Saint-Paul, Saint-Jean*.

Mais nous en mettons aux noms propres des royaumes et des provinces, *la France, l'Espagne, la Picardie*, etc., quoiqu'il y ait quelques noms de pays où l'on n'en mette point, comme *Cornouailles, Comminges, Roannez*.

Nous en mettons aux noms de rivières, *la Seine, le Rhin*;

6.

Et de montagnes, *l'Olympe, le Parnasse.*

Enfin, il faut remarquer que l'article ne convient point aux adjectifs, parcequ'ils doivent prendre leur détermination du substantif. Que si on l'y joint quelquefois, comme quand on dit, *le blanc*, *le rouge;* c'est qu'on en fait des substantifs, *le blanc* étant la même chose que *la blancheur :* ou qu'on y sous-entend le substantif, comme si, en parlant du vin, on disoit : *J'aime mieux le blanc.*

REMARQUES.

Les premiers grammairiens n'ont seulement pas soupçoné qu'il y ût la moindre dificulté sur la nature de l'article; ils ont cru simplement qu'il ne servoit qu'à marquer les genres. Une seconde classe de grammairiens plus éclairés, à la tête desquels je mets MM. de P. R., du moins pour la date, en voulant éclaircir la question, n'ont fait que marquer la dificulté, sans la résoudre. Je n'ai trouvé la matière aprofondie que par M. du Marsais. (*Voyez* le mot *article* dans l'Enciclopédie.) Mais ce qu'il en a dit est un morceau de filosofie qui pouroit n'être pas à l'usage de tous les lecteurs, et n'a peut-être ni toute la précision, ni toute la clarté possible.

Pour me renfermer dans des limites plus proportionées à l'étendue de côte grammaire qu'à cèle de la matière, j'observerai d'abord que ces divisions d'articles, défini, indéfini, indéterminé, n'ont servi qu'à jeter de la confusion sur la nature de l'article.

Je ne prétens pas dire qu'un mot ne puisse être pris dans un sens indéfini, c'est-à-dire dans sa signification vague et générale; mais, loin qu'il y ait un article pour la marquer, il faut alors le suprimer. On dit par exemple, qu'un home a été traité avec honeur. Come il ne s'agit pas de spécifier l'honeur particulier qu'on lui a rendu, on n'y met point d'article; *honeur* est pris indéfiniment. *Avec honeur*, ne veut dire qu'*honorablement; honeur* est le complément d'*avec*, et *avec honeur* est le complément de *traité*. Il en est ainsi de tous les adverbes qui modifient un verbe.

Il n'y a qu'une seule espèce d'article, qui est *le* pour le masculin, dont on fait *la* pour le féminin, et *les* pour le pluriel des deus genres. *Le* bien, *la* vertu, *l'*injustice; *les* biens, *les* vertus, *les* injustices. L'article tire un nom d'une signification vague pour lui en donner une précise et déterminée, soit singulière, soit plurièle.

On pouroit apeler l'article un *prénom*, parce que ne signifiant rien par lui-même, il se met avant tous les noms pris substantivement, à moins qu'il n'y ait un autre prépositif qui détermine le sujet dont on parle, et fait la fonction de l'article; tels sont, *tout, chaque, nul, quelque, certain, ce, mon, ton, son, un, deus, trois,* et tous les autres nombres cardinaux. Tous ces adjectifs métafisiques déterminent les noms comuns, qui peuvent être considérés universèlement, particulièrement, singulièrement, collectivement ou distributivement. *Tout home* marque distributivement l'universalité des homes; c'est les prendre chacun en particulier. *Les homes* marquent l'universalité collective : ce qu'on dit des homes en général est censé dit de chaque individu; c'est toujours une proposition universèle. *Quelques homes* marquent des individus particuliers; c'est le sujet d'une proposition particulière. *Le roi* fait le sujet d'une proposition singulière. *Le peuple, l'armée, la nation*, sont des collections considérées come autant d'individus particuliers.

La destination de l'article est donc de déterminer et individualiser le nom comun ou apellatif dont il est le prépositif, et de substantifier les adjectifs, come *le vrai, le juste, le beau*, etc., qui, par le moyen de l'article, deviènent des substantifs. C'est ainsi qu'on suprime l'article des substantifs qu'on veut employer adjectivement. Exemple, *le grammairien* doit être filosofe, sans quoi il n'est pas *grammairien*. Come sujet de la proposition, *grammairien* est substantif; mais, come atribut, il devient adjectif, ainsi que *filosofe* qui, étant substantif de sa nature, est pris ici adjectivement.

On ne met point d'article avant les noms propres, du moins en françois, parce que le nom propre ne peut marquer par lui-même qu'un individu. *Socrate, Louis, Charle*, etc.

A l'égard de ce que les grammairiens disent des articles indéfinis, indéterminés, partitifs, moyens, il est aisé de voir ou que ce ne sont point des articles, ou que c'est l'article tel que nous venons de le marquer.

Un home m'a dit. Un marque l'unité numérique, ou *certain, quidam*, puisque le même tour de frase s'employoit par les Latins, qui n'avoient point d'article; *Forte unam aspicio adolescentulam*, Ter. *Unam* est pour *quamdam*. *Un* n'est en françois que ce qu'il est en latin, où l'on disoit *uni* et *unæ*, come nous disons *les uns*.

Des n'est point l'article pluriel indéfini de *un*; c'est la préposition *de* unie par contraction avec l'article *les*, pour signifier un sens partitif individuel. Ainsi *des savans m'ont dit*, est la même chose que *certains, quelques, quelques-uns de les*, ou *d'entre les savans m'ont dit*. *Des* n'est donc pas le nominatif pluriel de *un*, come le disent MM. de P. R. : le vrai nominatif est sous-entendu.

Quand on dit, la justice *de* Dieu : *de* n'est nulement un

article; c'est une préposition qui sert à marquer le raport *d'apartenance*, et qui répond ici au génitif des Latins *justitia Dei* : *de* n'est donc qu'une préposition come toutes les autres qui servent à marquer diférens raports.

Un palais *de* roi : *de* n'est point ici un article; c'est une *préposition extractive*, qui, avec son complément *roi*, équivaut à un adjectif. *De roi* veut dire *royal* : *palatium regium*. Un temple *de marbre*; *de marbre* équivaut à un adjectif : *templum marmoreum*, ou *de marmore*. *De* ne peut jamais être un article; c'est toujours une préposition servant à marquer un raport quelconque.

Il faut distinguer le qualificatif adjectif d'espèce ou de sorte, du qualificatif individuel. Exemple, un salon de marbre, *de marbre* est un qualificatif spécifique adjectif; au lieu que, si l'on dit un salon du marbre qu'on a fait venir d'Égipte, *du marbre* est un qualificatif individuel; c'est pourquoi on y joint l'article avec la préposition, *du* est pour *de le*.

On voit, par les aplications que nous venons de faire, qu'il n'y a qu'un article proprement dit, et que les autres particules que l'on qualifie d'articles sont de toute autre nature; mais il y a plusieurs mots qui font la fonction d'articles, tels que les nombres cardinaus, les adjectifs possessifs, enfin tout ce qui détermine sufisament un objet.

Quelques grammairiens ont pris la précaution de prévenir qu'ils se servoient du mot *article* pour suivre le langage ordinaire des grammairiens. Mais quand il s'agit de discuter des questions déjà assés subtiles par èles-mêmes, on doit sur-tout éviter les termes équivoques; il faut en employer de précis, dût-on les faire. Les homes ne sont que trop *nominaus* : quand leur oreille est frapée d'un mot qu'ils conoissent, ils croient comprendre, quoique souvent ils ne comprènent rien.

Pour éclaircir d'autant plus la question concernant l'article, examinons son origine, suivons-en l'usage, et comparons enfin ses avantages avec ses inconvéniens. L'article tire son origine du pronom *ille*, que les Latins employoient souvent pour doner plus de force au discours. *Illa rerum domina fortuna*, *Catonem illum sapientem*, Cic. *Ille ego*, Virg.

Quoique ce pronom démonstratif et métafisique réponde plus aujourd'hui à notre *ce* qu'à notre *le*, notre premier article *ly* ou *li*, qu'on trouve si souvent pour *le* dans Ville-Hardouin, étoit démonstratif dans son origine; mais, à force d'être employé, il ne fut plus qu'un pronom explétif. *Ly*, et ensuite *le*, devint insensiblement le prénom inséparable de tous les substantifs; de façon qu'en se joignant à un adjectif seul, il le fait prendre substantivement, come nous venons de le voir. Les Italiens mètent l'article même aus noms propres, ainsi qu'en usoient les Grecs.

Il ne s'agit donc plus d'examiner si nous pouvons employer ou suprimer l'article dans le discours, puisqu'il est établi par l'usage, et, qu'en fait de langue, l'usage est la loi; mais de savoir si, filosofiquement parlant, l'article est nécessaire? S'il n'est qu'utile? Dans quèles ocasions il l'est? S'il y en a où il est absolument inutile pour le sens, et s'il a des inconvéniens?

Je répondrai à ces diférentes questions, en començant par la dernière, et en rétrogradant, parce que la solution de la première dépend de l'éclaircissement des autres.

L'article se répète si souvent dans le discours, qu'il doit naturèlement le rendre un peu languissant; c'est un inconvénient, si l'article est inutile : mais pour peu qu'il contribue à la clarté, on doit sacrifier les agrémens matériels d'une langue au sens et à la précision.

Il faut avouer qu'il y a baucoup d'ocasions où l'article pouroit être suprimé, sans que la clarté en soufrît : ce n'est que la force de l'habitude qui feroit trouver bisares et sauvages, certaines frases dont il seroit ôté, puisque dans cèles où l'usage l'a suprimé, nous ne somes pas frapés de sa supression, et le discours n'en paroît que plus vif, sans en être moins clair. Tel est le pouvoir de l'habitude, que nous trouverions languissante cète frase, *la pauvreté n'est pas un vice*, en comparaison du tour proverbial, *pauvreté n'est pas vice*. Si nous étions familiarisés avec une infinité d'autres frases sans articles, nous ne nous apercevrions pas même de sa supression. Le latin n'a le tour si vif, que par le défaut d'article dans les noms, et la supression des pronoms personels dans les verbes, où ces pronoms ne sont pas en régime. *Vincere scis, Annibal; victoriâ uti nescis*. Cette frase latine, sans pronom personel, sans article, sans préposition, est plus vive que la traduction : *tu* sais vaincre, Annibal; *tu* ne sais pas user *de la* victoire.

Il y a d'ailleurs baucoup de bisarerie dans l'emploi de l'article. On le suprime devant presque tous les noms de viles, et on le met devant ceus de royaumes et de provinces, quoiqu'on ne l'y conserve pas dans tous les rapports. On dit l'Angletère, avec l'article; et je viens d'Angletère, sans article.

Si le caprice a décidé de l'emploi de l'article dans plusieurs circonstances, il faut convenir qu'il y en a où il détermine le sens avec une précision qui ne s'y trouveroit plus, si on le suprimoit. Je me bornerai a peu d'exemples; mais je les choisirai assés diférens et assés sensibles, pour que l'aplication que j'en ferai, achève de déveloper la nature de l'article.

EXEMPLES.
{ Charle est *fils de Louis.*
  Charle est *un fils de Louis.*
  Charle est *le fils de Louis.* }

Dans la première frase on aprend quèle est la qualité de Charle; mais on ne voit pas s'il la partage avec d'autres individus.

Dans la seconde, je vois que Charle a un ou plusieurs frères.

Et dans la troisième, je conois que Charle est fils unique.

Dans le premier exemple, *fils* est un adjectif qui peut être comun à plusieurs individus : car tout ce qui qualifie un sujet est adjectif.

Dans le second, *un* est un adjectif numérique qui supose pluralité, et dont le mot *fils* détermine l'espèce.

Dans le troisième, *le fils* marque un individu singulier. Il y a dans le second exemple *unité*, qui marque un nombre quelconque; et dans le troisième, *unicité*, qui exclut la pluralité.

EXEMPLES.
{ Êtes-vous *reine?*
  Êtes-vous *une reine?*
  Êtes-vous *la reine?* }

Dans les deus premières questions, *reine* est adjectif; la seule diférence est que la première ne fait que suposer pluralité d'individus, que la seconde énonce expressément. Dans la troisième, *reine* est un substantif individuel, qui exclut tout autre individu spécifique de reine dans le lieu où l'on parle.

EXEMPLES.
{ *Le riche Luculle.*
  Luculle le riche. }

Dans le premier exemple, je vois que *Luculle* est qualifié de *riche*. Le nom propre substantif *Luculle* et l'adjectif *riche* ne marquent, par le raport d'identité, qu'un seul et même individu.

Dans le second, l'adjectif *riche* ayant l'article pour prépositif, devient un substantif individuel, et le nom propre *Luculle* cesse d'en être un : il devient un nom spécifique apellatif, qui marque qu'il y a plus d'un *Luculle*. *Luculle le riche* est come *le riche* d'entre *les Luculle*.

Les paroles que Satan adresse à Jésus-Christ : *Si filius es Dei*, peuvent se traduire également en françois par cèles-ci : *Si vous êtes fils de Dieu*, ou *si vous êtes le fils de Dieu* ; parce que le latin n'ayant point d'article, la frase peut ici présenter les deus sens. Il n'en seroit pas ainsi dans une traduction faite d'après le grec qui avoit l'article, dont il faisoit le même usage que nous [1]. Par conséquent, les versets 3 et 6 du chap. IV de saint Mathieu, et le verset 3 du chap. IV de saint Luc, devroient se traduire : *Si vous êtes fils de Dieu* ; mais le verset 9 de saint Luc doit être traduit : *Si vous êtes le fils de Dieu*, atandu que dans ce verset l'article précède le nom, ο υιοσ, *le fils*, ce qui répond à l'*unigenitus*, dans la question de Satan.

Il est certain que dans les frases que nous venons de voir, l'article est nécessaire, et met de la précision dans le discours. Il ne faut pourtant pas s'imaginer que les Latins ussent été fort embarassés à rendre ces idées avec clarté et sans article. Dans ces ocasions, leur frase ût peut-être été un peu plus longue que la nôtre ; mais, dans une infinité d'autres frases, combien n'ont-ils pas plus de concision que nous, sans avoir moins de clarté !

On dit que les Latins étoient réduits à rendre par une frase générale, ces trois-ci : *Donez-moi le pain* ; *donez-*

---

[1] Voyez la Méthode de P. R. et le Traité de la conformité du langage françois avec le grec, par Henri Étiène.

moi un pain ; donez-moi du pain. Mais n'auroient-ils pas pu dire : *Da mihi istum panem ; unum panem ; de pane ?* Quand ils disoient simplement : *Da mihi panem*, les circonstances déterminoient assés le sens; come il n'y a que le lieu, ou tèle autre circonstance qui détermine Louis XV, quand nous disons *le roi*.

Ce n'est pas que je croie notre langue inférieure à aucune autre, soit morte, soit vivante. Si l'on prétend que le latin étoit, par la vivacité des ellipses et par la variété des inversions, plus propre à l'éloquence, le françois le seroit plus à la filosofie, par l'ordre et la simplicité de sa sintaxe. Les tours éloquens pouroient quelquefois être aus dépens d'une certaine justesse. L'*à-peu-près* sufiroit en éloquence et en poésie, pourvu qu'il y ût de la chaleur et des images, parce qu'il s'agit plus de toucher, d'émouvoir et de persuader, que de démontrer et de convaincre; mais la filosofie veut de la précision.

Cependant les langues des peuples policés par les lètres, les sciences et les arts, ont leurs avantages respectifs dans toutes les matières. S'il est vrai qu'il n'y ait point de traduction exacte qui égale l'original, c'est qu'il n'y a point de langues *paralèles*, même entre les modernes. Qu'il me soit permis de suivre cète figure : s'il s'agit d'aligner, dans une traduction une langue moderne sur une anciène, le traducteur trouve à chaque pas des angles qui ne sont guère correspondans. Il s'ensuit que la langue la plus favorable est cèle dans laquèle on pense et l'on sent le mieus. La supériorité d'une langue pouroit bien n'être que la supériorité de ceus qui savent l'employer. L'avantage le plus réel vient de la richesse, de l'abondance des termes, enfin, du nombre des signes d'idées : ainsi cète question ne serait qu'une afaire de calcul.

De tout ce qui vient d'être dit sur l'article, on peut

conclure qu'il sert très-souvent à la précision, quoiqu'il y ait des ocasions où il n'est que d'une nécessité d'usage : c'est sans doute ce qui a fait dire un peu trop légèrement par Jule Scaliger, en parlant de l'article : *Otiosum loquacissimæ gentis instrumentum.*

Je finirai ce qui concerne l'article par l'examen d'une question sur laquèle l'académie a souvent été consultée; c'est au sujet du *pronom supléant le* et *la,* que je distingue fort de l'article. On demande à une fame : Êtes-vous mariée? èle doit répondre : Je *le* suis, et non pas, je *la* suis. Si la question est faite à plusieurs, la réponse est encore: Nous *le* somes, et non pas, nous *les* sommes. Mais si la question s'adressoit à une fame entre plusieurs autres, en lui demandant : Êtes-vous *la mariée; la nouvèle mariée?* la réponse seroit : Je *la* suis. Êtes-vous *nouvèlement mariée?* je *le* suis. Le pronom supléant *le*, répond à toute frase pareille, quelqu'étendue qu'èle ût. Exemple. On a cru long-tems que l'ascension de l'eau dans les pompes venoit de l'horreur du vide; on ne *le* croit plus. *Le,* supléé toute la proposition; ce qui l'a fait nomer pronom *supléant.*

Tèle est la règle fixe; mais je ne sache pas qu'on l'ait encore apuyée d'un principe; le voici : Toutes les fois qu'il s'agit d'adjectif, soit masculin ou féminin, singulier ou pluriel, ou d'une proposition résumée par ellipse, *le* est un pronom de tout genre et de tout nombre. S'il s'agit de substantifs, on y répond par *le, la, les,* suivant le genre et le nombre. Exemple. Vous avez vu *le* prince, je *le* vèrai aussi, je vèrai *lui; la* princesse, je *la* vèrai, je vèrai *èle; les* ministres, je *les* vèrai, je vèrai *eus*. On emploie ici les articles qui font alors la fonction de pronoms, et le devièment en éfet par la supression des substantifs; car si l'on répétoit les substantifs, *le, la, les* redeviendroient articles. Tout consiste donc dans la règle sur ces pronoms, à distinguer les substantifs, les adjectifs et les ellipses.

Des grammairiens demandent pourquoi dans cète frase : Je n'ai point vu *la* pièce nouvèle, mais je *la* vèrai, ces deus *la* ne seraient pas de méme nature ; c'est, répondrai-je, qu'ils n'en peuvent être. Le premier *la* est l'article, et le second un pronom, quoiqu'ils aient la même origine. Ce sont à la vérité deux homonimes, come *mur*, *murus*, et *mûr*, *maturus*, dont l'un est substantif et l'autre adjectif. Le matériel d'un mot ne décide pas de sa nature, et malgré la parité de son et d'ortografe, les deux *la* ne se ressemblent pas plus qu'un home mûr et une muraille. A l'égard de l'origine, èle ne décide encore de rien. *Maturitas*, venant de *maturus*, ne laisse pas d'en diférer. C'est, dira-t-on peut être, ici une dispute de mots ; j'y consens ; mais en fait de grammaire et de filosofie, une question de mots, est une question de choses.

CHAPITRE VIII.

Des pronoms.

Comme les hommes ont été obligés de parler souvent des mêmes choses dans un même discours, et qu'il eût été importun de répéter toujours les mêmes noms, ils ont inventé certains mots pour tenir la place de ces noms, et que pour cette raison ils ont appelés *pronoms*.

Premièrement, ils ont reconnu qu'il étoit souvent inutile et de mauvaise grace de se nommer soi-même; et ainsi ils ont introduit le pronom de la première personne, pour mettre au lieu du nom de celui qui parle : *Ego;* moi, je.

Pour n'être pas aussi obligés de nommer celui à qui on parle, ils ont trouvé bon de le marquer par un mot qu'ils ont appelé pronom de la seconde personne : *Toi*, *tu* ou *vous*.

Et pour n'être pas obligés non plus de répéter les noms des autres personnes ou des autres choses dont on parle, ils ont inventé les pronoms de la troisième personne : *Ille, illa, illud;* il, elle, lui, etc. Et de ceux-ci il y en a qui marquent comme au doigt la chose dont on parle, et qu'à cause de cela on nomme démonstratifs; comme *Hic,* celui-ci : *Iste,* celui-là, etc.

Il y en a aussi un qu'on nomme réciproque, c'est-à-dire qui rentre dans lui-même; qui est, *Sui, sibi, se;* se. Pierre s'aime. Caton s'est tué.

Ces pronoms faisant l'office des autres noms, en ont aussi les propriétés, comme :

Les nombres singulier et plurier : *je, nous; tu, vous* : mais en françois on se sert ordinairement du plurier *vous* au lieu du singulier *tu* ou *toi,* lors même que l'on parle à une seule personne : *Vous êtes un homme de promesse.*

Les genres : *il, elle;* mais le pronom de la première personne est toujours commun; et celui de la seconde aussi, hors dans l'hébreu, et les langues qui l'imitent, où le masculin אֲתָא est distingué du féminin אֲתְ.

LES CAS : *Egó, me;* je, me, moi. Et même nous avons déjà dit en passant, que les langues qui n'ont point de cas dans les noms, en ont souvent dans les pronoms.

C'est ce que nous voyons en la nôtre, où l'on peut considérer les pronoms selon trois usages que nous marquerons par cette table.

AVANT LES VERBES AU			PAR-TOUT AILLEURS.	
NOMINAT.	DATIF.	ACCUS.	ABLATIF.	GÉNITIF, etc.
Je nous	me		moi	
tu vous	te		toi	
	se		soi	
il, elle ils, elles	lui leur	le, la les	lui eux	elle elles

Mais il y a quelques remarques à faire sur cette table.

La première est que, pour abréger, je n'ai mis *nous* et *vous* qu'une seule fois, quoiqu'ils se disent par-tout avant les verbes, après les verbes, et en tous les cas. C'est pourquoi il n'y a aucune difficulté, dans le langage ordinaire, aux pronoms de la première et de la seconde personne, parcequ'on n'y emploie que *nous*, *vous*.

La seconde est que ce que nous avons marqué comme le datif et l'accusatif du pronom *il*, pour être mis avant les verbes, se met aussi après les verbes quand ils sont à l'impératif. *Vous lui dites; dites-lui. Vous leur dites; dites-leur. Vous le menez; menez-le. Vous la conduisez; conduisez-la.* Mais *me*, *te*, *se*, ne se disent jamais qu'avant le verbe. *Vous me parlez; vous me menez.* Et ainsi, quand le verbe est à l'impératif, il faut mettre *moi* au lieu de *me*. *Parlez-moi; menez-moi.* C'est à quoi M. de Vaugelas semble n'avoir pas pris garde, puisque cherchant la raison pourquoi on dit *menez-l'y*, et qu'on ne dit pas *menez-m'y*, il n'en a point trouvé d'autre que la cacophonie : au lieu qu'étant clair que *moi* ne se peut point apostropher, il faudroit, afin qu'on pût dire *menez-m'y*, qu'on dit aussi *menez-me;* comme on peut dire *menez-l'y*, parcequ'on dit *menez-le*. Or *menez-me* n'est pas françois, et par conséquent *menez-m'y* ne l'est pas aussi.

La troisième remarque est que, quand les pronoms sont avant les verbes ou après les verbes à l'impératif, on ne met point au datif la particule *à*. *Vous me donnez*, *donnez-moi*, et non pas *donnez à moi*, à moins que l'on n'en redouble le pronom, où l'on ajoute ordinairement *même*, qui ne se joint aux pronoms qu'en la troisième personne. *Dites-le-moi à moi : Je vous le donne à vous : Il me le promet à moi-même : Dites-leur à eux-mêmes : Trompez-la elle-même : Dites-lui à elle-même.*

La quatrième est que, dans les pronoms *il*, le nominatif *il* ou *elle*, et l'accusatif *le* ou *la*, se disent indifféremment de toutes sortes de choses; au lieu que le datif, l'ablatif, le génitif et le pronom *son, sa*, qui tient lieu du génitif, ne se doivent dire ordinairement que des personnes.

Ainsi l'on dit fort bien d'une maison de campagne : *Elle est belle, Je la rendrai belle* : mais c'est mal parler que de dire : *Je lui ai ajouté un pavillon : Je ne puis vivre sans elle : C'est pour l'amour d'elle que je quitte souvent la ville : Sa situation me plaît.* Pour bien parler, il faut dire : *J'y ai ajouté un pavillon : je ne puis vivre sans cela, ou sans le divertissement que j'y prends : Elle est cause que je quitte souvent la ville : La situation m'en plaît.*

Je sais bien que cette règle peut souffrir des exceptions ; car 1° les mots qui signifient une multitude de personnes, comme *église, peuple, compagnie*, n'y sont point sujets.

2° Quand on anime les choses, et qu'on les regarde

comme des personnes, par une figure qu'on appelle *prosopopée*, on y peut employer les termes qui conviennent aux personnes.

3° Les choses spirituelles comme *la volonté, la vertu, la vérité*, peuvent souffrir les expressions personnelles, et je ne crois pas que ce fût mal parler que de dire : *L'amour de Dieu a ses mouvements, ses desirs, ses joies, aussi bien que l'amour du monde : J'aime uniquement la vérité, j'ai des ardeurs pour elle que je ne puis exprimer.*

4° L'usage a autorisé qu'on se serve du pronom *son*, en des choses tout-à-fait propres ou essentielles à celles dont on parle. Ainsi l'on dit qu'*une rivière est sortie de son lit*, qu'*un cheval a rompu sa bride, a mangé son avoine,* parceque l'on considère l'avoine comme une nourriture tout-à-fait propre au cheval ; que *chaque chose suit l'instinct de sa nature, que chaque chose doit être en son lieu, qu'une maison est tombée d'elle-même,* n'y ayant rien de plus essentiel à une chose que ce qu'elle est. Et cela me feroit croire que cette régle n'a pas lieu dans les discours de science, où l'on ne parle que de ce qui est propre aux choses ; et qu'ainsi l'on peut dire d'un mot, *sa signification principale est telle,* et d'un triangle, *son plus grand côté est celui qui soutient son plus grand angle.*

Il peut y avoir encore d'autres difficultés sur cette régle, ne l'ayant pas assez méditée pour rendre raison de tout ce qu'on y peut opposer; mais au moins il est certain que, pour bien parler, on doit ordinairement y prendre garde, est que c'et une faute de la négliger, si ce n'est en des phrases qui sont autorisées par l'usage, ou si l'on n'en a quelque raison particulière. M. de Vaugelas, néanmoins, ne l'a pas remarquée; mais une autre toute semblable touchant le *qui*, qu'il montre fort bien ne se dire que des personnes, hors le nominatif, et l'accusatif *que*.

Jusqu'ici nous avons expliqué les pronoms principaux et primitifs; mais il s'en forme d'autres qu'on appelle possessifs; de la même sorte que nous avons dit qu'il se faisoit des adjectifs des noms qui signifient des substances, en y ajoutant une signification confuse, comme *de terre terrestre*. Ainsi *meus*, mon, signifie distinctement *moi*, et confusément quelque chose qui m'appartient et qui est à moi. *Meus liber*, *mon livre*, c'est-à-dire *le livre de moi*, comme le disent ordinairement les Grecs, βιϐλος μοῦ.

Il y a de ces pronoms en notre langue, qui se mettent toujours avec un nom sans article; *mon*, *ton*, *son*, et les pluriers *nos*, *vos*: d'autres qui se mettent toujours avec l'article sans nom, *mien*, *tien*, *sien*, et les pluriers *nôtres*, *vôtres*: et il y en a qui se mettent en toutes les deux manières, *notre* et *votre* au singulier, *leur* et *leurs*. Je n'en donne point d'exemples, car cela est trop facile. Je dirai seulement que c'est la raison qui a fait rejeter cette vieille façon de parler, *un mien ami, un mien parent,* parceque *mien* ne doit être mis qu'avec l'article *le* et sans nom. *C'est le mien, ce sont les nôtres,* etc.

REMARQUES.

Les grammairiens n'ont pas assés distingué la nature des pronoms, qui n'ont été inventés que pour tenir la place des noms, en rappeler l'idée, et en éviter la répétition trop fréquente. *Mon, ton, son,* ne sont point des pronoms, puisqu'ils ne se mètent pas à la place des noms, mais avec les noms mêmes. Ce sont des adjectifs qu'on peut appeler *possessifs,* quant à leur signification, et *pronominaus,* quant à leur origine. *Le mien, le tien, le sien,* semblent être de vrais pronoms. Exemple : Je défens *son* ami, qu'il défende le *mien; ami* est sous-entendu en parlant du *mien.* Si le substantif étoit exprimé le mot *mien* deviendroit alors adjectif possessif, suivant l'ancien langage, un *mien* ami; au lieu que le substantif *ami* étant suprimé, *mien,* précédé de l'article, est pris substantivement, et peut être regardé come pronom. Si l'on admet ce principe, *notre* et *votre* seront adjectifs ou pronoms, suivant leur emploi. Come adjectifs, ils se mètent toujours avec et avant le nom, sont des deus genres quant à la chose possédée, marquent pluralité quant aus possesseurs, et la première silabe est brève. *Nŏtre* bien, *nŏtre* patrie; *vŏtre* pays, *vŏtre* nation, en parlant à plusieurs. Si l'on suprime le substantif, *notre* et *votre* prènent l'article qui marque le genre, devièent pronoms, et la première silabe est longue. Exemple. Voici *nōtre* emploi, et *le vōtre; nŏtre* place et *la vōtre.* Come adjectifs, ils ont pour pluriel *nos* et *vos,* qui sont des deus genres; *nos* biens, *vos* richesses. Come pronoms, *notre* et *votre* au pluriel, sont précédés de l'article *les* des deus genres. Exemple. Voici *nos* droits, voilà *les vōtres;* voici *nos* raisons, voyons *les vōtres.* Si l'on énonçoit les substantifs dans les derniers membres des deus frases, les pronoms redeviendroient adjectifs, suivant l'ancien langage : les droits *nōtres.*

Leur peut être considéré sous trois aspects. Come pronom personel du pluriel de *lui,* il signifie *à eus, à èles,* et l'on n'écrit ni ne prononce *leurs* avec *s.* Exemple. *Ils* ou *èles* m'ont écrit, je *leur* ai répondu.

Come adjectif possessif, *leur* s'emploie au singulier et au pluriel; *leur* bien, *leurs* biens.

Come pronom possessif, il est précédé de l'article, et susceptible de genre et de nombre : *le leur, la leur, les leurs.*

L'usage seul peut instruire de l'emploi des mots; mais les grammairiens sont obligés à plus de précision. On doit définir et qualifier les mots suivant leur valeur, et non pas sur leur son matériel. S'il faut éviter les divisions inutiles, qui chargeroient la mémoire sans éclairer l'esprit, on ne doit pas du moins confondre les espèces diférentes. Il est important de distinguer entre les mots d'une langue, ceus qui marquent des substances rééles ou abstraites, les vrais pronoms, les qualificatifs, les adjectifs fisiques ou métafisiques; les mots qui, sans doner aucune notion précise de substance ou de mode, ne sont qu'une désignation, une indication, et n'excitent qu'une idée d'existence, tels que *celui, ceci, cela,* etc., que les circonstances seules déterminent, et qui ne sont que des termes métafisiques, propres à marquer de simples concepts, et les diférentes vues de l'esprit.

Les grammairiens peuvent avoir diférens systèmes sur

la nature et le nombre des pronoms. Peut-être filosofiquement parlant, n'y a-t-il de vrai pronom que celui de la troisième persone; *il, èle, eus, èles :* car celui de la première marque uniquement cèle qui parle, et celui de la seconde cèle à qui l'on parle; indication assès superflue, puisqu'il est impossible de s'y méprendre. Le latin et le grec en usoient rarement, et ne se faisoient pas moins entendre ; au lieu que le pronom de la troisième persone est absolument nécessaire dans toutes les langues, sans quoi on seroit obligé à une répétition insuportable de nom. Mais il ne s'agit pas aujourd'hui de changer la nomenclature, entreprise inutile, peut-être impossible, et dont le succès n'opéreroit, pour l'art d'écrire, aucun avantage.

CHAPITRE IX.

Du pronom appelé relatif.

Il y a encore un autre pronom, qu'on appelle relatif, *Qui, quæ, quod;* qui, lequel, laquelle.

Ce pronom relatif a quelque chose de commun avec les autres pronoms, et quelque chose de propre.

Ce qu'il a de commun, est qu'il se met au lieu du nom, et plus généralement même que tous les autres pronoms se mettant pour toutes les personnes. *Moi* qui *suis chrétien : Vous* qui *étes chrétien : Lui* qui *est roi.*

Ce qu'il a de propre peut être considéré en deux manières.

La première, en ce qu'il a toujours rapport à un autre nom ou pronom, qu'on appelle antécédent, comme : *Dieu* qui *est saint. Dieu* est l'antécédent du relatif *qui*. Mais cet antécédant est quelquefois sous-entendu et non exprimé, sur-tout dans la langue latine, comme on l'a fait voir dans la nouvelle Méthode pour cette langue.

La seconde chose que le relatif a de propre, et que je ne sache point avoir encore été remarquée par personne, est que la proposition dans laquelle il entre, qu'on peut appeler *incidente,* peut faire partie du sujet ou de l'attribut d'une autre proposition, qu'on peut appeler *principale*.

On ne peut bien entendre ceci, qu'on ne se souvienne de ce que nous avons dit dès le commencement de ce discours, qu'en toute proposition il y a un sujet, qui est ce dont on affirme quelque chose, et un attribut, qui est ce qu'on affirme de quelque chose. Mais ces deux termes peuvent être ou simples, comme quand je dis : *Dieu est bon:* ou complexes, comme quand je dis : *Un habile magistrat est un homme utile à la république*. Car ce dont j'affirme n'est pas seulement *un magistrat,* mais *un habile magistrat;* et ce que j'affirme n'est pas seulement qu'il est *homme,* mais qu'il est *homme utile à la république*. On peut voir ce qui a été dit dans la Logique ou Art de penser, sur les propositions complexes, part. II. chap. III, IV, V, et VI.

Cette union de plusieurs termes dans le sujet et dans l'attribut est quelquefois telle, qu'elle n'empêche pas que la proposition ne soit simple, ne contenant en soi qu'un seul jugement, ou affirmation, comme quand je dis : *La valeur d'Achille a été cause de la prise de Troie.* Ce qui arrive toujours toutes les fois que des deux substantifs qui entrent dans le sujet ou l'attribut de la proposition, l'un est régi par l'autre.

Mais d'autres fois aussi ces sortes de propositions dont le sujet ou l'attribut sont composés de plusieurs termes, enferment, au moins dans notre esprit, plusieurs jugements, dont on peut faire autant de propositions ; comme quand je dis : *Dieu invisible a créé le monde visible,* il se passe trois jugements dans mon esprit, renfermés dans cette proposition. Car je juge 1° que *Dieu est invisible;* 2° qu'il *a créé le monde ;* 3° que *le monde est visible.* Et de ces trois propositions, la seconde est la principale et l'essentielle de la proposition ; mais la première et la troisième ne sont qu'incidentes, et ne font que partie de la principale, dont la première en compose le sujet, et la dernière l'attribut.

Or ces propositions incidentes sont souvent dans notre esprit, sans être exprimées par des paroles, comme dans l'exemple proposé. Mais quelquefois aussi on les marque expressément, et c'est à quoi sert le relatif : comme quand je réduis le même exemple à ces termes : *Dieu, qui est invisible, a créé le monde, qui est visible*.

Voilà donc ce que nous avons dit être propre au relatif, de faire que la proposition dans laquelle il entre, puisse faire partie du sujet ou de l'attribut d'une autre proposition.

Sur quoi il faut remarquer, 1° que, lorsqu'on joint ensemble deux noms, dont l'un n'est pas en régime, mais convient avec l'autre, soit par apposition, comme *urbs Roma*, soit comme adjectif, comme *Deus sanctus*, sur-tout si cet adjectif est un participe, *canis currens*, toutes ces façons de parler enferment le relatif dans le sens, et se peuvent résoudre par le relatif : *Urbs quæ dicitur Roma : Deus qui est sanctus : Canis qui currit :* et qu'il dépend du génie des langues de se servir de l'une ou de l'autre manière. Et ainsi nous voyons qu'en latin on emploie d'ordinaire le participe : *Video canem currentem :* et en françois le relatif : *Je vois un chien qui court*.

2° J'ai dit que la proposition du relatif peut faire *partie* du sujet ou de l'attribut d'une autre proposition, qu'on peut appeler principale ; car elle ne fait jamais ni le sujet entier, ni l'attribut entier ; mais il y faut joindre le mot dont le relatif tient la place, pour en faire le sujet entier, et quelque autre mot pour en faire l'attribut entier. Par exemple quand je dis : *Dieu qui est invisible, est le créateur du monde qui est visible : qui est invisible* n'est pas tout le sujet de cette proposition, mais il faut ajouter *Dieu : et qui est visible* n'en est pas tout l'attribut, mais il y faut ajouter *le créateur du monde.*

3º Le relatif peut être ou sujet ou partie de l'attribut de la proposition incidente. Pour en être sujet, il faut qu'il soit au nominatif ; *qui creavit mundum ; qui sanctus est.*

Mais quand il est à un cas oblique, génitif, datif, accusatif, alors il fait, non pas l'attribut entier de cette proposition incidente, mais seulement une partie : *Deus quem amo* ; *Dieu que j'aime.* Le sujet de la proposition est *ego*, et le verbe fait la liaison et une partie de l'attribut, dont *quem* fait une autre partie ; comme s'il y avoit *Ego amo quem,* ou *Ego sum amans quem.* Et de même ; *Cujus cœlum sedes est, duquel le ciel est le trône.* Ce qui est toujours comme si l'on disoit : *Cœlum est sedes cujus : Le Ciel est le trône duquel.*

Néanmoins dans ces rencontres mêmes, on met toujours le relatif à la tête de la proposition, quoique selon le sens, il ne dût être qu'à la fin, si ce n'est qu'il soit gouverné par une préposition : car la préposition précède, au moins ordinairement : *Deus à quo mundus est conditus : Dieu par qui le monde a été créé.*

Diverses difficultés de grammaire, qu'on peut expliquer par ce principe.

Ce que nous avons dit des deux usages du relatif, l'un d'être pronom, et l'autre de marquer l'union d'une proposition avec une autre, sert à expliquer plusieurs choses dont les grammairiens sont bien empêchés de rendre raison.

Je les réduirai ici en trois classes, et j'en donnerai quelques exemples de chacune.

La première, où le relatif est visiblement pour une conjonction et un pronom démonstratif.

La seconde, où il ne tient lieu que de conjonction.

Et la troisième, où il tient lieu de démonstratif, et n'a plus rien de conjonction.

Le relatif tient lieu de conjonction et de démonstratif, lorsque Tite-Live, par exemple, a dit parlant de Junius Brutus : *Is quùm primores civitatis, in quibus fratrem suum ab avunculo interfectum audisset :* car il est visible que *in quibus* est là pour *et in his,* de sorte que la phrase est claire et intelligible, si on la réduit ainsi : *Quùm primores civitatis, et in his fratrem suum interfectum audisset :* au lieu que, sans ce principe, on ne peut la résoudre.

Mais le relatif perd quelquefois sa force de démonstratif, et ne fait plus que l'office de conjonction.

Ce que nous pouvons considérer en deux rencontres particulières.

La première est une façon de parler fort ordinaire dans la langue hébraïque, qui est que lorsque le relatif n'est pas le sujet de la proposition dans laquelle il entre, mais seulement partie de l'attribut, comme lorsque l'on dit, *pulvis quem projicit ventus ;* les Hébreux alors ne laissent au relatif que le dernier usage, de marquer l'union de la proposition avec une autre ; et pour l'autre usage, qui est de tenir la place du nom, ils l'expriment par le pronom démonstratif, comme s'il n'y avoit point de relatif; de sorte qu'ils disent: *Quem projicit eum ventus.* Et ces sortes d'expressions ont passé dans le Nouveau Testament, où saint Pierre, faisant allusion à un passage d'Isaïe, dit de Jésus-Christ, οὗ τῷ μώλωπι αὐτοῦ ἰάθητε. *Cujus livore ejus sanati estis.* Les grammairiens n'ayant pas bien distingué ces deux usages du relatif, n'ont pu rendre aucune raison de cette façon de parler, et ont été réduits à dire que c'étoit un pléonasme, c'est-à-dire une superfluité inutile.

Mais cela n'est pas même sans exemple dans les meilleurs auteurs latins, quoique les grammairiens ne l'aient pas entendu : car c'est ainsi que Tite-Live a dit, par exemple: *Marcus Flavius, tribunus plebis, tulit ad populum, ut in Tusculanos animadverteretur, quorum eorum ope ac concilio Veliterni populo romano bellum fecissent.* Et il est visible que *quorum* ne fait là office que de conjonction, que quelques uns ont cru qu'il y falloit lire : *quòd eorum ope;* mais c'est ainsi que disent les meilleures éditions et les plus anciens manuscrits; et c'est encore ainsi que Plaute a parlé en son *Trinummus*, lorsqu'il a dit :

Inter eosne homines condalium te redipisci postulas,
Quorum eorum unus surripuit currenti cursori solum?

où *quorum* fait le même office que s'il y avoit : *cùm eorum unus surripuerit*, etc.

La seconde chose qu'on peut expliquer par ce principe, est la célèbre dispute entre les grammairiens, touchant la nature du *quòd* latin après un verbe, comme quand Cicéron dit : *Non tibi objicio* quòd *hominem spoliasti*, ce qui est encore plus commun dans les auteurs de la basse latinité, qui disent presque toujours par *quòd* ce qu'on diroit plus élégamment par l'infinitif : *Dico* quòd *tellus est rotunda,* pour *dico tellurem esse rotundam*. Les uns prétendent que ce *quòd* est un adverbe ou conjonction; et les autres, que c'est le neutre du relatif même *qui, quæ, quod*.

Pour moi, je crois que c'est le relatif qui a toujours rapport à un antécédent (ainsi que nous l'avons déja dit); mais qui est dépouillé de son usage de pronom; n'enfermant rien dans sa signification qui fasse partie ou du sujet ou de l'attribut de la proposition incidente, et retenant seulement son second usage d'unir la proposition où il se trouve à une autre, comme nous venons de dire de l'hébraïsme, *quem projicit eum ventus*. Car dans ce passage de Cicéron : *Non tibi objicio quòd hominem spoliasti*, ces derniers mots, *hominem spoliasti*, font une proposition parfaite, où le *quòd* qui la précède n'ajoute rien, et ne suppose pour aucun nom ; mais tout ce qu'il fait, est que cette même proposition où il est joint ne fait plus que la partie de la proposition entière : *Non tibi objicio quòd hominem spoliasti,* au lieu que sans le *quòd* elle subsisteroit par elle-même, et feroit toute seule une proposition.

C'est ce que nous pourrons encore expliquer, en parlant de l'infinitif des verbes, où nous ferons voir aussi que c'est la manière de résoudre le *que* des François (qui vient de ce *quòd*), comme quand on dit : *Je suppose que vous serez sage ; je vous dis que vous avez tort*. Car ce *que* est là tellement dépouillé de la nature de pronom, qu'il n'y fait office que de liaison, laquelle fait voir que ces propositions, *vous serez sage, vous avez tort*, ne font que partie des propositions entières : *je suppose*, etc. ; *je vous dis*, etc.

Nous venons de marquer deux rencontres où le relatif, perdant son usage de pronom, ne retient que celui d'unir deux propositions ensemble ; mais nous pouvons, au contraire, remarquer deux autres rencontres où le relatif perd son usage de liaison, et ne retient que celui de pronom. La première est dans une façon de parler où les Latins se servent souvent du relatif, en ne lui donnant presque que la force d'un pronom démonstratif, et lui laissant fort peu de son autre usage, de lier la proposition dans laquelle on l'emploie à une autre proposition. C'est ce qui fait qu'ils commencent tant de périodes par le relatif, qu'on ne sauroit traduire dans les langues vulgaires que par le pronom démonstratif, parceque la force du relatif, comme liaison, y étant presque toute perdue, on trouveroit étrange qu'on y en mît un. Par exemple, Pline commence ainsi son panégyrique : *Benè ac sapienter, P. C., majores instituerunt, ut rerum agendarum, ità dicendi initium à precationibus capere, quòd nihil ritè, nihilque providenter homines sine Deorum immortalium ope, consilio, honore, auspicarentur. Qui mos, cui potiùs quàm consuli, aut quandò magis usurpandus coiendusque est?*

Il est certain que ce *qui* commence plutôt une nouvelle période qu'il ne joint celle-ci à la précédente, d'où vient même qu'il est précédé d'un point; et c'est pourquoi, en traduisant cela en françois, on ne mettroit jamais *laquelle coutume*, mais *cette coutume*, commençant ainsi la seconde période : *et par qui cette coutume doit-elle être plutôt observée, que par un consul?* etc.

Cicéron est plein de semblables exemples, comme

Orat. V in Verrem : Itaque alii cives romani, ne cognoscerentur, capitibus obvolutis à carcere ad palum atque ad necem rapiebantur; alii, cùm à multis civibus romanis recognoscerentur, ab omnibus defenderentur, securi feriebantur. Quorum ego de acerbissimâ morte, crudelissimoque cruciatu dicam, cùm eum locum tractare cœpero. Ce *quorum* se traduiroit en françois, comme s'il y avoit *de illorum morte.*

L'autre rencontre où le relatif ne retient presque que son usage de pronom, c'est dans l'ὅτι des Grecs, dont la nature n'avoit encore été assez exactement observée de personne que je sache, avant la Méthode grecque. Car, quoique cette particule ait souvent beaucoup de rapport avec le *quòd* latin, et qu'elle soit prise du pronom relatif de cette langue, comme le *quòd* est pris du relatif latin; il y a souvent néanmoins cette différence notable entre la nature du *quòd* et de l'ὅτι, qu'au lieu que cette particule latine n'est que le relatif dépouillé de son usage de pronom, et ne retenant que celui de liaison, la particule grecque, au contraire, est le plus souvent dépouillée de son usage de liaison, et ne retient que celui de pronom. Sur quoi l'on peut voir la Nouvelle Méthode latine (Remarques sur les adverbes, n° 4), et la Nouvelle Méthode grecque, liv. VIII, chap. XI. Ainsi, par exemple, lorsque dans l'Apocalypse, chap. III, Jésus-Christ faisant reproche à un évêque qui avoit quelque satisfaction de lui-même, lui dit λεγεις ὅτι πλουσιοι ειμι; *dicis quod dives sum;* ce n'est pas à dire, *quod ego qui ad te loquor dives sum;* mais *dicis hoc,* vous dites cela, savoir : *dives sum, je suis riche :* de sorte qu'alors il y a deux oraisons ou propositions séparées, sans que la seconde fasse partie de la première; tellement que l'ὅτι n'y fait nullement office de relatif ni de liaison. Ce qui semble avoir été pris de la coutume des Hébreux, comme nous dirons ci-après, chap. XVII, et ce qui est très nécessaire à remarquer pour résoudre quantité de propositions difficiles dans la langue grecque.

CHAPITRE X.

Examen d'une règle de la langue françoise, qui est qu'on ne doit pas mettre le relatif après un nom sans article.

Ce qui m'a porté à entreprendre d'examiner cette règle, est qu'elle me donne sujet de parler en passant de beaucoup de choses assez importantes pour bien raisonner sur les langues, qui m'obligeroient d'être trop long, si je les voulois traiter en particulier.

M. de Vaugelas est le premier qui a publié cette règle, entre plusieurs autres très judicieuses, dont ses remarques sont remplies, qu'après un nom sans article on ne doit point mettre de *qui*. Ainsi l'on dit bien : *Il a été traité avec violence;* mais si je veux marquer que cette violence a été tout-à-fait inhumaine, je ne le puis faire qu'en y ajoutant un article : *Il a été traité avec une violence qui a été tout-à-fait inhumaine.*

Cela paroît d'abord fort raisonnable; mais comme il se rencontre plusieurs façons de parler en notre langue, qui ne semblent pas conformes à cette règle, comme entre autres celle-ci : *Il agit en politique qui sait gouverner. Il est coupable de crimes qui méritent châtiment. Il n'y a homme qui sache cela. Seigneur, qui voyez ma misère, assistez-moi. Une sorte de bois qui est fort dur :* j'ai pensé si on ne pourroit point la concevoir en des termes qui la rendissent plus générale, et qui fissent voir que ces façons de parler et autres semblables qui y paroissent contraires, n'y sont pas contraires en effet. Voici donc comme je l'ai conçue.

Dans l'usage présent de notre langue, on ne doit point mettre de *qui* après un nom commun, s'il n'est déterminé par un article, ou par quelqu'autre chose qui ne le détermine pas moins que feroit un article.

Pour bien entendre ceci, il faut se souvenir qu'on peut distinguer deux choses dans le nom commun : la signification qui est fixe (car c'est par accident si elle varie quelquefois, par équivoque ou par métaphore), et l'étendue de cette signification, qui est sujette à varier selon que le nom se prend, ou pour toute l'espéce, ou pour une partie certaine ou incertaine.

Ce n'est qu'au regard de cette étendue que nous disons qu'un nom commun est *indéterminé*, lorsqu'il n'y a rien qui marque s'il doit être pris généralement ou particulièrement; et étant pris particulièrement, si c'est pour un particulier certain ou incertain. Et au contraire, nous disons qu'un nom est *déterminé*, quand il y a quelque chose qui en marque la détermination. Ce qui fait voir que par *déterminé* nous n'entendons pas *restreint*, puisque, selon ce que nous venons de dire, un nom commun doit passer pour *déterminé*, lorsqu'il y a quelque chose qui marque qu'il doit être pris dans toute son étendue, comme dans cette proposition : *Tout homme est raisonnable.*

C'est sur cela que cette règle est fondée ; car on peut bien se servir du nom commun, en ne regardant que sa signification, comme dans l'exemple que j'ai proposé : *Il a été traité avec violence ;* et alors il n'est point besoin que je le détermine ; mais si on en veut dire quelque chose de particulier, ce que l'on fait en ajoutant un *qui,* il est bien raisonnable que dans les langues qui ont des articles pour déterminer l'étendue des noms communs, on s'en serve alors, afin qu'on connoisse mieux à quoi doit se rapporter ce *qui*, si c'est à tout ce que peut signifier le nom commun, ou seulement à une partie certaine ou incertaine.

Mais aussi l'on voit par là que, comme l'article n'est nécessaire dans ces rencontres que pour déterminer le nom commun, s'il est déterminé d'ailleurs, on y pourra ajouter un *qui*, de même que s'il y avoit un article. Et c'est ce qui fait voir la nécessité d'exprimer cette régle comme nous avons fait pour la rendre générale; et ce qui montre aussi que presque toutes les façons de parler qui y semblent contraires, y sont conformes, parceque le nom qui est sans article est déterminé par quelque autre chose. Mais quand je dis *par quelque autre chose*, je n'y comprends pas le *qui* que l'on y joint : car si on l'y comprenoit, on ne pécheroit jamais contre cette régle, puisqu'on pourroit toujours dire qu'on n'emploie un *qui* après un nom sans article, que dans une façon de parler déterminée, parcequ'elle auroit été déterminée par le *qui* même.

Ainsi, pour rendre raison de presque tout ce qu'on peut opposer à cette régle, il ne faut que considérer les diverses manières dont un nom sans article peut être déterminé.

1º Il est certain que les noms propres ne signifiant qu'une chose singulière, sont déterminés d'eux-mêmes, et c'est pourquoi je n'ai parlé dans la régle que des noms communs, étant indubitable que c'est fort bien parler que de dire : *Il imite Virgile, qui est le premier des poëtes. Toute ma confiance est en Jésus-Christ, qui m'a racheté.*

2º Les vocatifs sont aussi déterminés par la nature même du vocatif, de sorte qu'on n'a garde d'y desirer un article pour y joindre un *qui*, puisque c'est la suppression de l'article qui les rend vocatifs, et qui les distingue des nominatifs. Ce n'est donc point contre la régle de dire : *Ciel, qui connoissez mes maux. Soleil, qui voyez toutes choses.*

3º *Ce*, *quelques*, *plusieurs*, les noms de nombre, comme *deux*, *trois*, etc., *tout*, *nul*, *aucun*, etc., déterminent aussi bien que les articles. Cela est trop clair pour s'y arrêter.

4º Dans les propositions négatives, les termes sur lesquels tombe la négation sont déterminés à être pris généralement par la négation même, dont le propre est de tout ôter. C'est la raison pourquoi on dit affirmativement avec l'article : *Il a de l'argent, du cœur, de la charité, de l'ambition*; et négativement sans article : *Il n'a point d'argent, de cœur, de charité, d'ambition.* Et c'est ce qui montre aussi que ces façons de parler ne sont pas contraires à la régle : *Il n'y a point d'injustice qu'il ne commette. Il n'y a homme qui sache cela.* Ni même celle-ci : *Est-il ville dans le royaume qui soit plus obéissante ?* parceque l'affirmation, avec un interrogant, se réduit dans le sens à une négation : *Il n'y a point de ville qui soit plus obéissante.*

5° C'est une règle de logique très véritable, que, dans les propositions affirmatives, le sujet attire à soi l'attribut, c'est-à-dire, le détermine. D'où vient que ces raisonnements sont faux : *L'homme est animal, le singe est animal, donc le singe est homme*, parceque *animal* étant attribut dans les deux premières propositions, les deux divers sujets se déterminent à deux diverses sortes d'*animal*. C'est pourquoi ce n'est point contre la régle de dire : *Je suis homme qui parle franchement*, parceque *homme* est déterminé par *je :* ce qui est si vrai, que le verbe qui suit le *qui*, est mieux à la première personne qu'à la troisième. *Je suis homme qui ai bien vu des choses*, plutôt que, *qui a bien vu des choses*.

6° Les mots *sorte, espèce, genre*, et semblables, déterminent ceux qui les suivent, qui, pour cette raison, ne doivent point avoir d'article. *Une sorte de fruit*, et non pas *d'un fruit*. C'est pourquoi c'est bien dit : *Une sorte de fruit qui est mûr en hiver. Une espèce de bois qui est fort dur.*

7° La particule *en*, dans le sens de l'*ut* latin, *vivit ut rex, il vit en roi*, enferme en soi-même l'article, valant autant que *comme un roi, en la manière d'un roi*. C'est pourquoi ce n'est point contre la régle de dire : *Il agit en roi qui sait régner. Il parle en homme qui sait faire ses affaires*, c'est-à-dire, *comme un roi*, ou *comme un homme*, etc.

8° *De,* seul avec un pluriel est souvent pour *des*, qui est le pluriel de l'article *un*, comme nous avons montré dans le chapitre de l'*article*. Et ainsi ces façons de parler sont très bonnes, et ne sont point contraires à la règle : *Il est accablé de maux qui lui font perdre patience. Il est chargé de dettes qui vont au-delà de son bien.*

9° Ces façons de parler, bonnes ou mauvaises : *C'est grêle qui tombe; ce sont gens habiles qui m'ont dit cela,* ne sont point contraires à la règle, parceque le *qui* ne se rapporte point au nom qui est sans article, mais à *ce,* qui est de tout genre et de tout nombre. Car le nom sans article, *grêle, gens habiles,* est ce que j'affirme, et par conséquent l'attribut, et le *qui* fait partie du sujet dont j'affirme : car j'affirme de *ce qui tombe* que *c'est de la grêle; de ceux qui m'ont dit cela,* que *ce sont des gens habiles;* et ainsi le *qui* ne se rapportant point au nom sans article, cela ne regarde point cette règle.

S'il y a d'autres façons de parler qui y semblent contraires, et dont on ne puisse pas rendre raison par toutes ces observations, ce ne pourront être, comme je le crois, que des restes du vieux style, où on omettoit presque toujours les articles. Or, c'est une maxime que ceux qui travaillent sur une langue vivante, doivent toujours avoir devant les yeux que les façons de parler qui sont autorisées par un usage général et non contesté, doivent passer pour bonnes, encore qu'elles soient contraires aux régles et à l'analogie de la langue ; mais qu'on ne doit pas les alléguer pour faire douter des régles et troubler l'analogie, ni pour autoriser par conséquent d'autres façons de parler que l'usage n'auroit pas autorisées. Autrement, qui ne s'arrêtera qu'aux bizarreries de l'usage, sans observer cette maxime, fera qu'une langue demeurera toujours incertaine, et que, n'ayant aucuns principes, elle ne pourra jamais se fixer.

REMARQUES.

Vaugelas ayant fait l'observation dont il s'agit ici, en auroit trouvé la raison, s'il l'ût cherchée : MM. de P. R., en voulant la doner, n'y ont pas mis assés de précision : le défaut vient de ce que le mot *déterminer* n'est pas défini. Ils ont senti qu'il ne vouloit pas dire *restreindre*, puisque l'article s'emploie également avec un nom comun, pris universèlement, particulièrement, ou singulièrement ; *l'home, les homes* : cependant ils se servent du mot d'*étendue*, qui supose celui de *restreindre*.

Déterminer, en parlant de l'article à l'égard d'un nom apellatif, général ou comun, veut dire faire prendre ce nom substantivement et individuèlement. Or, l'usage ayant mis l'article à tous les substantifs individualisés, pour qu'un substantif soit pris adjectivement dans une proposition, il n'y a qu'à suprimer l'article, sans rien mètre qui en tiène lieu.

Exemples. { L'home est *animal*.
           { L'home est *raisonable*.

Animal, substantif par soi-même, mais n'ayant point l'article, est pris aussi adjectivement dans la première proposition que *raisonable* dans la seconde.

Par la même raison, un adjectif est pris substantivement, si l'on y met l'article. Par exemple :

Le *pauvre* en sa cabane.

pauvre, au moyen de l'article, est pris substantivement dans ce vers.

Le relatif doit toujours rapeler l'idée d'une persone ou d'une chose, d'un ou de plusieurs individus, *l'home qui, les homes qui*, et non pas l'idée d'un mode, d'un attribut qui n'a point d'existence propre. Or, tous les substantifs réels ou métafisiques doivent avoir, pour être pris substantivement, un article, ou quelqu'autre prépositif, come *tout, chaque, quelque, ce, mon, ton, son, un, deus, trois*, etc., qui ne se joignent qu'à des substantifs. Le relatif ne peut donc jamais se mètre qu'après un nom ayant un article, ou quelque autre prépositif. Voilà tout le secret de la règle de Vaugelas.

CHAPITRE XI.

Des prépositions.

Nous avons dit ci-dessus, chap. VI, que les cas et les prépositions avoient été inventés pour le même usage, qui est de marquer les rapports que les choses ont les unes aux autres.

Ce sont presque les même rapports dans toutes les langues, qui sont marqués par les prépositions : c'est pourquoi je me contenterai de rapporter ici les principaux de ceux qui sont marqués par les prépositions de la langue françoise, sans m'obliger à en faire un dénombrement exact, comme il seroit nécessaire pour une grammaire particulière.

Je crois donc qu'on peut réduire les principaux de ces rapports à ceux

	chez	*il est chez le roi.*
	dans	*il est dans Paris.*
	en	*il est en Italie.*
De lieu, de situation, d'ordre.	à	*il est à Rome.*
	hors	*cette maison est hors de la ville.*
	sur ou sus	*il est sur la mer.*
	sous	*tout ce qui est sous le ciel.*
	devant	*un tel marchoit devant le roi.*
	après	*un tel marchoit après le roi.*
	avant	*avant la guerre.*
Du temps.	pendant	*pendant la guerre.*
	depuis	*depuis la guerre.*

Du terme	où l'on tend.	en	*il va en Italie.*
		à	*à Rome.*
		vers	*l'aimant se tourne vers le nord.*
		envers	*son amour envers Dieu.*
	que l'on quitte.	de	*il part de Paris.*
De la cause	efficiente,	par	*maison bâtie par un architecte.*
	matérielle,	de	*de pierre et de brique.*
	finale,	pour	*pour y loger.*
Autres rapports de	union,	avec	*les soldats avec leurs officiers.*
	séparation,	sans	*les soldats sans leurs officiers.*
	exception,	outre	*compagnie de cent soldats outre les officiers.*
	opposition,	contre	*soldats révoltés contre leurs officiers.*
	retranchem.	de	*soldats retranchés du régiment.*
	permutation,	pour	*rendre un prisonnier pour un autre.*
	conformité.	selon	*selon la raison.*

Il y a quelques remarques à faire sur les prépositions, tant pour toutes les langues que pour la françoise en particulier.

La première est qu'on n'a suivi en aucune langue, sur le sujet des prépositions, ce que la raison auroit desiré, qui est qu'un rapport ne fût marqué que par une préposition, et qu'une même préposition ne marquât qu'un seul rapport. Car il arrive au contraire dans toutes les langues, ce que nous avons vu dans ces exemples pris de la françoise, qu'un même rapport est signifié par plusieurs prépositions, comme *dans, en, à,* et qu'une même préposition, comme *en, à,* marque divers rapports. C'est ce qui cause souvent des obscurités dans la langue hébraïque, et dans le grec de l'Écriture, qui est plein d'hébraïsmes, parceque les Hébreux ayant peu de prépositions, ils les emploient à de fort différents usages. Ainsi la préposition ב, qui est appelée affixe, parcequ'elle se joint avec les mots, se prenant en plusieurs sens, les écrivains du Nouveau Testament, qui l'ont rendue par ἐν, *in*, prennent aussi cet ἐν ou *in* en des sens fort différents ; comme on voit particulièrement dans saint Paul, où cet *in* se prend quelquefois pour *par* : *Nemo potest dicere, Dominus Jesus, nisi in Spiritu Sancto*; quelquefois pour *selon* : *Cui vult, nubat tantùm in Domino*; quelquefois pour *avec* : *Omnia vestra in charitate fiant*; et encore en d'autres manières.

La seconde remarque est que *de* et *à* ne sont pas seulement des marques du génitif et du datif, mais aussi des prépositions qui servent encore à d'autres rapports. Car quand on dit : *Il est sorti* de *la ville*, ou, *Il est allé* à *sa maison des champs*; *de* ne marque pas un génitif, mais la préposition *ab*, ou *ex*, *egressus est ex urbe* : et *à* ne marque pas un datif, mais la préposition *in*, *abiit in villam suam*.

La troisième est qu'il faut bien distinguer ces cinq prépositions *dans, hors, sus, sous, avant*, de ces cinq mots qui ont la même signification, mais qui ne sont point prépositions, au moins pour l'ordinaire, *dedans, dehors, dessus, dessous, auparavant*.

Le dernier de ces mots est un adverbe qui se met absolument, et non devant les noms. Car l'on dit bien : *Il étoit venu auparavant*; mais il ne faut pas dire : *Il étoit venu auparavant dîner*, mais *avant dîner*, ou *avant que de dîner*. Et pour les quatre autres, *dedans, dehors, dessus, dessous*, je crois que ce sont des noms, comme il se voit, en ce qu'on y joint presque toujours l'article; *le dedans, le dehors, au-dedans, au-dehors*, et qu'ils régissent le nom qui les suit au génitif, qui est le régime des noms substantifs, *au-dedans de la maison, au-dessus du toit*.

Il y a néanmoins une exception, que M. de Vaugelas a judicieusement remarquée, qui est que ces mots redeviennent prépositions, quand on met ensemble les deux opposés, et qu'on ne joint le nom qu'au dernier, comme : *La peste est dedans et dehors la ville. Il y a des animaux dessus et dessous la terre.*

La quatrième remarque est sur ces quatre particules *en, y, dont, où*, qui signifient *de* ou *à* dans toute leur étendue, et de plus *lui* ou *qui* : car *en* signifie de lui, *y* à lui, *dont* de qui, et *où* à qui. Et le principal usage de ces particules est pour observer les deux règles dont nous avons parlé dans le chapitre des pronoms, qui est que *lui* et *qui* au génitif, au datif, à l'ablatif, ne se disent ordinairement que des personnes ; et ainsi quand on parle des choses, on se sert d'*en* au lieu du génitif *de lui*, ou du pronom *son*; d'*y* au lieu du datif *à lui*; de *dont* au lieu du génitif *de qui*, ou *duquel*, qui se peut dire, mais est d'ordinaire assez languissant; et d'*où* au lieu du datif *à qui*, ou *auquel*. *Voyez* le chapitre des pronoms.

REMARQUES.

Non-seulement une même préposition marque des raports diférens, ce qui paroît déjà un défaut dans une langue; mais èle en marque d'oposés, ce qui paroît un vice; mais c'est aussi un avantage. Si chaque raport d'une idée à une autre avoit sa préposition, le nombre en seroit infini, sans qu'il en résultât plus de précision. Qu'importe que la clarté naisse de la préposition seule, ou de son union avec les autres termes de la proposition, puisqu'il faut toujours que l'esprit réunisse à la fois tous les termes d'une proposition, pour la concevoir? La préposition seule ne sufit pas pour déterminer les raports; èle ne sert alors qu'à unir les deus termes; et le raport entre eus est marqué par l'intelligence, par le sens total de la frase.

Par exemple, dans ces deus frases, dont le sens est oposé, *Louis a doné à Charle, Louis a ôté à Charle*, la préposition *à* lie les deus termes de la proposition; mais le vrai raport, quant à l'intelligence de la frase, n'est pas marqué par *à*; il ne l'est que par le sens total.

À l'égard des raports qui sont diférens sans être oposés, combien la préposition *de* n'en a-t-elle pas!

1° Èle sert à former des qualificatifs adjectifs; une étofe d'écarlate. 2° *De* est particule extractive; *du* pain, *pars aliqua panis*. 3° *De* marque raport d'apartenance; le livre *de* Charle. 4° *De* s'emploie pour *pendant* ou *durant; de* jour, *de* nuit. 5° Pour *touchant, sur*; parlons *de* cète afaire. 6° Pour *à cause*; je suis charmé *de* sa fortune. 7° *De* sert à former des adverbes; *de* dessein prémédité.

Il est inutile de s'étendre davantage sur l'usage des

prépositions, dont le lecteur peut aisément faire l'aplication.

CHAPITRE XII.

Des adverbes.

Le desir que les hommes ont d'abréger le discours est ce qui a donné lieu aux adverbes : car la plupart de ces particules ne sont que pour signifier en un seul mot ce qu'on ne pourroit marquer que par une préposition et un nom, comme *sapienter*, sagement, pour *cum sapientiá*, avec sagesse; *hodië*, pour *in hoc die*, aujourd'hui.

Et c'est pourquoi, dans les langues vulgaires, la plupart de ces adverbes s'expriment d'ordinaire plus élégamment par le nom avec la préposition : ainsi on dira plutôt *avec sagesse*, *avec prudence*, *avec orgueil*, *avec modération*, que *sagement*, *prudemment*, *orgueilleusement*, *modérément*, quoiqu'en latin, au contraire, il soit d'ordinaire plus élégant de se servir des adverbes.

De là vient aussi qu'on prend souvent pour adverbe ce qui est un nom, comme *instar* en latin, comme *primùm*, ou *primò*, *partìm*, etc. *Voyez* Nouvelle Méthode latine; et en françois, *dessus*, *dessous*, *dedans*, qui sont de vrais noms, comme nous l'avons fait voir au chapitre précédent.

Mais parceque ces particules se joignent d'ordinaire au verbe pour en modifier et déterminer l'action, comme *generosè pugnavit*, *il a combattu vaillamment*; c'est ce qui a fait qu'on les a appelées *adverbes*.

REMARQUES.

On ne doit pas dire *la plupart de ces particules:* les adverbes ne sont point des particules, quoiqu'il y ait des particules qui sont des adverbes; et la *plupart* ne dit pas assés. Tout mot qui peut étre rendu par une préposition et un nom, est un adverbe, et tout adverbe peut s'y rapeler. *Constament*, avec constance. On *y* va, on va dans ce lieu-là.

Particule est un terme vague, assés abusivement employé dans les grammaires. C'est, dit-on, ce qu'il y a de plus dificile dans les langues. Oui, sans doute, pour ceus qui ne veulent ou ne peuvent définir les mots par leur nature, et se contentent de renfermer, sous une même dénomination, des choses de nature fort diférente. *Particule* ne signifiant que petite partie, un monosilabe, il n'y a pas une partie d'oraison à laquèle on ne pût quelquefois l'apliquer. MM. de P. R. étoient plus que persone en état de faire toutes les distinctions possibles; mais, en quelques ocasions, ils se sont prétés à la foiblesse des grammairiens de leur tems; et il y en a encore du nôtre, qui ont besoin de pareils ménagemens.

8.

9

CHAPITRE XIII.

Des verbes, et de ce qui leur est propre et essentiel.

Jusqu'ici nous avons expliqué les mots qui signifient les objets des pensées : il reste à parler de ceux qui signifient la manière des pensées, qui sont *les verbes, les conjonctions et les interjections.*

La connoissance de la nature du verbe dépend de ce que nous avons dit au commencement de ce discours, que le jugement que nous faisons des choses (comme quand je dis, *la terre est ronde*), enferme nécessairement deux termes, l'un appelé *sujet*, qui est ce dont on affirme, comme *terre*; et l'autre appelé *attribut*, qui est ce qu'on affirme, comme *ronde*; et de plus, la liaison entre ces deux termes, qui est proprement l'action de notre esprit qui affirme l'attribut du sujet.

Ainsi les hommes n'ont pas eu moins de besoin d'inventer des mots qui marquassent l'*affirmation*, qui est la principale manière de notre pensée, que d'en inventer qui marquassent les objets de notre pensée.

Et c'est proprement ce que c'est que le verbe, *un mot dont le principal usage est de signifier l'affirmation*, c'est-à-dire, de marquer que le discours, où ce mot est employé, est le discours d'un homme qui ne conçoit pas seulement les choses, mais qui en juge et qui les affirme. En quoi le verbe est distingué de quelques noms qui signifient aussi l'affirmation, comme *affirmans, affirmatio*, parcequ'ils ne la signifient qu'en tant que par une réflexion d'esprit elle est devenue l'objet de notre pensée, et ainsi ne marque pas que celui qui se sert de ces mots affirme, mais seulement qu'il conçoit une affirmation.

J'ai dit que le *principal* usage du verbe étoit de signifier l'affirmation, parceque nous ferons voir plus bas que l'on s'en sert encore pour signifier d'autres mouvements de notre ame, comme *desirer, prier, commander*, etc.; mais ce n'est qu'en changeant d'inflexion et de mode; et ainsi nous ne considérons le verbe, dans tout ce chapitre, que selon sa principale signification, qui est celle qu'il a à l'indicatif, nous réservant de parler des autres en un autre endroit.

Selon cela, l'on peut dire que le verbe de lui-même ne devoit point avoir d'autre usage que de marquer la liaison que nous faisons dans notre esprit des deux termes d'une proposition; mais il n'y a que le verbe *être*, qu'on appelle substantif, qui soit demeuré dans cette simplicité, et encore l'on peut dire qu'il n'y est proprement demeuré que dans la troisième personne du présent, *est*, et en de certaines rencontres. Car comme les hommes se portent naturellement à abréger leurs expressions, ils ont joint presque toujours à l'affirmation d'autres significations dans un même mot.

1º Ils y ont joint celle de quelque attribut, de sorte qu'alors deux mots font une proposition : comme quand je dis, *Petrus vivit, Pierre vit*, parceque le mot de *vivit* enferme seul l'affirmation, et de plus l'attribut d'être vivant; et ainsi c'est la même chose de dire, *Pierre vit*, que de dire, *Pierre est vivant*. De là est venue la grande diversité des verbes dans chaque langue; au lieu que, si on s'étoit contenté de donner au verbe la signification générale de l'affirmation, sans y joindre aucun attribut particulier, on n'auroit eu besoin, dans chaque langue, que d'un seul verbe, qui est celui qu'on appelle *substantif*.

2º Ils y ont encore joint, en de certaines rencontres, le sujet de la proposition, de sorte qu'alors deux mots peuvent encore, et même un seul mot, faire une proposition entière. Deux mots, comme quand je dis, *sum homo*; parceque *sum* ne signifie pas seulement l'affirmation, mais enferme la signification du pronom *ego*, qui est le sujet de cette proposition, et que l'on exprime toujours en françois : *Je suis homme*. Un seul mot, comme quand je dis, *vivo, sedeo*: car ces verbes enferment dans eux-mêmes l'affirmation et l'attribut, comme nous avons déja dit; et étant à la première personne, ils enferment encore le sujet : *Je suis vivant, je suis assis*. De là est venue la différence des personnes, qui est ordinairement dans tous les verbes.

3° Ils y ont encore joint un rapport au temps, au regard duquel on affirme; de sorte qu'un seul mot, comme *cœnasti*, signifie que j'affirme de celui à qui je parle l'action du souper, non pour le temps présent, mais pour le passé. Et de là est venue la diversité des temps, qui est encore, pour l'ordinaire, commune à tous les verbes.

La diversité de ces significations jointes en un même mot, est ce qui a empêché beaucoup de personnes, d'ailleurs fort habiles, de bien connoître la nature du verbe, parcequ'ils ne l'ont pas considéré selon ce qui lui est essentiel, qui est l'*affirmation*, mais selon ces rapports qui lui sont accidentels en tant que verbe.

Ainsi Aristote s'étant arrêté à la troisième des significations ajoutées à celle qui est essentielle au verbe, l'a défini, *vox significans cum tempore*, *un mot qui signifie avec temps*.

D'autres, comme Buxtorf, y ayant ajouté la seconde, l'ont défini, *vox flexilis cum tempore et personâ*, *un mot qui a diverses inflexions avec temps et personnes*.

D'autres s'étant arrêtés à la première de ces significations ajoutées, qui est celle de l'attribut, et ayant considéré que les attributs que les hommes ont joints à l'affirmation dans un même mot, sont d'ordinaire des actions et des passions, ont cru que l'essence du verbe consistoit à *signifier des actions ou des passions*.

Et enfin Jules-César Scaliger a cru trouver un grand mystère dans son livre des principes de la langue latine, en disant que la distinction des choses, *in permanentes et fluentes*, en ce qui demeure et ce qui passe, étoit la vraie origine de la distinction entre les noms et les verbes : les noms étant pour signifier ce qui demeure, et les verbes ce qui passe.

Mais il est aisé de voir que toutes ces définitions sont fausses, et n'expliquent point la vraie nature du verbe.

La manière dont sont conçues les deux premières le fait assez voir, puisqu'il n'y est point dit ce que le verbe signifie, mais seulement ce avec quoi il signifie, *cum tempore, cum personâ.*

Les deux dernières sont encore plus mauvaises : car elles ont les deux plus grands vices d'une définition, qui est de ne convenir ni à tout le défini, ni au seul défini ; *neque omni, neque soli.*

Car il y a des verbes qui ne signifient ni des actions, ni des passions, ni ce qui passe ; comme *existit, quiescit, friget, alget, tepet, calet, albet, viret, claret*, etc., de quoi nous parlerons en un autre endroit.

Et il y a des mots qui ne sont point verbes, qui signifient des actions et des passions, et même des choses qui passent, selon la définition de Scaliger. Car il est certain que les participes sont de vrais noms, et que néanmoins ceux des verbes actifs ne signifient pas moins des actions, et ceux des passifs des passions, que les verbes mêmes dont ils viennent; et il n'y a aucune raison de prétendre que *fluens* ne signifie pas une chose qui passe, aussi bien que *fluit*.

A quoi on peut ajouter, contre les deux premières définitions du verbe, que les participes signifient aussi avec temps, puisqu'il y en a du présent, du passé et du futur, sur-tout en grec. Et ceux qui croient, non sans raison, qu'un vocatif est une vraie seconde personne, sur-tout quand il a une terminaison différente du nominatif, trouveront qu'il n'y auroit de ce côté-là qu'une différence du plus ou du moins entre le participe et le verbe.

Et ainsi la raison essentielle pourquoi un participe n'est point un verbe, c'est qu'il ne signifie point l'*affirmation*, d'où vient qu'il ne peut faire une proposition (ce qui est le propre du verbe) qu'en y ajoutant un verbe, c'est-à-dire, en y remettant ce qu'on en a ôté, en changeant le verbe en participe.

Car, pourquoi est-ce que *Petrus vivit*, *Pierre vit*, est une proposition, et que *Petrus vivens*, *Pierre vivant*, n'en est pas une, si vous n'y ajoutez *est*, *Petrus est vivens*, *Pierre est vivant*, sinon parceque l'affirmation, qui est enfermée dans *vivit*, en a été ôtée pour en faire le participe *vivens*? D'où il paroît que l'affirmation, qui se trouve ou qui ne se trouve pas dans un mot, est ce qui fait qu'il est verbe ou qu'il n'est pas verbe.

Sur quoi on peut encore remarquer, en passant, que l'infinitif, qui est très souvent nom, ainsi que nous dirons, comme lorsqu'on dit, *le boire, le manger*, est alors différent des participes, en ce que les participes sont des noms adjectifs, et que l'infinitif est un nom substantif, fait par abstraction de cet adjectif; de même que de *candidus* se fait *candor*, et de *blanc* vient *blancheur*. Ainsi *rubet*, verbe, signifie *est rouge*, enfermant ensemble l'affirmation et l'attribut; *rubens*, participe, signifie simplement *rouge*, sans affirmation; et *rubere*, pris pour un nom, signifie *rougeur*.

Il doit donc demeurer pour constant qu'à ne considérer simplement que ce qui est essentiel au verbe, sa seule vraie définition est, *vox significans affirmationem, un mot qui signifie l'affirmation*. Car on ne sauroit trouver de mot qui marque l'affirmation, qui ne soit verbe, ni de verbe qui ne serve à la marquer, au moins dans l'indicatif. Et il est indubitable que, si on avoit inventé un mot, comme seroit *est,* qui marquât toujours l'affirmation, sans avoir aucune différence ni de personne, ni de temps, de sorte que la diversité des personnes se marquât seulement par les noms et les pronoms, et la diversité des temps par les adverbes, il ne laisseroit pas d'être un vrai verbe. Comme, en effet, dans les propositions que les philosophes appellent d'éternelle vérité, comme: *Dieu est infini, tout corps est divisible, le tout est plus grand que sa partie;* le mot *est* ne signifie que l'affirmation simple, sans aucun rapport au temps, parceque cela est vrai selon tous les temps, et sans que notre esprit s'arrête à aucune diversité de personnes.

Ainsi le verbe, selon ce qui lui est essentiel, est un mot qui signifie l'affirmation. Mais si l'on veut joindre, dans la définition du verbe, ses principaux accidents, on le pourra définir ainsi : *Vox significans affirmationem, cum designatione personæ, numeri et temporis: Un mot qui signifie l'affirmation avec désignation de la personne, du nombre et du temps,* ce qui convient proprement au verbe substantif.

Car pour les autres, en tant qu'ils en diffèrent par l'union que les hommes ont faite de l'affirmation avec de certains attributs, on les peut définir en cette sorte : *Vox significans affirmationem alicujus attributi, cum designatione personæ, numeri et temporis* : *Un mot qui marque l'affirmation de quelque attribut, avec désignation de la personne, du nombre et du temps.*

Et l'on peut remarquer, en passant, que l'affirmation, en tant que conçue, pouvant être aussi l'attribut du verbe, comme dans le verbe *affirmo*, ce verbe signifie deux affirmations, dont l'une regarde la personne qui parle, et l'autre la personne de qui on parle, soit que ce soit de soi-même, soit que ce soit d'une autre. Car quand je dis, *Petrus affirmat, affirmat* est la même chose que *est affirmans*, et alors *est* marque mon affirmation, ou le jugement que je fais touchant Pierre, et *affirmans*, l'affirmation que je conçois, et que j'attribue à Pierre.

Le verbe *nego*, au contraire, contient une affirmation et une négation, par la même raison.

Car il faut encore remarquer que, quoique tous nos jugements ne soient pas affirmatifs, mais qu'il y en ait de négatifs, les verbes néanmoins ne signifient jamais d'eux-mêmes que les affirmations, les négations ne se marquant que par des particules, *non, ne,* ou par des noms qui les enferment, *nullus, nemo,* nul, personne, qui étant joints aux verbes, en changent l'affirmation en négation : *Nul homme n'est immortel. Nullum corpus est indivisibile.*

Mais, après avoir expliqué l'essence du verbe, et en avoir marqué en peu de mots les principaux accidents, il est nécessaire de considérer ces mêmes accidents un peu plus en particulier, et de commencer par ceux qui sont communs à tous les verbes, qui sont la diversité des personnes, des nombres et des temps.

CHAPITRE XIV.
De la diversité des personnes et des nombres dans les verbes.

Nous avons déja dit que la diversité des personnes et des nombres dans les verbes, est venue de ce que les hommes, pour abréger, ont voulu joindre dans un même mot, à l'affirmation qui est propre au verbe, le sujet de la proposition, au moins en de certaines rencontres. Car quand un homme parle de soi-même, le sujet de la proposition est le pronom de la première personne, *ego;* moi, je; et quand il parle de celui auquel il adresse la parole, le sujet de la proposition est le pronom de la seconde personne, *tu;* tu, toi, vous.

Or pour se dispenser de mettre toujours ces pronoms, on a cru qu'il suffiroit de donner au mot qui signifie l'affirmation, une certaine terminaison qui marquât que c'est de soi-même qu'on parle; et c'est ce qu'on a appelé la première personne du verbe, *video, je vois.*

On a fait de même au regard de celui à qui on adresse la parole; et c'est ce qu'on a appelé la seconde personne, *vides, tu vois*. Et comme ces pronoms ont leur pluriel, quand on parle de soi-même en se joignant à d'autres, *nos,* nous, ou de celui à qui on parle, en le joignant aussi à d'autres, *vos,* vous, on a donné aussi deux terminaisons différentes au pluriel: *videmus, nous voyons : videtis, vous voyez*.

Mais parceque le sujet de la proposition n'est souvent ni soi-même, ni celui à qui on parle, il a fallu nécessairement, pour réserver ces deux terminaisons à ces deux sortes de personnes, en faire une troisième qu'on joignît à tous les autres sujets de la proposition. Et c'est ce qu'on a appelé troisième personne, tant au singulier qu'au pluriel; quoique le mot de personne, qui ne convient proprement qu'aux substances raisonnables et intelligentes, ne soit propre qu'aux deux premières, puisque la troisième est pour toutes sortes de choses, et non pas seulement pour les personnes.

On voit par là que naturellement ce qu'on appelle troisième personne devroit être le thème du verbe, comme il l'est aussi dans toutes les langues orientales. Car il est plus naturel que le verbe signifie premièrement l'affirmation, sans marquer particulièrement aucun sujet, et qu'ensuite il soit déterminé par une nouvelle inflexion à renfermer pour sujet la première ou la seconde personne.

Cette diversité de terminaisons pour les deux premières personnes, fait voir que les langues anciennes ont grande raison de ne joindre aux verbes que rarement, et pour des considérations particulières, les pronoms de la première et de la seconde personne, se contentant de dire, *video, vides, videmus, videtis*. Car c'est pour cela même que ces terminaisons ont été originairement inventées, pour se dispenser de joindre ces pronoms aux verbes. Et néanmoins les langues vulgaires, et sur-tout la nôtre, ne laissent pas de les y joindre toujours ; *je vois, tu vois, nous voyons, vous voyez*. Ce qui est peut-être venu de ce qu'il se rencontre assez souvent que quelques unes de ces personnes n'ont pas de terminaison différente, comme tous les verbes en *er*, *aimer*, ont la première et la troisième semblables, *j'aime, il aime*, et d'autres la première et la seconde, *je lis, tu lis*, et en italien, assez souvent les trois personnes du singulier se ressemblent; outre que souvent quelques unes de ces personnes n'étant pas jointes au pronom deviennent impératif, comme *vois, aime, lis*, etc.

Mais outre les deux nombres, singulier et pluriel, qui sont dans les verbes comme dans les noms, les Grecs y ont ajouté un duel, quand on parle de deux choses, quoiqu'ils s'en servent assez rarement.

Les langues orientales ont même cru qu'il étoit bon de distinguer quand l'affirmation regardoit l'un ou l'autre sexe, le masculin ou le féminin : c'est pourquoi le plus souvent elles ont donné à une même personne du verbe deux diverses terminaisons pour servir aux deux genres ; ce qui sert souvent pour éviter les équivoques.

CHAPITRE XV.

Des divers temps du verbe.

Une autre chose que nous avons dit avoir été jointe à l'affirmation du verbe, est la signification du temps : car l'affirmation se pouvant faire selon les divers temps, puisque l'on peut assurer d'une chose qu'elle est, ou qu'elle a été, ou qu'elle sera, de là est venu qu'on a encore donné d'autres inflexions au verbe, pour signifier ces temps divers.

Il n'y a que trois temps simples : le *présent*, comme *amo*, *j'aime* ; le *passé*, comme *amavi*, *j'ai aimé* ; et le *futur*, comme *amabo*, *j'aimerai*.

Mais parceque dans le passé on peut marquer que la chose ne vient que d'être faite, ou indéfiniment qu'elle a été faite, de là il est arrivé que dans la plupart des langues vulgaires il y a deux sortes de prétérit : l'un qui marque la chose précisément faite, et que pour cela on nomme défini, comme *j'ai écrit, j'ai dit, j'ai fait, j'ai dîné*; et l'autre qui la marque indéterminément faite, et que pour cela on nomme indéfini ou aoriste, comme *j'écrivis, je fis, j'allai, je dînai,* etc., ce qui ne se dit proprement que d'un temps qui soit au moins éloigné d'un jour de celui auquel nous parlons : car on dit bien, par exemple, *j'écrivis hier*, mais non pas, *j'écrivis ce matin*, ni *j'écrivis cette nuit;* au lieu de quoi il faut dire, *j'ai écrit ce matin, j'ai écrit cette nuit*, etc. Notre langue est si exacte dans la propriété des expressions, qu'elle ne souffre aucune exception en ceci, quoique les Espagnols et les Italiens confondent quelquefois ces deux prétérits, les prenant l'un pour l'autre.

Le futur peut aussi recevoir les mêmes différences : car on peut avoir envie de marquer une chose qui doit arriver bientôt; ainsi nous voyons que les Grecs ont leur *paulopost-futur*, μετ' ὀλίγον μέλλον. qui marque que la chose se va faire, ou qu'on la doit presque tenir comme faite, comme πεποιήσομαι, *je m'en vas faire, voilà qui est fait* : et l'on peut aussi marquer une chose comme devant arriver simplement, comme ποιήσω, *je ferai; amabo, j'aimerai*.

Voilà pour ce qui est des temps, considérés simplement dans leur nature de *présent*, de *prétérit* et de *futur*.

Mais parcequ'on a voulu aussi marquer chacun de ces temps, avec rapport à un autre, par un seul mot, de là est venu qu'on a encore inventé d'autres inflexions dans les verbes, qu'on peut appeler des *temps composés dans le sens*, et l'on en peut remarquer aussi trois.

Le premier est celui qui marque le passé avec rapport au présent, et on l'a nommé *prétérit imparfait*, parcequ'il ne marque pas la chose simplement et proprement comme faite; mais comme présente à l'égard d'une chose qui est déja néanmoins passée. Ainsi quand je dis, *cùm intravit cœnabam*, *je soupois lorsqu'il est entré*, l'action du souper est bien passée au regard du temps auquel je parle; mais je la marque comme présente au regard de la chose dont je parle, qui est l'entrée d'un tel.

Le deuxième temps composé est celui qui marque doublement le passé, et qui, à cause de cela, s'appelle *plusque-parfait*, comme *cœnaveram*, *j'avois soupé* : par où je marque mon action de souper non seulement comme passée en soi, mais aussi comme passée à l'égard d'une autre chose qui est aussi passée ; comme quand je dis, *j'avois soupé lorsqu'il est entré*, ce qui marque que mon souper avoit précédé cette entrée, qui est pourtant aussi passée.

Le troisième temps composé est celui qui marque l'avenir avec rapport au passé; savoir : le *futur parfait*, comme *cœnavero, j'aurai soupé;* par où je marque mon action de souper comme future en soi, et comme passée au regard d'une autre chose à venir, qui la doit suivre ; comme : *quand j'aurai soupé, il entrera;* cela veut dire que mon souper, qui n'est pas encore venu, sera passé, lorsque son entrée, qui n'est pas encore venue, sera présente.

On auroit pu de même ajouter encore un quatrième temps composé, savoir celui qui eût marqué l'avenir avec rapport au présent, pour faire autant de futurs composés, que de prétérits composés; et peut-être que le deuxième futur des Grecs marquoit cela dans son origine, d'où vient même qu'il conserve presque toujours la figurative du présent : néanmoins dans l'usage on l'a confondu avec le premier; en latin même, on se sert pour cela du futur simple : *cùm cœnabo intrabis, vous entrerez quand je souperai,* par où je marque mon souper comme futur en soi, mais comme présent à l'égard de votre entrée.

Voilà ce qui a donné lieu aux diverses inflexions des verbes, pour marquer les divers temps; sur quoi il faut remarquer que les langues orientales n'ont que le passé et le futur, sans toutes les autres différences d'imparfait, de plusque-parfait, etc., ce qui rend ces langues sujettes à beaucoup d'ambiguités qui ne se rencontrent point dans les autres.

CHAPITRE XVI.

Des divers modes, ou manières des Verbes.

Nous avons déja dit que les verbes sont de ce genre de mots qui signifient la manière et la forme de nos pensées, dont la principale est l'affirmation; et nous avons aussi remarqué que les verbes reçoivent différentes inflexions, selon que l'affirmation regarde différentes personnes et différents temps. Mais les hommes ont trouvé qu'il étoit bon d'inventer encore d'autres inflexions, pour expliquer plus distinctement ce qui se passoit dans leur esprit; car premièrement ils ont remarqué qu'outre les affirmations simples, comme, *il aime, il aimoit*, il y en avoit de conditionnelles et de modifiées, comme, *quoiqu'il aimât, quand il aimeroit*. Et pour mieux distinguer ces affirmations des autres, ils ont doublé les inflexions des mêmes temps, faisant servir les unes aux affirmations simples, comme, *aime, aimoit*, et réservant les autres pour les affirmations modifiées, comme, *aimât, aimeroit:* quoique ne demeurant pas fermes dans leurs régles, ils se servent quelquefois des inflexions simples pour marquer les affirmations modifiées : *et si vereor*, pour *et si verear*, et c'est de ces dernières sortes d'inflexions que les grammairiens ont fait leur *mode* appelé *subjonctif*.

De plus, outre l'affirmation, l'action de notre volonté se peut prendre pour une manière de notre pensée; et les hommes ont eu besoin de faire entendre ce qu'ils vouloient, aussi bien que ce qu'ils pensoient. Or nous pouvons vouloir une chose en plusieurs manières, dont on en peut considérer trois comme les principales.

1º Nous voulons des choses qui ne dépendent pas de nous, et alors nous ne les voulons que par un simple souhait, ce qui s'explique en latin par la particule *utinam*, et en la nôtre par *plût à Dieu*. Quelques langues, comme la grecque, ont inventé des inflexions particulières pour cela, ce qui a donné lieu aux grammairiens de les appeler le *mode optatif*, et il y en a dans notre langue, et dans l'espagnole et l'italienne, qui s'y peuvent rapporter, puisqu'il y a des temps qui sont triples. Mais en latin les mêmes inflexions servent pour le subjonctif et pour l'optatif; et c'est pourquoi on a fait fort bien de retrancher ce mode des conjugaisons latines, puisque ce n'est pas seulement la manière différente de signifier qui peut être fort multipliée, mais les différentes inflexions qui doivent faire les modes.

2º Nous voulons encore d'une autre sorte, lorsque nous nous contentons d'accorder une chose, quoique absolument nous ne la voulussions pas, comme quand Térence dit : *Profundat, perdat, pereat ; qu'il dépense, qu'il perde, qu'il périsse*, etc. Les hommes auroient pu inventer une inflexion pour marquer ce mouvement, aussi bien qu'ils en ont inventé en grec pour marquer le simple desir ; mais ils ne l'ont pas fait, et ils se servent pour cela du subjonctif : et en françois nous y ajoutons *que*. *Qu'il dépense*, etc. : quelques grammairiens ont appelé ceci, *modus potentialis*, ou *modus concessivus*.

3º La troisième sorte de vouloir est quand ce que nous voulons dépendant d'une personne de qui nous pouvons l'obtenir, nous lui signifions la volonté que nous avons qu'il le fasse. C'est le mouvement que nous avons quand nous commandons, ou que nous prions : c'est pour marquer ce mouvement qu'on a inventé le mode qu'on appelle *impératif*, qui n'a point de première personne, surtout au singulier, parcequ'on ne se commande point proprement à soi-même ; ni de troisième en plusieurs langues, parcequ'on ne commande proprement qu'à ceux à qui on s'adresse, et à qui on parle. Et parceque le commandement ou la prière qui s'y rapporte, se fait toujours au regard de l'avenir, il arrive de là que l'impératif et le futur se prennent souvent l'un pour l'autre, sur-tout en hébreu ; comme : *non occides*, *vous ne tuerez point*, pour *ne tuez point*. D'où vient que quelques grammairiens ont mis l'impératif au nombre des futurs.

De tous ces modes dont nous venons de parler, les langues orientales n'ont que ce dernier, qui est l'impératif; et au contraire, les langues vulgaires n'ont point d'inflexion particulière pour l'impératif; mais ce que nous faisons en françois pour le marquer, est de prendre la seconde personne du pluriel, et même la première, sans pronoms qui les précédent. Ainsi, *vous aimez* est une simple affirmation; *aimez*, un impératif : *nous aimons*, affirmation ; *aimons*, impératif. Mais quand on commande par le singulier, ce qui est fort rare, on ne prend pas la seconde personne, *tu aimes*, mais la première, *aime*.

REMARQUES.

Puisqu'on n'a multiplié les tems et les modes des verbes que pour mètre plus de précision dans le discours, je me permètrai une observation qui ne se trouve dans aucune grammaire sur la distinction qu'on devroit faire, et que peu d'écrivains font du tems continu et du tems passager, lorsqu'une action est dépendante d'une autre. Il y a des ocasions où le tems présent seroit préférable à l'imparfait qu'on emploie comunément. Je vais me faire entendre par des exemples. *On m'a dit que le roi* étoit *parti pour Fontainebleau*. La frase est exacte, atendu que *partir* est une action passagère. Mais je crois qu'en parlant d'une vérité constante, on ne s'exprimeroit pas avec assés de justesse en disant : *J'ai fait voir que Dieu etoit bon; que les trois angles d'un triangle étoient égaus à deus droits :* il faudroit *que Dieu est*, etc., *que les trois angles sont*, etc., parce que ces propositions sont des verités constantes et independantes des tems.

On emploie encore le plusque-parfait, quoique l'imparfait couvînt quelquefois mieus après la conjonction *si*. Exemples : *Je vous aurois salué, si je vous avois vu*. La frase est exacte, parce qu'il s'agit d'une action passagère ; mais celui qui auroit la vue assés basse pour ne pas reconoitre les passans, diroit naturèlement, *si je voyois*, et non pas, *si j'avois vu*, atendu que son état habituel est de ne pas voir. Ainsi on ne devroit pas dire : *Il n'auroit pas soufert cet afront, s'il avoit été sensible;* il faut, *s'il étoit*, atendu que la sensibilité est une qualité permanente.

CHAPITRE XVII.

De l'infinitif.

Il y a encore une inflexion au verbe, qui ne reçoit point de nombre ni de personnes, qui est celle qu'on appelle *infinitif*, comme : *esse*, être ; *amare*, aimer. Mais il faut remarquer que quelquefois l'infinitif retient l'affirmation, comme quand je dis : *scio malum esse fugiendum*, *je sais qu'il faut fuir le mal*, et que souvent il la perd, et devient nom (prin-

cipalement en grec, et dans les langues vulgaires);
comme quand on dit : *le boire, le manger;* et de
même, *je veux boire, volo bibere :* car, c'est-à-dire,
volo potum, ou *potionem.*

Cela étant supposé, on demande ce que c'est
proprement que l'infinitif, lorsqu'il n'est point
nom et qu'il retient son affirmation, comme dans
cet exemple : *scio malum esse fugiendum.* Je ne sais
si personne a remarqué ce que je vais dire : c'est
qu'il me semble que l'infinitif est entre les autres
manières du verbe, ce qu'est le relatif entre les
autres pronoms. Car, comme nous avons dit que le
relatif a de plus que les autres pronoms, qu'il joint
la proposition dans laquelle il entre à une autre
proposition, je crois de même que l'infinitif a, par-
dessus l'affirmation du verbe, ce pouvoir de joindre la proposition où il est à une autre : car *scio*
vaut seul une proposition, et si vous ajoutiez *malum
est fugiendum,* ce seroit deux propositions séparées; mais mettant *esse* au lieu d'*est,* vous faites que
la dernière proposition n'est plus que partie de la
première, comme nous avons expliqué plus au long
dans le chapitre IX, du relatif.

Et de là est venu qu'en françois nous rendons
presque toujours l'infinitif par l'indicatif du verbe
et la particule *que : Je sais que le mal est à fuir.*
Et alors (comme nous avons dit au même lieu) ce
que ne signifie que cette union d'une proposition

avec une autre, laquelle union est en latin enfermée dans l'infinitif, et en françois aussi, quoique plus rarement, comme quand on dit : *Il croit savoir toutes choses.*

Cette manière de joindre les propositions par un infinitif, ou par le *quòd* et le *que*, est principalement en usage quand on rapporte les discours des autres : comme si je veux rapporter que le roi m'a dit : *Je vous donnerai une charge*, je ne ferai pas ordinairement ce rapport en ces termes : *Le roi m'a dit, je vous donnerai une charge*, en laissant les deux propositions séparées, l'une de moi, et l'autre du roi ; mais je les joindrai ensemble par un que : *Le roi m'a dit qu'il me donnera une charge.* Et alors, comme ce n'est plus qu'une proposition qui est de moi, je change la première personne, *je donnerai,* en la troisième, *il donnera*, et le pronom *vous,* qui me signifioit le roi parlant, au pronom *me*, qui me signifie moi parlant.

Cette union des propositions se fait encore par le *si* en françois : et par *an* en latin, quand le discours qu'on rapporte est interrogatif ; comme si on m'a demandé : *Pouvez-vous faire cela ?* je dirai en le rapportant : *On m'a demandé si je pouvois faire cela.* Et quelquefois sans aucune particule, en changeant seulement de personne ; comme : *Il m'a demandé : Qui êtes-vous : Il m'a demandé qui j'étois.*

Mais il faut remarquer que les Hébreux, lors

même qu'ils parlent en une autre langue, comme les évangélistes, se servent peu de cette union des propositions, et qu'ils rapportent presque toujours les discours directement, et comme ils ont été faits ; de sorte que l'ὅτι, *quòd*, qu'ils ne laissent pas de mettre quelquefois, ne sert souvent de rien, et ne lie point les propositions, comme il fait dans les autres auteurs. En voici un exemple dans le premier chapitre de saint Jean : *Miserunt Judæi ab Hierosolymis sacerdotes et levitas ad Joannem ut interrogarent eum* : *Tu quis es? Et confessus est et non negavit, et confessus est : quia* (ὅτι) *non sum ego Christus. Et interrogaverunt eum : Quid ergo? Elias es tu? Et dixit : Non sum. Propheta es tu? Et respondit, non.* Selon l'usage ordinaire de notre langue, on auroit rapporté indirectement ces demandes et ces réponses en cette manière : *Ils envoyèrent demander à Jean qui il étoit. Et il confessa qu'il n'étoit point le Christ. Et ils lui demandèrent qui il étoit donc : s'il étoit Élie. Et il dit que non. S'il étoit prophète, et il répondit que non.*

Cette coutume a même passé dans les auteurs profanes, qui semblent l'avoir aussi empruntée des Hébreux. Et de là vient que l'ὅτι, comme nous l'avons déja remarqué ci-dessus, chapitre IX, n'a souvent parmi eux que la force d'un pronom dépouillé de son usage de liaison, lors même que les discours ne sont pas rapportés directement.

REMARQUES.

Ceus qui ont fait des grammaires latines, se sont formé gratuitement bien des dificultés sur le *que retranché:* il sufisoit de faire la distinction des idiotismes, la diférence d'un latinisme à un gallicisme.

Les Latins ne conoissoient point la règle du *que retranché;* mais, come ils employoient un nominatif pour supôt des modes finis, ils se servoient de l'acusatif pour supôt du mode indéfini : lorsqu'ils y mètoient un nominatif, c'étoit à l'imitation des Grecs, qui usoient indiférament des deus cas.

Outre la propriété qu'a l'infinitif, de joindre une proposition à une autre, il faut observer que le sens exprimé par un acusatif et un infinitif, peut être le sujet ou le terme de l'action d'une proposition principale. Dans cète frase: *Magna ars non apparere artem,* l'infinitif et l'acusatif sont le sujet de la proposition. *Empécher l'art de paroître, est un grand art.*

Dans cète autre frase, le terme de l'action d'un verbe actif est exprimé par le sens total d'un acusatif et d'un infinitif. *Credo tuos ad te scripsisse.* Littéralement, *je crois vos amis vous avoir écrit;* et dans le tour françois, *je crois que vos amis vous ont écrit.*

L'infinitif, au lieu du *que,* n'est pas rare en françois, et il est quelquefois plus élégant. On dit plutôt: *Il prétend réussir dans son entreprise,* que: *Il prétend qu'il réussira.*

CHAPITRE XVIII.

Des verbes qu'on peut appeler adjectifs; *et de leurs différentes espèces, actifs, passifs, neutres.*

Nous avons déja dit que les hommes ayant joint en une infinité de rencontres quelque attribut particulier avec l'affirmation, en avoient fait ce grand nombre de verbes différents du substantif, qui se trouvent dans toutes les langues, et que l'on pourroit appeler *adjectifs*, pour montrer que la signification qui est propre à chacun est ajoutée à la signification commune à tous les verbes, qui est celle de l'affirmation. Mais c'est une erreur commune, de croire que tous ces verbes signifient des actions ou des passions; car il n'y a rien qu'un verbe ne puisse avoir pour son attribut, s'il plaît aux hommes de joindre l'affirmation avec cet attribut. Nous voyons même que le verbe substantif *sum, je suis*, est souvent adjectif, parcequ'au lieu de le prendre comme signifiant simplement l'affirmation, on y joint le plus général de tous les attributs, qui est l'être ; comme lorsque je dis : *Je pense, donc je suis; je suis* signifie là *sum ens, je suis un être, une chose; existo* signifie aussi *sum existens, je suis, j'existe*.

Cela n'empêche pas néanmoins qu'on ne puisse retenir la division commune de ces verbes en actifs, passifs et neutres.

On appelle proprement actifs, ceux qui signifient une action à laquelle est opposée une passion, comme *battre, être battu; aimer, être aimé;* soit que ces actions se terminent à un sujet, ce qu'on appelle action réelle, comme *battre, rompre, tuer, noircir, etc.;* soit qu'elles se terminent seulement à un objet, ce qu'on appelle action intentionnelle, comme *aimer, connoître, voir.*

De là il est arrivé qu'en plusieurs langues les hommes se sont servis du même mot, en lui donnant diverses inflexions, pour signifier l'un et l'autre, appelant verbe actif celui qui a l'inflexion par laquelle ils ont marqué l'action, et verbe passif celui qui a l'inflexion par laquelle ils ont marqué la passion : *amo, amor; verbero, verberor.* C'est ce qui a été en usage dans toutes les langues anciennes, latine, grecque et orientales ; et qui plus est, ces dernières donnent à un même verbe trois actifs, avec chacun leur passif, et un réciproque qui tient de l'un et de l'autre, comme seroit *s'aimer,* qui signifie l'action du verbe sur le même sujet du verbe. Mais les langues vulgaires de l'Europe n'ont point de passif, et elles se servent, au lieu de cela, d'un participe fait du verbe actif, qui se prend en sens passif, avec le verbe substantif *je suis;* comme : *je suis aimé, je suis battu*, etc.

Voilà pour ce qui est des verbes actifs et passifs.

Les *neutres,* que quelques grammairiens appellent *verba intransitiva,* verbes qui ne passent point au-dehors, sont de deux sortes.

Les uns qui ne signifient point d'action, mais ou une qualité, comme *albet, il est blanc ; viret, il est vert; friget, il est froid; alget, il est transi; tepet, il est tiède ; calet, il est chaud*, etc.

Ou quelque situation, *sedet, il est assis; stat, il est debout; jacet, il est couché*, etc.

Ou quelque rapport au lieu, *adest, il est présent; abest, il est absent*, etc.

Ou quelqu'autre état ou attribut, comme, *quiescit, il est en repos; excellit, il excelle; præest, il est supérieur; regnat, il est roi*, etc.

Les autres verbes neutres signifient des actions, mais qui ne passent point dans un sujet différent de celui qui agit, ou qui ne regardent point un autre objet, comme, *dîner, souper, marcher, parler*.

Néanmoins ces dernières sortes de verbes neutres deviennent quelquefois transitifs, lorsqu'on leur donne un sujet, comme *ambulare viam,* où le chemin est pris pour le sujet de cette action. Souvent aussi dans le grec, et quelquefois aussi dans le latin, on leur donne pour sujet le nom même formé du verbe, comme, *pugnare pugnam, servire servitutem, vivere vitam*, etc.

Mais je crois que ces dernières façons de parler ne sont venues que de ce qu'on a voulu marquer quelque chose de particulier, qui n'étoit pas entièrement enfermé dans le verbe ; comme quand on a voulu dire qu'un homme menoit une vie heureuse, ce qui n'étoit pas enfermé dans le mot *vivere*, on a dit *vivere vitam beatam*; de même *servire duram servitutem*, et semblables ; ainsi quand on dit *vivere vitam*, c'est sans doute un pléonasme, qui est venu de ces autres façons de parler. C'est pourquoi aussi dans toutes les langues nouvelles, on évite comme une faute, de joindre le nom à son verbe, et l'on ne dit pas, par exemple, *combattre un grand combat*.

On peut résoudre par là cette question, si tout verbe non passif régit toujours un accusatif, au moins sous-entendu. C'est le sentiment de quelques grammairiens fort habiles, mais pour moi je ne le crois pas. Car, 1º les verbes qui ne signifient aucune action, mais quelque état, comme *quiescit, existit*, ou quelque qualité, comme *allet, calet*, n'ont point d'accusatif qu'ils puissent régir ; et pour les autres, il faut regarder si l'action qu'ils signifient a un sujet, ou un objet, qui puissent être différents de celui qui agit ; car alors le verbe régit le sujet ou cet objet à l'accusatif. Mais quand l'action signifiée par le verbe n'a ni sujet, ni objet différent de celui qui agit, comme, *dîner*, *prandere ; souper*, *cœnare*, etc., alors il n'y a pas assez de raison pour dire qu'ils gouvernent l'accusatif, quoique ces grammairiens aient cru qu'on y sous-entendoit l'infinitif du verbe, comme un nom formé par le verbe ; voulant, par exemple, que *curro* soit, ou *curro cursum*, ou *curro currere* : néanmoins cela ne paroît pas assez solide ; car le verbe signifie tout ce que signifie l'infinitif pris comme nom, et de plus, l'affirmation et la désignation de la personne et du temps, comme l'adjectif *candidus*, *blanc*, signifie le substantif, tiré de l'adjectif, savoir, *candor*, *la blancheur*, et de plus, la connotation d'un sujet dans lequel est cet abstrait. C'est pourquoi il y auroit autant de raison de prétendre que, quand on dit *homo candidus*, il faut sous-entendre *candore*, que de s'imaginer que, quand on dit *currit*, il faut sous-entendre *currere*.

CHAPITRE XIX.

Des verbes impersonnels.

L'INFINITIF, que nous venons d'expliquer au chapitre précédent, est proprement ce qu'on devroit appeler *verbe impersonnel*, puisqu'il marque l'affirmation, ce qui est propre au verbe, et la marque indéfiniment, sans nombre et sans personne, ce qui est proprement être *impersonnel*.

Néanmoins les grammairiens donnent ordinairement ce nom d'*impersonnel* à certains verbes défectueux, qui n'ont presque que la troisième personne.

Ces verbes sont de deux sortes : les uns ont la forme de verbes neutres, comme *pœnitet*, *pudet*, *piget*, *licet*, *lubet*, etc. ; les autres se font des verbes passifs, et en retiennent la forme, comme *statur*, *curritur*, *amatur*, *vivitur*, etc. Or, ces verbes ont quelquefois plus de personnes que les grammairiens ne pensent, comme on le peut voir dans la Méthode latine (Remarques sur les verbes, chapitre V). Mais ce qu'on peut ici considérer, et à quoi peu de personnes ont peut-être pris garde, c'est qu'il semble qu'on ne les ait appelés *impersonnels*, que parceque, renfermant dans leur signification un sujet qui ne convient qu'à la troisième personne, il n'a pas été nécessaire d'exprimer ce sujet, parcequ'il est assez marqué par le verbe même, et qu'ainsi on a compris par le sujet, l'affirmation et l'attribut en un seul mot, comme *pudet me*, c'est-à-dire, *pudor tenet*, ou *est tenens me*; *pœnitet me*, *pœna habet me*; *libet mihi*, *libido est mihi*; où il faut remarquer que le verbe *est* n'est pas simplement là substantif, mais qu'il y signifie aussi l'existence ; car c'est comme s'il y avoit *libido existit mihi*, ou *est existens mihi*, et de même dans les autres impersonnels, qu'on résout par *est*, comme, *licet mihi*, pour *licitum est mihi*. *Oportet orare*, pour *opus est orare*, etc.

Quant aux impersonnels passifs, *statur*, *curritur*, *vivitur*, etc. on les peut aussi résoudre par le verbe *est*, ou *fit*, ou *existit*, et le nom verbal pris d'eux-mêmes ; comme :

Statur, c'est-à-dire, *statio fit*, ou *est facta*, ou *existit*.

Curritur, *cursus fit* ; *concurritur*, *concursus fit*.

Vivitur, *vita est*, ou plutôt *vita agitur*. *Si sic vivitur*, *si vita est talis* ; si la vie est telle. *Miserè vivitur*, *cùm medicè vivitur* ; la vie est misérable, lorsqu'elle est trop assujétie aux règles de la médecine. Et alors *est* devient substantif, à cause de l'addition de *miserè*, qui fait l'attribut de la proposition.

Dùm servitur libidini, c'est-à-dire, *dùm servitus exhibetur libidini*, lorsqu'on se rend esclave de ses passions.

Par-là on peut conclure, ce semble, que notre langue n'a point proprement d'impersonnels ; car quand nous disons, *il faut, il est permis, il me plaît*, cet *il* est là proprement un relatif qui tient toujours lieu du nominatif du verbe, lequel d'ordinaire vient après dans le régime ; comme si je dis : *il me plaît de faire cela*, c'est-à-dire *il de faire*, pour *l'action* ou *le mouvement de faire cela me plaît*, ou *est mon plaisir :* et partant cet *il*, que peu de personnes ont compris, ce me semble, n'est qu'une espèce de pronom, pour *id, cela*, qui tient lieu du nominatif sous-entendu ou renfermé dans le sens, et le représente : de sorte qu'il est proprement pris de l'article *il* des Italiens, au lieu duquel nous disons *le;* ou du pronom latin *ille*, d'où nous prenons aussi notre pronom de la troisième personne *il; il arme, il parle, il court*, etc.

Pour les impersonnels passifs, comme *amatur, curritur*, qu'on exprime en françois par *on aime, on court*, il est certain que ces façons de parler en notre langue sont encore moins impersonnelles, quoiqu'indéfinies ; car M. de Vaugelas a déjà remarqué que cet *on* est là pour *homme*, et par conséquent il tient lieu du nominatif du verbe. Sur quoi on peut voir la Nouvelle Méthode Latine, chap. V, sur les verbes impersonnels.

Et l'on peut encore remarquer que les verbes des effets de la nature, comme *pluit, ningit, grandinat*, peuvent être expliqués par ces mêmes principes, en l'une et en l'autre langue : comme *pluit* est proprement un mot dans lequel, pour abréger, on a renfermé le sujet, l'affirmation et l'attribut, au lieu de *pluvia fit*, ou *cadit;* et quand nous disons, *il pleut, il neige, il grêle,* etc., *il* est là pour le nominatif, c'est-à-dire *pluie, neige, grêle,* etc., renfermé avec le verbe substantif *est* ou *fait,* comme qui diroit, *il pluie est, il neige se fait,* pour *id quod dicitur pluvia, est; id quod vocatur nix, fit,* etc.

Cela se voit mieux dans les façons de parler où nous joignons un verbe avec notre *il,* comme *il fait chaud, il est tard, il est six heures, il est jour,* etc. Car c'est ce qu'on pourroit dire en italien, *il caldo fà,* quoique dans l'usage on dise simplement, *fà caldo, œstus* ou *calor est,* ou *fit* ou *existit,* et partant, *il fait chaud,* c'est-à-dire *il chaud (il caldo)* ou *le chaud se fait,* pour dire *existit, est :* de même qu'on dit encore, *il se fait tard, si fà tardo,* c'est-à-dire *il tardo* (le tard ou le soir) *se fait,* ou, comme on dit en quelques provinces, *il s'en va tard,* pour *il tardo, le tard s'en va venir,* c'est-à-dire *la nuit approche :* et de même, *il est jour,* c'est-à-dire *il jour* (ou le jour) *est. Il est six heures,* c'est-à-dire *il temps, six heures, est;* le temps, ou *la partie du jour appelée six heures, est :* et ainsi des autres.

CHAPITRE XX.

Des participes.

Les participes sont de vrais noms adjectifs, et ainsi ce ne seroit pas le lieu d'en parler ici, si ce n'étoit à cause de la liaison qu'ils ont avec les verbes.

Cette liaison consiste, comme nous-avons dit, en ce qu'ils signifient la même chose que le verbe, hors l'affirmation, qui en est ôtée, et la désignation des trois différentes personnes, qui suit l'affirmation. C'est pourquoi en l'y remettant, on fait la même chose par le participe que par le verbe; comme *amatus sum* est la même chose qu'*amor*; et *sum amans*, qu'*amo* : et cette façon de parler par le participe est plus ordinaire en grec et en hébreu, qu'en latin, quoique Cicéron s'en soit servi quelquefois.

Ainsi, ce que le participe retient du verbe, est l'attribut, et de plus la désignation du temps, y ayant des participes du présent, du prétérit et du futur, principalement en grec. Mais cela même ne s'observe pas toujours, un même participe se joignant souvent à toutes sortes de temps : par exemple, le participe passif *amatus*, qui passe chez la plupart des grammairiens pour le prétérit, est souvent du présent et du futur, comme *amatus sum*, *amatus ero* : et, au contraire, celui du présent, comme *amans*, est assez souvent prétérit. *Apri inter se dimicant, indurantes attritu arborum costas.* (Plin.); c'est-à-dire *postquàm induravére*, et semblables. *Voyez* Nouvelle Méthode Latine. (Remarques sur les participes.)

Il y a des participes actifs, et d'autres passifs : les actifs en latin se terminent en *ans* et *ens*, *amans*, *docens*; les passifs en *us*, *amatus*, *doctus*, quoiqu'il y en ait quelques-uns de ceux-ci qui sont actifs; savoir, ceux des verbes déponents, comme *locutus*. Mais il y en a encore qui ajoutent à cette signification passive, *que cela doit être, qu'il faut que cela soit*, qui sont les participes en *dus*, *amandus*, *qui doit être aimé*, quoique quelquefois cette dernière signification se perde presque toute.

Ce qu'il y a de propre au participe des verbes actifs, c'est qu'il signifie l'action du verbe comme elle est dans le verbe, c'est-à-dire dans le cours de l'action même; au lieu que les noms verbaux, qui signifient aussi des actions, les signifient plutôt dans l'habitude, que non pas dans l'acte. D'où vient que les participes ont le même régime que le verbe, *amans Deum*, au lieu que les noms verbaux n'ont le régime que des noms, *amator Dei*. Et le participe même rentre dans ce dernier régime des noms, lorsqu'il signifie plus l'habitude que l'acte du verbe, parcequ'alors il a la nature d'un simple nom verbal, comme *amans virtutis*.

CHAPITRE XXI.

Des gérondifs et supins.

Nous venons de voir qu'ôtant l'affirmation aux verbes, on fait des participes actifs et passifs, qui sont des noms adjectifs, retenant le régime du verbe, au moins dans l'actif.

Mais il s'en fait aussi en latin deux noms substantifs; l'un en *dum*, appelé *gérondif*, qui a divers cas, *dum*, *di*, *do*, *amandum*, *amandi*, *amando*, mais qui n'a qu'un genre et un nombre; en quoi il diffère du participe en *dus*, *amandus*, *amanda*, *amandum*.

Et un autre en *um*, appelé *supin*, qui a aussi deux cas, *um*, *u*, *amatum*, *amatu*, mais qui n'a point non plus de diversité ni de genre, ni de nombre; en quoi il diffère du participe en *us*, *amatus*, *amata*, *amatum*.

Je sais bien que les grammairiens sont très empêchés à expliquer la nature du gérondif, et que de très habiles ont cru que c'étoit un adjectif passif, qui avoit pour substantif l'infinitif du verbe; de sorte qu'ils prétendent, par exemple, que *tempus est legendi libros* ou *librorum* (car l'un et l'autre se dit) est comme s'il y avoit, *tempus est legendi*, τοῦ *legere libros*, vel *librorum*, en sorte qu'il y ait deux oraisons; savoir, *tempus legendi*, τοῦ *legere*, qui est de l'adjectif et du substantif, comme s'il y avoit *legendæ lectionis*; et *legere libros*, qui est du nom verbal qui gouverne alors le cas de son verbe, ou qui, comme substantif, gouverne le génitif, lorsque l'on dit *librorum* pour *libros*. Mais, tout considéré, je ne vois point que ce tour soit nécessaire.

Car 1° comme ils disent de *legere* que c'est un nom verbal substantif, qui, comme tel, peut régir ou le génitif, ou même l'accusatif, ainsi que les anciens disoient, *curatio hanc rem : Quid tibi hanc tactio est?* (Plaut.) : je dis la même chose de *legendum*; que c'est un nom verbal substantif, aussi bien que *legere*, et qui par conséquent peut faire tout ce qu'ils attribuent à *legere*.

2° On n'a aucun fondement de dire qu'un mot est sous-entendu, lorsqu'il n'est jamais exprimé, et qu'on ne le peut même exprimer sans que cela paroisse absurde : or, jamais on n'a vu d'infinitif joint à son gérondif, et si on disoit, *legendum est legere*, cela paroîtroit tout à fait absurde : donc, etc.

3° Si *legendum* gérondif étoit un adjectif passif, il ne seroit point différent du participe *legendus*. Pourquoi donc les anciens, qui savoient leur langue, ont-ils distingué les gérondifs des participes?

Je crois donc que le gérondif est un nom substantif, qu'il est toujours actif, et qu'il ne diffère de l'infinitif considéré comme nom, que parcequ'il ajoute à la signification de l'action du verbe, une autre de nécessité ou de devoir, comme qui diroit l'action qui se doit faire. Ce qu'il semble qu'on ait voulu marquer par ce mot de *gérondif*, qui est pris de *gerere, faire;* d'où vient que *pugnandum est* est la même chose que *pugnare oportet:* et notre langue, qui n'a point de gérondif, le rend par l'infinitif et un mot qui signifie devoir, *il faut combattre.*

Mais comme les mots ne conservent pas toujours toute la force pour laquelle ils ont été inventés, ce gérondif en *dum* perd souvent celle d'*oportet*, et ne conserve que celle de l'action du verbe. *Quis talia fando temperet à lachrymis?* c'est-à-dire *in fando*, ou *in fari talia*.

Pour ce qui est du supin, je suis d'accord avec ces mêmes grammairiens, que c'est un nom substantif qui est passif, au lieu que le gérondif, selon mon sentiment, est toujours actif; et ainsi on peut voir ce qui en a été dit dans la Nouvelle Méthode pour la langue latine.

REMARQUES.

Le gérondif françois ayant sa forme, sa terminaison pareille à cèle du participe actif, quelques grammairiens se sont partagés de façon que les uns admètent des participes où d'autres ne reconoissent que des gérondifs. Cependant, quelque semblables qu'ils soient quant à la forme, ils sont de diférente nature, puisqu'ils ont un sens diférent, quoiqu'ils puissent quelquefois s'employer l'un pour l'autre.

Le participe actif, autrement dit en *ant*, est, à la vérité, indéclinable dans l'usage actuel, ce qui le fait confondre avec le gérondif; mais il étoit anciènement susceptible de genre et de nombre, come il est aisé de le remarquer dans quelques formules de stile. Exemple, *Les gens tenants notre cour de parlement. La rendante compte*, etc.

Pour distinguer le gérondif du participe, il faut observer que le gérondif marque toujours une action passagère, la manière, le moyen, le tems d'une action subordonée à une autre.

Exemple. *En riant on dit la vérité. En riant* est l'action passagère et le moyen de l'action principale de dire la vérité. *Je l'ai vu en passant. En passant* est une circonstance de tems; c'est-à-dire, *lorsque je passois*.

Le participe marque la cause de l'action, ou l'état de la chose. Exemple. *Les courtisans, préférant leur avantage particulier au bien général, ne donent que des conseils intéressés. Préférant* marque la cause de l'action, et l'état habituel de la chose dont on parle.

Il y a beaucoup d'ocasions où le gérondif et le participe peuvent être pris indiférament l'un pour l'autre. Exemple. *Les hommes jugeant sur l'aparence, sont sujets à se tromper.* Il est assés indiférent qu'on entende dans cète proposition les hommes *en jugeant*, ou *qui jugent* sur l'aparence, si l'on n'a pas dessein ou besoin de distinguer une précipitation de jugement passagère, d'une légèreté habituèle de la part des homes qui jugent sur l'aparence. Mais il y a des ocasions où l'on doit mètre la préposition *en*, ou le pronom *qui*, si l'on veut éviter l'équivoque. Exemple. *Je l'ai rencontré alant à la campagne. Alant* ne marque pas assés nètement si c'est celui qui a rencontré, ou celui qui a été rencontré, qui aloit à la campagne. A l'égard du premier, *alant* est gérondif, et il est participe à l'égard du second.

Les gérondifs, excepté *ayant* et *étant*, peuvent toujours recevoir la préposition *en*. Le participe se résout par le pronom *qui*.

Nous devons distinguer en françois le *gérondif*, *le participe*, et *l'adjectif verbal*. La diférence de *l'adjectif verbal* d'avec *le gérondif* et *le participe*, vient de ce que ceus-ci marquent une action, au lieu que *l'adjectif verbal* ne fait que qualifier.

Exemples. *Par ses atentions, et* obligeant *dans toutes les ocasions qu'il peut trouver, il doit se faire des amis. Généreuse, et* obligeant *tous ceus qui sont dans le besoin, èle mérite les plus grans éloges. C'est un home* obligeant.

Dans le premier exemple, c'est un gérondif; dans le second, un participe; et dans le troisième, un adjectif verbal.

A l'égard du supin, si nous en voulons reconoître en françois, je crois que c'est le participe passif indéclinable, joint à l'auxiliaire *avoir*. Ainsi, le supin est en françois ce qu'il est en latin, un substantif formé du verbe dont il conserve la faculté de régir. Exemples. *J'ai examiné vos raisons, et j'ai répondu à vos objections.* Dans cète frase, *examiné* et *répondu* sont des supins régissans. *Voyez les choses que j'ai* répondues. Dans cèle-ci, *répondues* est un participe, régi come adjectif, et régissant come formant avec l'auxiliaire un tems du verbe *répondre*. Je pourois encore faire une observation sur la qualification de *substantif passif* que MM. de P. R. donent au supin. Il est vrai qu'il est tiré du participe passif; mais uni à l'auxiliaire *avoir*, il a un sens actif. Je ne m'étendrai pas davantage sur ce sujet: en voilà assés pour ceus qui s'ocupent de ces matières. Je parlerai des participes déclinables à l'ocasion du chapitre suivant.

CHAPITRE XXII.

Des verbes auxiliaires des langues vulgaires.

Avant que de finir les verbes, il semble nécessaire de dire un mot d'une chose qui, étant commune à toutes les langues vulgaires de l'Europe, mérite d'être traitée dans la grammaire générale; et je suis bien aise aussi d'en parler, pour faire voir un échantillon de la grammaire françoise.

C'est l'usage de certains verbes, qu'on appelle *auxiliaires*, parcequ'ils servent aux autres pour former divers temps avec le participe prétérit de chaque verbe.

Il y en a deux, qui sont communs à toutes ces langues, *être* et *avoir*. Quelques-unes en ont encore d'autres, comme les Allemands, *werden*, devenir, ou *wollen*, *vouloir*, dont le présent, étant joint à l'infinitif de chaque verbe, en fait le futur. Mais il suffira de parler des deux principaux, *être* et *avoir*.

ÊTRE.

Pour le verbe *être*, nous avons dit qu'il formoit tous les passifs, avec le participe du verbe actif, qui se prend alors passivement, *je suis aimé, j'étois aimé*, etc., dont la raison est bien facile à rendre, parceque nous avons dit que tous les verbes, hors le substantif, signifient l'affirmation avec un attribut qui est affirmé. D'où il s'ensuit que le verbe passif, comme *amor*, signifie l'affirmation de l'amour passif; et par conséquent *aimé* signifiant cet amour passif, il est clair qu'y joignant le verbe substantif, qui marque l'affirmation, *je suis aimé, vous êtes aimé*, doit signifier la même chose qu'*amor*, *amaris*, en latin. Et les Latins même se servent du verbe *sum* comme auxiliaire dans tous les prétérits passifs, et tous les temps qui en dépendent, *amatus sum*, *amatus eram*, etc., comme aussi les Grecs en la plupart des verbes.

Mais ce même verbe *être* est souvent auxiliaire d'une autre manière plus irrégulière, dont nous parlerons après avoir expliqué le verbe.

AVOIR.

L'autre verbe auxiliaire, *avoir*, est bien plus

étrange, et il est assez difficile d'en donner la raison.

Nous avons déjà dit que tous les verbes, dans les langues vulgaires, ont deux prétérits; l'un indéfini, qu'on peut appeler *aoriste*, et l'autre défini. Le premier se forme comme un autre temps, *j'aimai, je sentis, je vis*.

Mais l'autre ne se forme que par le participe prétérit, *aimé, senti, vu*, et le verbe *avoir; j'ai aimé, j'ai senti, j'ai vu*.

Et non seulement ce prétérit, mais tous les autres temps qui, en latin, se forment du prétérit, comme d'*amavi, amaveram, amaverim, amavissem, amavero, amavisse; j'ai aimé, j'avois aimé, j'aurois aimé, j'eusse aimé, j'aurai aimé, avoir aimé*.

Et le verbe même *avoir* n'a ces sortes de temps que par lui-même, comme auxiliaire, et son participe *eu, j'ai eu, j'avois eu, j'eusse eu, j'aurois eu*. Mais le prétérit *j'avois eu*, ni le futur *j'aurai eu*, ne sont pas auxiliaires des autres verbes : car on dit bien, *sitôt que j'ai eu dîné, quand j'eusse eu* ou *j'aurois eu dîné*; mais on ne dit pas, *j'avois eu dîné*, ni *j'aurai eu dîné*, mais seulement *j'avois dîné, j'aurai dîné*, etc.

Le verbe *être*, de même, prend ces mêmes temps d'*avoir*, et de son participe *été, j'ai été, j'avois été*, etc.

En quoi notre langue est différente des autres,

les Allemands, les Italiens et les Espagnols faisant le verbe *être* auxiliaire à lui-même dans ces temps-là; car ils disent, *sono stato, je suis été*, ce qu'imitent les Walons, qui parlent mal françois.

Or, comment les temps du verbe *avoir* servent à en former d'autres en d'autres verbes, on l'apprendra dans cette table.

TEMPS DU VERBE *AVOIR*.

Avoir, ayant eu.   *Temps qu'ils forment dans les autres verbes étant auxiliaires.*

Présent.	j'ai. j'aie.	prétérit parfait	1. j'ai dîné. 2. quoique j'aie dîné.
Imparfait.	j'avois. j'eusse. j'aurois.		1. j'avois dîné. 2. si j'eusse dîné. 3. quand j'aurois dîné.
Aoriste.	j'eus.	plusque-parfait.	4. quand j'eus dîné (*indéfini*).
Prétérit parfait simple.	j'ai eu.		5. quand j'ai eu dîné (*défini*).
Prétérit conditionnel.	j'eusse eu. j'aurois eu.		6. quand j'eusse ou j'aurois eu dîné (*conditionnel*).
Futur.	j'aurai.	fut. parf. ou du sub.	quand j'aurai dîné.
Infinit. prés.	avoir.	infin. du prétérit.	après avoir dîné.
Partic. prés.	ayant.	participe prétérit.	ayant dîné.

Mais si cette façon de parler de toutes les langues vulgaires, qui paroît être venue des Allemands, est assez étrange en elle-même, elle ne l'est pas moins dans la construction avec les noms qui se joignent à ces prétérits formés par ces verbes auxiliaires et le participe.

Car 1° le nominatif du verbe ne cause aucun changement dans le participe ; c'est pourquoi l'on dit aussi bien au pluriel qu'au singulier, et au masculin qu'au féminin, *il a aimé, ils ont aimé, elle a aimé, elles ont aimé*, et non point, *ils ont aimés, elle a aimée, elles ont aimées.*

2° L'accusatif que régit ce prétérit ne cause point aussi le changement dans le participe lorsqu'il le suit, comme c'est le plus ordinaire : c'est pourquoi il faut dire, *il a aimé Dieu, il a aimé l'église, il a aimé les livres, il a aimé les sciences ;* et non point, *il a aimée l'église*, ou *aimés les livres*, ou *aimées les sciences.*

3° Mais quand cet accusatif précède le verbe auxiliaire (ce qui n'arrive guère en prose que dans l'accusatif du relatif ou du pronom) ou même quand il est après le verbe auxiliaire, mais avant le participe (ce qui n'arrive guère qu'en vers), alors le participe se doit accorder en genre et en nombre avec cet accusatif. Ainsi il faut dire, *la lettre que j'ai écrite, les livres que j'ai lus, les sciences que j'ai apprises ;* car *que* est pour *laquelle* dans le premier exemple, pour *lesquels* dans le second, et pour *lesquelles* dans le troisième. Et de même : *J'ai écrit la lettre, et je l'ai envoyée,* etc. ; *j'ai acheté des livres, et je les ai lus.* On dit de même en vers :

Dieu dont nul de nos maux n'a les graces *bornées*.

et non pas *borné*, parceque l'accusatif *graces* précéde le participe, quoiqu'il suive le verbe auxiliaire.

Il y a néanmoins une exception de cette régle, selon M. de Vaugelas, qui est que le participe demeure indéclinable, encore qu'il soit après le verbe auxiliaire et son accusatif, lorsqu'il précéde son nominatif; comme, *la peine que m'a donné cette affaire, les soins que m'a donné ce procès*, et semblables.

Il n'est pas aisé de rendre raison de ces façons de parler : voilà ce qui m'en est venu dans l'esprit pour le françois, que je considère ici principalement.

Tous les verbes de notre langue ont deux participes; l'un en *ant*, et l'autre en *é, i, u*, selon les diverses conjugaisons, sans parler des irréguliers, *aimant, aimé, écrivant, écrit, rendant, rendu*.

Or, on peut considérer deux choses dans les participes; l'une, d'être vrais noms adjectifs, susceptibles de genres, de nombres et de cas; l'autre, d'avoir, quand ils sont actifs, le même régime que le verbe : *amans virtutem*. Quand la première condition manque, on appelle les participes *gérondifs*, comme *amandum est virtutem ;* quand la seconde manque, on dit alors que les participes actifs sont plutôt des noms verbaux que des participes.

Cela étant supposé, je dis que nos deux participes *aimant* et *aimé*, en tant qu'ils ont le même régime que le verbe, sont plutôt des gérondifs que des participes : car M. de Vaugelas a déjà remarqué que le participe en *ant*, lorsqu'il a le régime du verbe, n'a point de féminin, et qu'on ne dit point, par exemple, *j'ai vu une femme lisante l'écriture*, mais *lisant l'écriture*. Que si on le met quelquefois au pluriel, *j'ai vu des hommes lisants l'écriture*, je crois que cela est venu d'une faute dont on ne s'est pas aperçu, à cause que le son de *lisant* et de *lisants* est presque toujours le même, le *t* ni l's ne se prononçant point d'ordinaire. Et je pense aussi que *lisant l'écriture*, est pour *en lisant l'écriture*, *in τω legere scripturam*; de sorte que ce gérondif en *ant* signifie l'action du verbe, de même que l'infinitif.

Or, je crois qu'on doit dire la même chose de l'autre participe *aimé*, savoir, que quand il régit le cas du verbe, il est gérondif, et incapable de divers genres et de divers nombres, et qu'alors il est actif, et ne diffère du participe, ou plutôt du gérondif en *ant*, qu'en deux choses : l'une, en ce que le gérondif en *ant* est du présent, et le gérondif en *é, i, u*, du passé; l'autre, en ce que le gérondif en *ant* subsiste tout seul, ou plutôt en sous-entendant la particule *en*, au lieu que l'autre est toujours accompagné du verbe auxiliaire *avoir*, ou de celui d'*être*, qui tient sa place en quelques rencontres, comme nous le dirons plus bas : *J'ai aimé Dieu*, etc.

Mais ce dernier participe, outre son usage d'être gérondif actif, en a un autre, qui est d'être participe passif, et alors il a les deux genres et les deux nombres, selon lesquels il s'accorde avec le substantif, et n'a point de régime : et c'est selon cet usage qu'il fait tous les temps passifs avec le verbe *être; il est aimé, elle est aimée; ils sont aimés, elles sont aimées.*

Ainsi, pour résoudre la difficulté proposée, je dis que dans ces façons de parler, *j'ai aimé la chasse, j'ai aimé les livres, j'ai aimé les sciences,* la raison pourquoi on ne dit point, *j'ai aimée la chasse, j'ai aimés les livres,* c'est qu'alors le mot *aimé,* ayant le régime du verbe, est gérondif, et n'a point de genre ni de nombre.

Mais dans ces autres façons de parler, *la chasse qu'il a aimée, les ennemis qu'il a vaincus,* ou, *il a défait les ennemis, il les a vaincus,* les mots *aimée, vaincus,* ne sont pas considérés alors comme gouvernant quelque chose, mais comme étant régis eux-mêmes par le verbe *avoir,* comme qui diroit, *quam habeo amatam, quos habeo victos* : et c'est pourquoi étant pris alors pour des participes passifs qui ont des genres et des nombres, il les faut accorder en genre et en nombre avec les noms substantifs, ou les pronoms auxquels ils se rapportent.

Et ce qui confirme cette raison, est que, lors même que le relatif ou le pronom que régit le prétérit du verbe, le précède, si ce prétérit gouverne encore une autre chose après soi, il redevient gérondif et indéclinable. Car au lieu qu'il faut dire : *cette ville que le commerce a enrichie*, il faut dire : *cette ville que le commerce a rendu puissante*, et non pas, *rendue puissante*, parcequ'alors *rendu* régit *puissante*, et ainsi est gérondif. Et quant à l'exception dont nous avons parlé ci-dessus, page 176, *la peine que m'a donné cette affaire*, etc., il semble qu'elle n'est venue que de ce qu'étant accoutumés à faire le participe gérondif et indéclinable, lorsqu'il régit quelque chose, et qu'il régit ordinairement les noms qui le suivent, on a considéré ici *affaire* comme si c'étoit l'accusatif de *donné*, quoiqu'il en soit le nominatif, parcequ'il est à la place que cet accusatif tient ordinairement en notre langue, qui n'aime rien tant que la netteté dans le discours, et la disposition naturelle des mots dans ses expressions. Ceci se confirmera encore par ce que nous allons dire de quelques rencontres où le verbe auxiliaire *être* prend la place de celui d'*avoir*.

Deux rencontres où le verbe auxiliaire être *prend la place de celui d'*avoir.

La première est dans tous les verbes actifs, avec le réciproque *se*, qui marque que l'action a pour sujet ou pour objet celui même qui agit, *se tuer, se voir, se connoître* : car alors le prétérit et les autres temps qui en dépendent, se forment non avec le verbe *avoir*, mais avec le verbe *être*; *il s'est tué*, et non pas *il s'a tué*; *il s'est vu*, *il s'est connu*. Il est difficile de deviner d'où est venu cet usage ; car les Allemands ne l'ont point, se servant en cette rencontre du verbe *avoir*, comme à l'ordinaire, quoique ce soit d'eux apparemment que soit venu l'usage des verbes auxiliaires pour le prétérit actif. On peut dire néanmoins que l'action et la passion se trouvant alors dans le même sujet, on a voulu se servir du verbe *être*, qui marque plus la passion, que du verbe *avoir*, qui n'eût marqué que l'action, et que c'est comme si on disoit : *il est tué par soi-même*.

Mais il faut remarquer que, quand le participe, comme *tué*, *vu*, *connu*, ne se rapporte qu'au réciproque *se*, encore même qu'étant redoublé, il le précède et le suive, comme quand on dit : *Caton s'est tué soi-même;* alors ce participe s'accorde en genre et en nombre avec les personnes ou les choses dont on parle : *Caton s'est tué soi-même. Lucrèce s'est tuée soi-même. Les Saguntins se sont tués eux-mêmes.*

Mais si ce participe régit quelque chose de différent du réciproque, comme quand je dis : *OEdipe s'est crevé les yeux;* alors le participe ayant ce régime, devient gérondif actif, et n'a plus de genre, ni de nombre, de sorte qu'il faut dire :

Cette femme s'est crevé les yeux. Elle s'est fait peindre. Elle s'est rendu la maîtresse. Elle s'est rendu catholique.

Je sais bien que ces deux derniers exemples sont contestés par M. de Vaugelas, ou plutôt par Malherbe, dont il avoue néanmoins que le sentiment en cela n'est pas reçu de tout le monde. Mais la raison qu'ils en rendent me fait juger qu'ils se trompent, et donne lieu de résoudre d'autres façons de parler où il y a plus de difficulté.

Ils prétendent donc qu'il faut distinguer quand les participes sont actifs, et quand ils sont passifs, ce qui est vrai; et ils disent que, quand ils sont passifs, ils sont indéclinables, ce qui est encore vrai; mais je ne vois pas que dans ces exemples, *elle s'est rendu* ou *rendue la maîtresse, nous nous sommes rendu* ou *rendus maîtres*, on puisse dire que ce participe *rendu* est passif, étant visible au contraire qu'il est actif, et que ce qui semble les avoir trompés, est qu'il est vrai que ces participes sont passifs, quand ils sont joints avec le verbe *être*, comme quand on dit : *il a été rendu maître;* mais ce n'est que quand le verbe *être* est mis pour lui-même, et non pas quand il est mis pour celui d'*avoir*, comme nous avons montré qu'il se mettoit avec le pronom réciproque *se*.

Ainsi l'observation de Malherbe ne peut avoir lieu que dans d'autres façons de parler, où la signification du participe, quoiqu'avec le pronom réciproque *se*, semble tout-à-fait passive; comme quand on dit : *elle s'est trouvé* ou *trouvée morte*, et alors il semble que la raison voudroit que le participe fût déclinable, sans s'amuser à cette autre observation de Malherbe, qui est de regarder si ce participe est suivi d'un nom ou d'un autre participe : car Malherbe veut qu'il soit indéclinable, quand il est suivi d'un autre participe, et qu'ainsi il faille dire : *elle s'est trouvé morte*, et déclinable quand il est suivi d'un nom, à quoi je ne vois guère de fondement.

Mais ce que l'on pourroit remarquer, c'est qu'il semble qu'il soit souvent douteux dans ces façons de parler par le réciproque, si le participe est actif ou passif, comme quand on dit : *elle s'est trouvé* ou *trouvée malade; elle s'est trouvé* ou *trouvée guérie.* Car cela peut avoir deux sens : l'un, qu'elle a été trouvée malade ou guérie par d'autres ; et l'autre, qu'elle se soit trouvée malade ou guérie elle-même. Dans le premier sens, le participe seroit passif, et par conséquent déclinable ; dans le second, il seroit actif, et par conséquent indéclinable ; et l'on ne peut pas douter de cette remarque, puisque lorsque la phrase détermine assez le sens, elle détermine aussi la construction. On dit, par exemple : *Quand le médecin est venu, cette femme s'est trouvée morte,* et non pas *trouvé*, parceque c'est-à-dire qu'elle a été trouvée morte par le médecin et par ceux qui étoient présents, et non pas qu'elle a trouvé elle-même qu'elle étoit morte. Mais si je dis au contraire : *Madame s'est trouvé mal ce matin*, il faut dire *trouvé*, et non point *trouvée*, parcequ'il est clair que l'on veut dire que c'est elle-même qui a trouvé et senti qu'elle étoit mal, et que partant la phrase est active dans le sens : ce qui revient à la règle générale que nous avons donnée, qui est de ne rendre le participe gérondif et indéclinable que quand il régit, et toujours déclinable quand il ne régit point.

Je sais bien qu'il n'y a encore rien de fort arrêté dans notre langue, touchant ces dernières façons de parler; mais je ne vois rien qui soit plus utile, ce me semble, pour les fixer, que de s'arrêter à cette considération de régime, au moins dans toutes les rencontres où l'usage n'est pas entièrement déterminé et assuré.

L'autre rencontre où le verbe *être* forme les prétérits au lieu d'*avoir*, est en quelques verbes intransitifs, c'est-à-dire dont l'action ne passe point hors de celui qui agit, comme *aller, partir, sortir, monter, descendre, arriver, retourner*. Car on dit : *il est allé, il est parti, il est sorti, il est monté, il est descendu, il est arrivé, il est retourné*, et non pas, *il a allé, il a parti*, etc. D'où vient aussi qu'alors le participe s'accorde en nombre et en genre avec le nominatif du verbe : *Cette femme est allée à Paris , elles sont allées , ils sont allés ,* etc.

Mais lorsque quelques-uns de ces verbes d'intransitifs deviennent transitifs et proprement actifs, qui est lorsqu'on y joint quelque mot qu'ils doivent régir, ils reprennent le verbe *avoir;* et le participe étant gérondif, ne change plus de genre, ni de nombre. Ainsi l'on doit dire : *Cette femme a monté la montagne,* et non pas *est monté,* ou *est montée,* ou *a montée.* Que si l'on dit quelquefois, *il est sorti le royaume ,* c'est par une ellipse ; car c'est pour *hors le royaume.*

REMARQUES.

Il n'y a pas une règle de sintaxe sur laquèle les gramairiens soient plus émbarassés et plus partagés que sur les participes déclinables: s'ils s'acordoient du moins à faire la même faute, èle cesseroit d'en être une, èle deviendroit un usage, et par conséquent une règle. Puisqu'il n'y a point d'usage constant sur ce sujet, nous somes donc encore en droit de consulter la raison, c'est-à-dire, l'analogie. Plus les règles sont consequentes, plus èles sont faciles à concevoir: plus les principes s'éclaircissent, plus les règles et les exceptions diminuent.

Peut-être seroit-il à désirer que le participe fût toujours indéclinable, soit qu'il suivît, soit qu'il précédât le régime; on en seroit moins exposé à tomber dans des contradictions sur l'emploi des participes.

Mais, puisque tous les écrivains s'acordent à les rendre

déclinables en certaines ocasions, il faut donc chercher un principe qui fixe les circonstances où le participe doit se décliner. Je vais exposer mon sentiment.

Le participe est déclinable lorsqu'il est précédé d'un pronom à l'acusatif, régi par le verbe auxiliaire joint au participe.

Quoiqu'il n'y ait point de cas en françois, je me sers du mot d'acusatif pour éviter une périfrase dans l'aplication des exemples. L'acusatif est le régime simple, qui marque le terme ou l'objet de l'action que le verbe signifie; et on l'apèle régime simple, par oposition au régime composé, pour lequel on emploie une préposition. Exemple. J'ai doné un *livre* à Pierre; *livre* est le régime simple, *à Pierre* est le régime composé qui répond au datif.

Je dis encore que le pronom est régi par le verbe auxiliaire joint au participe, parce qu'ils forment ensemble un tems de verbe actif: le participe seul, en tant que déclinable, est considéré come un adjectif du pronom; c'est ce qui le rend déclinable.

Passons aus exemples qui dévelopent et confirment le principe.

Exemples. Les lètres que j'ai *reçues*. Les entreprises qui se sont *faites*.

La justice que vos juges vous ont *rendue;* on doit dire également pour la sintaxe, que vous ont *rendue* vos juges, soit que le nominatif précède ou qu'il suive le verbe. Si l'oreille en est blessée, il n'y a rien de si aisé que de conserver à la frase son premier tour, qui est le plus naturel; mais, s'il faut ou si l'on veut que le nominatif finisse la frase, le participe n'en est pas moins déclinable.

Les prétendues exceptions que des grammairiens, d'ailleurs habiles, ont voulu faire *au sujet* du participe suivi d'un verbe, sont de pures chimères. S'ils avoient u un principe fixe et clair, ils n'auroient pas cru voir des exceptions où il n'y en a point; ils auroient vu qu'èles n'ont rien de contraire au principe que je propose.

Exemples. Imitez les vertus que vous avez *entendu* louer: on ne doit pas dire *entendues*, parce que le pronom n'est pas régi par le verbe *entendre*, mais par le verbe *louer*.

Terminez les afaires que vous avez *prévu* que vous auriez: on ne doit pas dire *prévues*, parce que le pronom n'est pas régi par le verbe *prévoir*, mais par *vous auriez*.

Èle s'est *fait* peindre, et non pas *faite*, parce que le pronom est régi par *peindre*, c'est-à-dire, èle a fait peindre èle.

Èle s'est *crevé* les yeus, et non pas *crevée*, parce que ce sont les yeus qui sont le régime simple de *crever*, et non pas le pronom qui est le régime composé, au datif, et non à l'acusatif; c'est-à-dire, èle a crevé les yeus à èle.

Èle s'est *tuée*, et non pas *tué*, parce que le pronom est régi par *tuer*.

Èle s'est *laissée* mourir, et non pas *laissé*, parce que le pronom est le régime de *laisser*, et non pas de *mourir*, qui est un neutre sans régime.

Èle s'est *laissé* séduire, et non pas *laissée*, parce que le pronom n'est pas le régime de *laisser*, mais de *séduire* qui est actif; c'est-à-dire, èle a laissé séduire èle; il faudroit dire èle s'est *laissée* aler, parce que le pronom est alors le régime de *laisser*, et non pas d'*aler*, verbe neutre.

Les académies se sont *fait* des objections, et èles se sont *répondu* sur les dificultés qu'èles s'étoient *faites*. Je dis d'abord *fait* et non pas *faites*, *répondu* et non pas *répondues*, parce que le pronom est au datif, et n'est le régime simple ni de *faire*, ni de *répondre*; mais je dis *faites* dans le dernier membre de frase, parce que le pronom relatif est le régime simple, et le pronom personel est au datif.

On doit encore dire: èle s'est *rendue* la maîtresse, èle s'est *trouvée* guérie, èle s'est *rendue* catolique.

Le substantif ne change rien à la règle, parce qu'il est pris adjectivement, et qu'il est ici atribut d'un autre substantif, c'est-à-dire du pronom. Dans les deus autres exemples, le participe déclinable n'est qu'un premier adjectif avec lequel l'autre doit s'acorder, come le participe s'acorde lui-même par le raport d'identité, avec le pronom qui en est le substantif. C'est ici que je pourois faire l'aplication de la géométrie à la grammaire, en disant que deus termes ont raport d'identité entre eus, quand ils ont raport d'identité avec un troisième.

Ainsi, des quatre exemples de P. R., les deus premiers sont justes, mais la raison qu'on en done ne l'est pas; et les deus autres exemples ne sont pas réguliers.

A l'égard de la particule *en*, pronominale et relative, èle supose toujours la préposition *de*; ainsi, n'étant pas un régime simple, mais un régime composé, èle ne doit point, suivant ce que nous avons dit, influer sur le participe.

Exemples. De deus filles qu'èle avoit, èle en a *fait* une religieuse, et non pas *faite*. Le régime simple, ou l'acusatif, est *une*. Èle a fait *une d'èles;* au lieu qu'on doit dire, èle n'avoit que deus filles, èle les a *faites* religieuses, parce que le pronom *les* est le régime simple du verbe *faire*.

Quelques-uns croient qu'il y a un usage qui s'écarte quelquefois de la règle, et admètent des exceptions; mais le mot d'*usage* est aussi équivoque que celui de *public*.

Nous avons établi un principe dont les aplications sont sûres, et il est plus facile de le suivre que d'aler chercher des exceptions vagues. L'embaras qu'on se forme à ce sujet, vient de ce qu'on regarde come pareils des cas très diférens, et come diférens des cas absolument pareils.

Par exemple, voici deus cas pareils. Les homes que Dieu a *créés*. Les homes que Dieu a *créés* inocens. Ces deus cas sont absolument les mêmes, et il faut *créés* dans l'un et dans l'autre, par le raport d'identité de *créés* et d'*inocens* avec *homes*.

Voici des cas diférens qu'on croit pareils; et pour rendre la chose plus sensible, j'emploirai le même verbe dans les exemples oposés.

La maison que j'ai *faite*. La maison que j'ai *fait* faire.

Dans le premier exemple, l'auxiliaire et le participe régissent le pronom *que*, et ce pronom précède le participe. Dans le second exemple, c'est l'infinitif *faire* qui régit le pronom. Or, j'ai établi qu'il faloit que le pronom précédât le participe, et fût régi par l'auxiliaire joint au participe, pour que ce participe fût déclinable.

Dans le premier exemple, je dis *j'ai faite*, parce que le participe est *transitif*. J'ai fait èle, et par conséquent *que j'ai faite*, puisque le pronom précède. Dans le second, je dis *fait faire*, parce que *fait* est *intransitif*; c'est l'infinitif *faire* qui est *actif transitif*. La dificulté vient donc de ne pas distinguer les cas où le verbe est transitif, de ceus où il ne l'est pas.

Ajoutons quelques exemples. Avez-vous entendu chanter la nouvèle actrice? Je l'ai *entendue* chanter; c'est-à-dire, j'ai entendu èle chanter ou qui chantoit.

Avez-vous entendu chanter la nouvèle ariète? Je l'ai *entendu* chanter; c'est-à-dire, j'ai entendu chanter l'ariète. Dans le premier exemple, *entendu* est transitif; dans le second, c'est *chanter*.

Exemple. Une persòne s'est présentée à la porte, je l'ai *laissée* passer; c'est-à-dire, j'ai laissé èle passer; mais on doit dire, je l'ai *fait* passer, et non pas *faite*, c'est-à-dire, j'ai fait passer èle.

Exemple. Avec des soins on auroit sauvé cète personne, on l'a *laissée* mourir; c'est-à-dire, on a laissé èle mourir; mais on doit dire, le remède l'a *fait* mourir; c'est-à-dire, a fait mourir èle.

Il y a une quantité d'ocasions où *fait* est intransitif, c'est lorsqu'il ne forme qu'un mot avec l'infinitif qui le suit: ces cas sont aisés à distinguer, avec de la justesse et de la précision.

Je crois avoir assés discuté cète question, et sufisament établi et développé le principe; cependant, si un usage contraire s'établissoit par la pluralité des écrivains conus, je regarderois alors come une règle l'usage qui seroit contraire à mon sentiment.

J'ai exposé mon principe à l'académie et à quelques-uns de ceus qui seroient faits pour en être: on m'a fait toutes les objections qui pouvoient le vérifier; et je suis en droit de penser que j'ai satisfait à toutes, puisque tous ont fini par me l'avouer.

Si l'on avoit quelques scrupules sur des autorités, on doit se souvenir que Malherbe, Vaugelas, Regnier, etc., ne sont pas d'acord entre èus, et donent des doutes plutôt que des décisions, parce qu'ils ne s'étoient pas atachés à chercher un principe fixe. Aussi tout lecteur fait à l'analise trouvera-t-il beaucoup d'obscurité dans les endroits où MM. de P. R. traitent des participes et des gérondifs. On y voit que les meilleurs esprits n'ont une marche ni sûre, ni ferme, quand ils cherchent la lumière, au lieu de la porter. Ils prènent le participe tantôt pour ce qu'il est, tantôt pour gérondif, ce qu'il n'est jamais ; et il n'en résulte rien de clair. Reconoissons cependant ce que nous devons à des homes qui, en tous genres, ont ouvert les routes. Mais n'oublions jamais que, quelque respectable que soit une autorité en fait de science et d'art, on peut toujours la soumètre à l'examen. On n'auroit jamais fait un pas vers la vérité, si l'autorité ût toujours prévalu sur la raison.

CHAPITRE XXIII.

Des conjonctions et interjections.

La seconde sorte des mots qui signifient la forme de nos pensées, et non pas proprement les objets de nos pensées, sont les conjonctions, comme *et, non, vel, si, ergò*, et, non, ou, si, donc. Car, si on y fait bien réflexion, on verra que ces particules ne signifient que l'opération même de notre esprit, qui joint ou disjoint les choses, qui les nie, qui les considère absolument, ou avec condition. Par exemple, il n'y a point d'objet dans le monde hors de notre esprit, qui réponde à la particule *non*, mais il est clair qu'elle ne marque autre chose que le jugement que nous faisons qu'une chose n'est pas une autre.

De même *ne*, qui est en latin la particule de l'interrogation, *aïs-ne? dites-vous?* n'a point d'objet hors de notre esprit, mais marque seulement le mouvement de notre ame, par lequel nous souhaitons de savoir une chose.

Et c'est ce qui fait que je n'ai point parlé du pronom interrogatif, *quis*, *quæ*, *quid?* parceque ce n'est autre chose qu'un pronom, auquel est jointe la signification de *ne*; c'est-à-dire qui, outre qu'il tient la place d'un nom, comme les autres pronoms, marque de plus ce mouvement de notre ame qui veut savoir une chose, et qui demande d'en être instruite. C'est pourquoi nous voyons que l'on se sert de diverses choses pour marquer ce mouvement. Quelquefois cela ne se connoît que par l'inflexion de la voix, dont l'écriture avertit par une petite marque qu'on appelle la marque de l'interrogation, et que l'on figure ainsi (?).

En françois nous signifions la même chose, en mettant les pronoms, *je*, *vous*, *il*, *ce*, après les personnes des verbes, au lieu que dans les façons de parler ordinaires, ils sont avant : car si je dis, *j'aime*, *vous aimez*, *il aime*, *c'est*, cela signifie l'affirmation ; mais si je dis, *aimé-je? aimez-vous? aime-t-il? est-ce?* cela signifie l'interrogation : d'où il s'ensuit, pour le marquer en passant, qu'il faut dire, *sens-je? lis-je?* et non pas, *senté-je? lisé-je?* parcequ'il faut toujours prendre la personne que vous voulez employer, qui est ici la première, *je sens*, *je lis*, et transporter son pronom pour en faire un interrogant.

Et il faut prendre garde que lorsque la première personne du verbe finit par un *e* féminin, comme *j'aime, je pense*, alors cet *e* féminin se change en masculin dans l'interrogation, à cause de *je* qui le suit, et dont l'*e* est encore féminin, parceque notre langue n'admet jamais deux *e* féminins de suite à la fin des mots. Ainsi il faut dire : *aimé-je? pensé-je? marqué-je?* et au contraire il faut dire : *aimes-tu? pense-t-il? manque-t-il?* et semblables.

Des interjections.

Les interjections sont des mots qui ne signifient aussi rien hors de nous ; mais ce sont seulement des voix plus naturelles qu'artificielles, qui marquent les mouvements de notre ame, comme *ah! ô! heu! hélas!* etc.

CHAPITRE XXIV.

De la syntaxe, ou construction des mots ensemble.

Il reste à dire un mot de la syntaxe, ou construction des mots ensemble, dont il ne sera pas difficile de donner des notions générales, suivant les principes que nous avons établis.

La construction des mots se distingue généralement, en celle de convenance, quand les mots doivent convenir ensemble, et en celle de régime, quand l'un des deux cause une variation dans l'autre.

La première, pour la plus grande partie, est la même dans toutes les langues, parceque c'est une suite naturelle de ce qui est en usage presque partout, pour mieux distinguer le discours.

Ainsi la distinction des deux nombres, singulier et pluriel, a obligé d'accorder le substantif avec l'adjectif en nombre, c'est-à-dire de mettre l'un au singulier ou au pluriel, quand l'autre y est; car le substantif étant le sujet qui est marqué confusément, quoique directement, par l'adjectif, si le mot substantif marque plusieurs, il y a plusieurs sujets de la forme marquée par l'adjectif, et par conséquent il doit être au pluriel : *homines docti, hommes doctes.*

La distinction du féminin et du masculin a obligé de même de mettre en même genre le substantif et l'adjectif, ou l'un et l'autre quelquefois au neutre, dans les langues qui en ont; car ce n'est que pour cela qu'on a inventé les genres.

Les verbes, de même, doivent avoir la convenance des nombres et des personnes avec les noms et les pronoms.

Que s'il se rencontre quelque chose de contraire en apparence à ces règles, c'est par figure, c'est-à-dire en sous-entendant quelque mot, ou en considérant les pensées plutôt que les mots mêmes, comme nous le dirons ci-après.

La syntaxe de régime, au contraire, est presque toute arbitraire, et par cette raison se trouve très différente dans toutes les langues : car les unes font les régimes par les cas ; les autres, au lieu de cas, ne se servent que de petites particules qui en tiennent lieu, et qui ne marquent même que peu de ces cas ; comme en françois et en espagnol on n'a que *de* et *à* qui marquent le génitif et le datif ; les Italiens y ajoutent *da* pour l'ablatif. Les autres cas n'ont point de particules, mais le simple article, qui même n'y est pas toujours.

On peut voir sur ce sujet ce que nous avons dit ci-dessus des prépositions et des cas.

Mais il est bon de remarquer quelques maximes générales, qui sont de grand usage dans toutes les langues.

La première, qu'il n'y a jamais de nominatif qui n'ait rapport à quelque verbe exprimé ou sous-entendu, parceque l'on ne parle pas seulement pour marquer ce que l'on conçoit, mais pour exprimer ce que l'on pense de ce que l'on conçoit, ce qui se marque par le verbe.

La deuxième, qu'il n'y a point aussi de verbe qui n'ait son nominatif exprimé ou sous-entendu, parceque le propre du verbe étant d'affirmer, il faut qu'il y ait quelque chose dont on affirme, ce qui est le sujet ou le nominatif du verbe, quoique devant les infinitifs il soit à l'accusatif : *scio Petrum esse doctum*.

La troisième, qu'il n'y peut avoir d'adjectif qui n'ait rapport à un substantif, parceque l'adjectif marque confusément un substantif, qui est le sujet de la forme qui est marquée distinctement par cet adjectif : *doctus*, *savant*, a rapport à quelqu'un qui soit savant.

La quatrième, qu'il n'y a jamais de génitif dans le discours, qui ne soit gouverné d'un autre nom, parceque ce cas marquant toujours ce qui est comme le possesseur, il faut qu'il soit gouverné de la chose possédée. C'est pourquoi ni en grec, ni en latin, aucun verbe ne gouverne proprement le génitif, comme on l'a fait voir dans les Nouvelles Méthodes pour ces langues. Cette règle peut être plus difficilement appliquée aux langues vulgaires, parceque la particule *de*, qui est la marque du génitif, se met souvent pour la préposition *ex* ou *de*.

La cinquième, que le régime des verbes est souvent pris de diverses espèces de rapports enfermés dans les cas, suivant le caprice de l'usage ; ce qui ne change pas le rapport spécifique à chaque cas, mais fait voir que l'usage en a pu choisir tel ou tel à sa fantaisie.

Ainsi l'on dit en latin, *juvare aliquem*, et l'on dit, *opitulari alicui*, quoique ce soit deux verbes d'aider, parcequ'il a plu aux Latins de regarder le régime du premier verbe, comme le terme où passe son action, et celui du second comme un cas d'attribution, à laquelle l'action du verbe avoit rapport.

Ainsi l'on dit en françois, *servir quelqu'un*, et *servir à quelque chose*.

Ainsi, en espagnol, la plupart des verbes actifs gouvernent indifféremment le datif ou l'accusatif.

Ainsi un même verbe peut recevoir divers régimes, sur-tout en y mêlant celui des prépositions, comme *præstare alicui*, ou *aliquem*, surpasser quelqu'un. Ainsi l'on dit, par exemple, *eripere morti aliquem*, ou *mortem alicui*, ou *aliquem à morte*, et semblables.

Quelquefois même ces divers régimes ont la force de changer le sens de l'expression, selon que l'usage de la langue l'a autorisé : car, par exemple, en latin, *cavere alicui*, est *veiller à sa conservation*, et *cavere aliquem*, est *se donner de garde de lui;* en quoi il faut toujours consulter l'usage dans toutes les langues.

Des figures de construction.

Ce que nous avons dit ci-dessus de la syntaxe, suffit pour en comprendre l'ordre naturel, lorsque toutes les parties du discours sont simplement exprimées, qu'il n'y a aucun mot de trop ni de trop peu, et qu'il est conforme à l'expression naturelle de nos pensées.

Mais parceque les hommes suivent souvent plus le sens de leurs pensées, que les mots dont ils se servent pour les exprimer, et que souvent, pour abréger, ils retranchent quelque chose du discours, ou bien que, regardant à la grace, ils y laissent quelque mot qui semble superflu, ou qu'ils en renversent l'ordre naturel; de là est venu qu'ils ont introduit quatre façons de parler, qu'on nomme *figurées*, et qui sont comme autant d'irrégularités dans la grammaire, quoiqu'elles soient quelquefois des perfections et des beautés dans la langue.

Celle qui s'accorde plus avec nos pensées qu'avec les mots du discours, s'appelle SYLLEPSE, ou *conception*; comme quand je dis, *il est six heures*; car, selon les mots, il faudroit dire, *elles sont six heures*, comme on le disoit même autrefois, et comme on dit encore, *ils sont six, huit, dix, quinze hommes*, etc. Mais parceque ce que l'on prétend n'est que de marquer un temps précis, et une seule de ces heures, savoir, la sixième, ma pensée qui se jette sur celle-là, sans regarder aux mots, fait que je dis, *il est six heures*, plutôt qu'*elles sont six heures*.

Et cette figure fait quelquefois des irrégularités contre les genres; comme *ubi est scelus qui me per-*

didit? contre les nombres, comme *turba ruunt;* contre les deux ensemble, comme *pars mersi tenuére ratem*, et semblables.

Celle qui retranche quelque chose du discours, s'appelle ELLIPSE, ou *défaut*, car quelquefois on sous-entend le verbe, ce qui est très ordinaire en hébreu, où le verbe substantif est presque toujours sous-entendu; quelquefois le nominatif, comme *pluit*, pour *Deus*, ou *natura pluit;* quelquefois le substantif, dont l'adjectif est exprimé : *paucis te volo*, suppléez *verbis alloqui;* quelquefois le mot qui en gouverne un autre, comme *est Romæ*, pour *est in urbe Romæ;* et quelquefois celui qui est gouverné, comme *faciliùs reperias* (suppléez *homines*) *qui Romam proficiscantur, quàm qui Athenas.* Cic.

La façon de parler qui a quelque mot de plus qu'il ne faut, s'appelle PLÉONASME, ou *abondance*, comme *vivere vitam, magis major*, etc.

Et celle qui renverse l'ordre naturel du discours s'appelle HYPERBATE, ou *renversement*.

On peut voir des exemples de toutes ces figures dans les grammaires des langues particulières, et sur-tout dans les nouvelles méthodes que l'on a faites pour la grecque et pour la latine, où on en a parlé assez amplement.

J'ajouterai seulement qu'il n'y a guère de langue qui use moins de ces figures que la nôtre, parce-qu'elle aime particulièrement la netteté, et à exprimer les choses, autant qu'il se peut, dans l'ordre le plus naturel et le plus désembarrassé, quoiqu'en même temps elle ne cède à aucune en beauté ni en élégance.

REMARQUES.

La grammaire, de quelque langue que ce soit, a deus fondemens, le vocabulaire et la sintaxe.

Tous les mots d'une langue sont autant de signes d'idées, et composent le vocabulaire ou le dictionaire; mais, come il ne sufit pas que les idées aient leurs signes, puisqu'on ne les considère pas isolées et chacune en particulier, et qu'il faut les mètre en raport les unes à l'égard des autres, pour en former des jugemens, on a imaginé des moyens d'en marquer les diférens raports; c'est ce qui fait la sintaxe et les règles de la construction des mots les uns avec les autres. Toutes les lois de la sintaxe, tous les raports des mots, peuvent se rapeler à deus; le raport d'identité, et le raport de détermination.

Tout adjectif n'étant que la qualité d'un substantif, et tout verbe n'exprimant qu'une manière d'être, ils ont l'un et l'autre, avec le substantif, un raport d'identité.

L'adjectif doit donc s'acorder avec son substantif en genre, en nombre et en cas (dans les langues qui ont des cas), et le verbe doit s'y acorder en nombre et en persone, puisque l'adjectif et le verbe ne sont que des modifications de ce substantif.

Exemple. Une *bèle* maison, de *baus* jardins; on dit *bèle*, parce que *maison* est un substantif féminin singulier; et l'on dit *baus*, parce que le mot de *jardins* est au masculin pluriel.

Un bon roi aime le peuple. Un, bon, roi, aime, ne présentant qu'un même objet, il y a entre ces quatre mots raport d'identité.

Ainsi, quelque séparé qu'un adjectif puisse être de son substantif, quelqu'éloigné qu'en soit le verbe, quelqu'inversion enfin qu'une langue, tèle que la grèque ou la latine, permète dans le tour de la frase, l'esprit réunit aussitôt pour le sens tous les mots qui ont un raport d'identité.

Dans la frase citée, *peuple* n'a point de raport d'identité avec *un bon roi aime,* mais il a un raport de détermination avec *aime;* il détermine et fait conoître ce qu'on dit qu'aime un bon roi.

Il faut observer que le raport d'identité s'unit avec celui de détermination, quand on dit *bon roi.* *Bon,* est identique avec *roi,* et il a de plus un raport de détermination, en ce qu'il détermine *roi;* mais le *peuple* n'a que le raport de détermination avec *roi,* et n'a pas celui d'identité.

Le raport d'identité est le fondement de la concordance du genre, du nombre, etc. Le raport de détermination est le fondement du régime; c'est-à-dire, qu'il exige tèle ou tèle terminaison, suivant la destination des cas, dans les langues qui en ont, ou qu'il fixe la place du mot dans cèles qui n'ont point de cas, come le françois. Ainsi, il seroit indiférent, pour le sens, qu'on dit en latin, *rex amat populum,* ou *populum amat rex;* mais il faut nécessairement dire en françois, pour rendre le même sens, *le roi aime le peuple;* car si l'on mètoit *roi* à la place de *peuple,* et *peuple* à la place de *roi,* le sens seroit diférent, parce que la place des mots détermine leurs raports en françois.

Toute la sintaxe se réduit donc aus deus raports qui

viènent d'être marqués, et toutes les figures de construction peuvent s'y rapeler.

MM. de P. R., en exposant les quatre principales, ne donent d'exemple en françois, que de la *sillepse:* il est à propos d'ajouter un exemple de chacune des autres.

L'*ellipse* est assés fréquente dans notre langue. Il n'y a point d'afirmation ou de négation par *oui* et par *non*, qui ne soit une ellipse; car on sous-entend toujours la proposition à laquèle on répond, et qu'on afirme ou qu'on nie: *Avez-vous vu l'Italie? Oui.* C'est-à-dire, *j'ai vu l'Italie.* Il en est ainsi de la négation. Mais, indépendamment de cète *ellipse* si comune, nous en avons une quantité dans notre langue.

Le *pléonasme* est l'oposé de l'*ellipse;* c'est une superfluité de paroles inutiles au sens d'une proposition, et par conséquent un vice. On peut demander s'il y a de ces sortes de *pléonasmes* qui méritent le nom de figures de construction ou de grammaire, et je ne le crois pas : car si la répétition est inutile, c'est un vice; et si èle ajoute de la force, de l'énergie à l'idée, c'est une figure oratoire, et non de grammaire. On ne doit donc pas regarder come *pléonasme* un mot qui répète à la vérité une idée déjà exprimée, mais en la modifiant, en la restreignant, en l'étendant, en lui donant plus de force, en y joignant enfin quelqu'autre idée accessoire. Par exemple, *Louis XII, le bon roi Louis XII,* marque encore plus expressément la bonté de ce prince, que si l'on disoit simplement *le bon roi Louis XII,* sans répéter le nom propre pour ajouter l'épitète de *bon,* qui fixe l'atention sur la bonté. Je l'ai vu *de mes yeux,* est une assertion plus forte, et vaut quelquefois mieus que si l'on disoit simplement, *je l'ai vu.*

La réduplication de régime et de pronom dans ce vers de Racine,

> Eh! que *m'a* fait *à moi* cète Troie où je cours?

marque non-seulement qu'Achile n'avoit point d'intérêt personel dans la guerre, mais il le distingue d'Agamemnon, dont on fait sentir l'intérêt direct. Ces sortes de *pléonasme*, loin d'être des défauts, ont leur mérite, pourvu qu'on ne les emploie qu'à propos.

Par exemple, la réduplication qui a son mérite dans le vers de Racine, est une faute dans celui de Boileau :

> C'est *à vous*, mon esprit, *à qui* je veux parler.

L'exactitude vouloit, c'est *à vous que*, ou c'est *vous à qui*.

Il faut encore distinguer le *pléonasme* de la difusion, qui n'est qu'une répétition de la même idée en diférens termes, ou une acumulation d'idées comunes, et inutiles à l'intelligence de cèle qu'on veut présenter, ce qui est une *battologie*.

L'*hiperbate* est un tour particulier qu'on done à une période, et qui consiste principalement à faire précéder une proposition par une autre qui, dans l'ordre naturel, auroit dû la suivre. Par exemple, il y a *hiperbate* et *ellipse* dans ces vers de Racine :

> Que, malgré la pitié dont je me sens saisir,
> Dans le sang d'un enfant je me baigne à loisir !
> Non, seigneur...

Les deus vers, en précédant *non seigneur*, forment l'hiperbate; et il y a ellipse, puisqu'après *non, seigneur*, on sous-entend, *n'espérez pas, ne prétendez pas*. Il y a encore *hiperbate*, ou *inversion* dans le second vers, dont la construction naturèle, et à la vérité moins élégante, seroit, *je me baigne à loisir dans le sang d'un enfant.*

Come toutes les grammaires particulières sont subordonées à la grammaire générale, j'aurois pu multiplier ou étendre les remarques beaucoup plus que je n'ai fait; mais ne s'agissant ici que de principes généraus, je me suis renfermé dans les aplications sufisantes au dévelopement de ces principes, qui d'ailleurs sont faits pour des lecteurs capables d'y supléer. En èfet, une grammaire générale, et même les grammaires particulières ne peuvent guère servir qu'à des maîtres qui savent déjà les langues. A l'égard des disciples, je rapèlerai, en finissant, ce que j'ai dit dans une de mes remarques : peu de règles et beaucoup d'usage, c'est la clé des langues et des arts. Peut-être y viendra-t-on, quand la raison aura proscrit les vieilles routines qu'on a la bonté de regarder come des métodes d'instruction.

AVERTISSEMENT.

On n'a point parlé, dans cette grammaire, des mots dérivés ni des composés, dont il y auroit encore beaucoup de choses très curieuses à dire, parceque cela regarde plutôt l'ouvrage d'un dictionnaire général, que de la grammaire générale. Mais on est bien aise d'avertir que, depuis la première impression de ce livre, il a paru un ouvrage intitulé la Logique, ou l'art de penser, qui, étant fondé sur les mêmes principes, peut extrêmement servir pour l'éclaircir, et prouver plusieurs choses qui sont traitées dans celui-ci.

REMARQUES.

La logique que MM. de P. R. anoncent ici, est cèle qui fut faite pour Charle-Honoré d'Albert, duc de Chevreuse, instruit dans sa jeunesse à P. R. C'est un des meilleurs ouvrages dans son genre, et les éditions s'en sont fort multipliées. Ce duc de Chevreuse et celui de Beauvilliers, l'un et l'autre gendres de M. Colbert, tous deus unis de la plus intime amitié, également amis de M. de Fénélon, précepteur de M. le duc de Bourgogne père du roi, en même tems que le duc de Beauvilliers en étoit le gouverneur.

FIN DES REMARQUES SUR LA GRAMMAIRE.

MÉMOIRE

SUR

L'ORIGINE ET LES RÉVOLUTIONS

DES LANGUES

CELTIQUE ET FRANÇOISE.

On ne sauroit jamais être parfaitement instruit de l'origine d'une langue, si l'on ne connoit celle des peuples qui la parlent. La langue françoise a été sans doute, après les langues grecque et latine, celle qui a été la plus répandue et dans son origine et depuis les progrès qu'elle a faits.

Sans entrer ici dans le détail et la discussion des fables que l'ignorance et l'orgueil ont fait imaginer à tous les peuples pour relever leur origine, il suffit d'établir, comme un fait constant, que les plus anciens peuples connus qui aient habité les Gaules, étoient les Celtes. Quoique plusieurs auteurs, tels qu'Appien Alexandrin, Ph. Cluverius, comprennent sous ce nom avec les Gaulois les Germains, les Espagnols, les Bretons (aujourd'hui les Anglois), les

Illyriens, etc., il est certain que Polybe, Diodore, Plutarque, Ptolomée, Strabon, Athénée et Joseph, donnent particulièrement aux peuples qui occupoient les Gaules le nom de *Celtes*, soit que les autres peuples tirassent leur origine des Celtes de la Gaule, et que ce nom fût un nom collectif, soit que ce nom général fût devenu particulier aux seuls Gaulois.

La langue des anciens Gaulois étoit donc la langue celtique, dont je vais examiner les diverses révolutions.

On prouve ordinairement les changements qui sont arrivés dans une langue morte, par les ouvrages qui en restent. En comparant les tours, les expressions, et fixant les époques de ces ouvrages, on peut en assembler une suite, et de ces différents écrits former une espèce de corps d'histoire, telle à-peu-près que celle, dans un autre genre, qui résulte d'une suite de monuments ou de médailles.

Au défaut de ces monuments, c'est-à-dire, des ouvrages, nous n'avons d'autres lumières sur la langue celtique, que le témoignage de quelques historiens dont nous ne pouvons pas tirer un grand secours. Je m'en servirai cependant pour prouver que la langue celtique étoit commune à toutes les Gaules, pour juger quels caractères y étoient en usage, et pour établir enfin ce qui concerne la langue et ses révolutions, jusqu'aux temps où les monuments peuvent nous guider avec plus d'assurance.

Quoique les Gaules fussent anciennement divisées en plusieurs états (*civitates*), et les états en pays (*pagi*), qui tous se gouvernoient suivant leurs lois particulières, ces états formoient tous ensemble un corps de république ou d'empire, qui n'avoit qu'un même intérêt dans les affaires générales. Ils formoient des assemblées où ils traitoient de leurs intérêts communs, soit pour la guerre, soit pour la paix; ainsi ces assemblées étoient ou civiles ou militaires. Celles-ci, appelées *comitia armata*, ressembloient assez à ce que nous appelons *arrière-ban* [1]. Il étoit donc nécessaire qu'il y eût dans les Gaules une langue commune, pour que les députés pussent conférer, délibérer, et former sur-le-champ des résolutions qui devoient être connues de tous les assistants, et nous ne voyons ni dans César, ni dans aucun autre auteur, qu'ils eussent besoin d'interprètes.

Nous voyons d'ailleurs que les druides, qui faisoient à-la-fois la fonction de prêtres et de juges, avoient coutume de s'assembler, une fois l'année, auprès de Chartres, pour rendre la justice aux particuliers de la nation, qui venoient de toutes parts

---

[1] Hoc more Gallorum initium est belli, quâ lege omnes puberes armati convenire coguntur. Cæsar, lib. V.

les consulter [1]. Il falloit donc qu'il y eût une langue générale, et que celle des druides fût familière à tous les Gaulois. Ce qui fortifie encore ce jugement, est de voir que les noms propres des seigneurs de tous les pays de la Gaule, et plusieurs noms de lieux, avoient une même terminaison. Cingétorix chez ceux de Tréves, Dumnorix chez les Éduens ou Bourguignons, Amblorix dans le pays de Liége, *Eburonum*, Eporédorix chez les Helvétiens, Vercingétorix, auvergnat, etc. Nous ne voyons point de nos jours que des terminaisons semblables soient communes à des peuples différents, quoique chaque province en ait qui lui soient particulières; la raison en est qu'étant toutes soumises à un même prince, elles n'ont plus entre elles cette liaison et cette correspondance politique, qui autrefois ne formoit qu'un peuple libre des provinces les plus éloignées. Tout concourt donc à prouver que toutes les Gaules avoient une langue commune et générale.

La langue a dû même s'y conserver sans altération plus long-temps que chez tout autre peuple, premièrement, comme je viens de le dire, par la correspondance intime de toutes ses parties; en second lieu, parcequ'il n'y a point eu de pays moins sujet aux invasions étrangères, qui pour l'ordinaire

[1] Hùc omnes undique qui controversias habent, conveniunt, eorumque judiciis decretisque parent. Cæsar, lib. VI.

font les changements les plus considérables dans une langue, par le mélange des peuples différents. Bien loin que les étrangers osassent attaquer les Gaules, nous voyons que les Gaulois trop nombreux étoient obligés de sortir de leur pays pour en chercher d'autres : telle fut la sortie de Sigovèse au-delà du Rhin, dans la forêt Hercynie et dans la Bohême, qui prit ce nom des Boïens qui faisoient une grande partie de ses troupes. De ces mêmes Gaulois sortirent, trois cents ans depuis, ceux qui fondèrent la Gallo-Gréce. Bellovèse sortit en même temps que Sigovèse, son frère, et passa au-delà des Alpes, où les Gaulois s'établirent et bâtirent Vérone, Padoue, Milan, Bresse, et plusieurs autres villes qui subsistent encore aujourd'hui. C'est ce pays que les Romains nommoient à leur égard *Gaule Cisalpine*. Ainsi, bien loin que la langue celtique ou gauloise pût s'altérer dans les Gaules par le mélange des étrangers, les Gaulois devoient altérer la langue naturelle des peuples chez lesquels ils faisoient des invasions.

Il y avoit aussi plusieurs nations dont la langue devoit avoir et eut dans la suite beaucoup de rapport avec la gauloise. Il y a apparence que les Gaulois et les Germains, qui confinoient dans toute la longueur du Rhin, ne devoient pas différer beaucoup de langage. Outre que ces deux peuples descendoient originairement des Celtes, plusieurs Germains étoient venus s'établir dans les Gaules, et des Gaulois étoient réciproquement passés dans la Germanie, où ils avoient occupé de vastes contrées. Cependant les langues gauloise et germanique n'étoient pas si semblables que les deux peuples s'entendissent facilement, à moins d'avoir commercé quelque temps ensemble. On peut juger aussi que les peuples de la partie méridionale de l'île de la Grande-Bretagne qui borde la mer, et dont les Belges s'étoient rendus maîtres, avoient beaucoup de conformité de langage avec les Gaulois. C'est pourquoi, dit César, les villes de cette partie de la Bretagne ont ordinairement le nom des villes ou lieux ou villages de la Belgique d'où étoient venus les conquérants : *Bello illato ibi remanserunt, atque agros colere cœperunt.* Ptolomée nous montre que les Celtes avoient établi des colonies dans la même île; et par conséquent ils y avoient en même temps porté leur langue.

Outre les langues germanique et britannique, plusieurs savants ont cru que le phénicien avoit beaucoup de rapport avec le gaulois. Ils se fondent sans doute sur le sentiment de Timagène le Syrien, qui prétend que l'Hercule phénicien ou tyrien conduisit dans les Gaules une colonie de Doriens, non de la Grèce, mais de Dora, ville de Phénicie, célèbre dans l'Écriture; et que les Celtes ou Gaulois étoient en partie originaires de ces Phéniciens ou Doriens.

Ce qui a fait, selon Vossius, regarder par Timagéne l'Hercule phénicien comme plus ancien que le thébain, et même que l'égyptien, c'est que le nom d'Hercule signifie en langue phénicienne *Conducteur* ou *Libérateur*, ce qui ne convient point à la profession et aux travaux de ceux que la Grèce ou l'Egypte ont honorés de ce nom. Il est d'ailleurs constant que les Phéniciens avoient eu beaucoup de commerce avec les Celtes ou Gaulois; et Samuël Bochart a fait voir que les Gaulois en avoient emprunté la plupart des mots dont ils se servoient pour désigner leurs divinités, leurs princes, leurs magistrats, leurs armes, leurs vêtements, les animaux, les plantes et autres choses semblables.

Nous lisons encore dans César que la première divinité des Gaulois étoit Mercure : *Deum maximè Mercurium colunt, post hunc Apollinem, et Martein, et Minervam.* Or, les Gaulois nommoient leur Mercure *Thot* ou *Theutatès*, nom qui paroît, ainsi que le Θεὸς des Grecs et le *Deus* des Latins, venir du *Thou* ou *Theom* des Hébreux, qui veut dire abyme ou chaos, et qui a souvent servi d'emblème à la divinité, comme on voit Hésiode appeler le chaos le premier de tous les dieux, Χαος πρώτιςα Θεὸν.

Nous remarquerons aussi qu'un grand nombre des plus célèbres villes de l'ancienne Gaule avoient leurs noms terminés en *magus* ou *magum*, *Rothomagum, Cæsaromagum, Noviomagum, Drusomagum,*

Argentomagum, etc. Or, *magum* paroît venir du mot hébreu ou phénicien *mahum*, qui signifie maison ou demeure, la lettre *h* prenant chez les anciens peuples d'occident le son du *g*.

On peut croire que c'étoit des Phéniciens que les Gaulois avoient reçu les caractères dont ils se servoient pour écrire leur langue. Ces caractères étoient ceux mêmes dont se servoient les Grecs, selon César, qui dit, en parlant de la discipline des druides : *Neque fas existimant ea litteris mandare, cùm in reliquis ferè rebus publicis privatisque rationibus, græcis litteris utantur.* Il dit ailleurs qu'après la défaite des Helvétiens auprès de Langres, on trouva dans leur camp un état écrit en caractères grecs, de ceux qui étoient sortis du pays. Plusieurs, à la vérité, prétendent que la colonie sortie de la ville de Phocée en Ionie, province de l'Asie mineure, qui passa dans les Gaules, et y fonda Marseille, pouvoit avoir apporté les caractères grecs ; mais ce sentiment paroît le moins probable.

1° Parceque Strabon, qui écrivoit sous Auguste, marque que les Celtes n'avoient commencé à fréquenter les Marseillois, et à étudier dans leurs écoles, que depuis qu'ils furent soumis aux Romains.

En second lieu, si les Gaulois avoient reçu leurs caractères par ceux de Marseille, il est vraisemblable que la langue de ces derniers auroit, par la même voie, fait quelque progrès dans les Gaules, et aucun auteur ne témoigne que les Gaulois entendissent la langue grecque; nous voyons au contraire que César, voulant donner de ses nouvelles à Cicéron, que les Gaulois tenoient assiégé auprès de Tréves, lui écrivit en grec, de peur que sa lettre étant interceptée, l'ennemi ne connût ses desseins : *Hanc epistolam græcis conscriptam litteris mittit, ne interceptâ epistolâ, nostra ab hostibus consilia cognoscantur.* Il est certain que par le mot *litteris*, César entend parler de la langue et non des caractères, puisqu'il dit expressément ailleurs, et en plus d'une occasion, que les caractères dont se servoient les Gaulois étoient ceux des Grecs. Il y a donc plus d'apparence qu'ils les avoient reçus des Phéniciens, soit de ceux qui avoient suivi l'Hercule tyrien, ou de ceux qui commerçoient le long des côtes, et qu'ils les tenoient de la même source que les Grecs eux-mêmes.

Tel étoit l'état de la langue celtique ou gauloise, lorsque César entreprit la conquête des Gaules. On sait qu'elles étoient alors divisées en quatre parties, quoiqu'il n'en compte que trois; savoir : l'Aquitanique, qui étoit comprise entre la Garonne, l'Océan et les monts Pyrénées; la Celtique, qui portoit proprement le nom de Gaule, entre la Garonne, l'Océan et la Seine ; *tertiam partem incolunt qui ipsorum linguâ Celtæ, nostrâ Galli, appellantur*, et la Belgique, entre la Seine, la Marne, le Rhin et l'Océan.

Si César ne comprend pas dans sa division la Gaule narbonnoise, qui étoit renfermée entre les Alpes, la mer et le Rhône, et un peu au-delà du même fleuve dans l'ancienne Septimanie, appelée aujourd'hui Languedoc, c'est qu'elle avoit été soumise aux Romains, plus de soixante ans auparavant, par le consul Q. Martius Rex, l'an de Rome 635, et qu'elle étoit devenue province romaine, lorsque César entra dans les Gaules.

On comprend aisément qu'une langue commune à une si grande étendue de pays devoit nécessairement être divisée en plusieurs dialectes particuliers, dont chacun avoit ses mots propres et différents, du moins dans leurs inflexions. Les contrées de la Gaule qui avoient quelque commerce avec des étrangers différents, en empruntoient toujours quelques termes en leur communiquant des leurs. Strabon remarque, par exemple, que les Aquitains différoient assez des autres Gaulois dans leurs manières et leur langage, et avoient en même temps beaucoup de conformité avec les Espagnols, leurs voisins du côté des Pyrénées : aussi ceux-ci leur envoyèrent-ils contre César un secours de vieilles troupes qui avoient servi sous Sertorius. Les habitants de la Gaule narbonnoise avoient déjà beaucoup perdu de la pureté du langage de leurs pères, par leur mélange avec les Romains.

On sait d'ailleurs qu'il suffit qu'une langue vivante soit étendue pour qu'il s'y trouve des dialectes : le peuple ne parle jamais la même langue que les personnes qui ont eu de l'éducation, et on pourroit dire qu'il y a presque des dialectes d'état et de condition différente; mais quelque différence qui se trouvât dans le langage des diverses parties des Gaules, la langue étoit cependant la même au fond, et ce n'est que des différents dialectes qu'il faut entendre ce que dit César : *Hi omnes linguâ*, etc., *inter se differunt*. Le mot *linguâ* ne signifiera que dialecte, pour peu que l'on fasse attention à ce que dit Strabon : *Eádem non usquequaquè linguâ utuntur omnes, sed paululùm variata*. En effet, ce n'est que par la confrontation des passages des différents auteurs qu'on peut parvenir à fixer le sens des uns et des autres. La langue celtique s'étoit donc assez bien conservée jusqu'au temps que César entra dans les Gaules; du moins elle n'avoit essuyé d'autres altérations que celles qui arrivent à toutes les langues vivantes, soit par un commerce étranger, soit par les changements insensibles auxquels elles sont toutes sujètes. L'on sait qu'il suffiroit d'une longue durée de temps pour qu'une langue fût très dissemblable d'elle-même; un mot, après avoir été en usage, passe de mode et est remplacé par un autre, sans autre raison de préférence que l'inconstance ; mais ce ne fut pas ainsi que la langue celtique s'altéra lorsque les Romains se furent emparés des Gaules ; elle éprouva une révolution subite et presque totale. Aussitôt que les Romains les eurent asservies, ils usèrent de la même politique qu'ils employoient dans leurs autres conquêtes ; ils y portèrent leurs lois, et croyant que la langue est un des plus forts liens qui unissent les peuples entre eux, ils n'oublièrent rien pour y faire régner la langue latine. Les Grecs furent les seuls avec qui les Romains se comportèrent différemment, parcequ'étant la nation la plus polie, les Romains avoient cherché à les imiter avant que de les avoir assujétis. Il y avoit peu de Romains d'un certain rang à qui la langue grecque ne fût familière, et qui n'envoyassent leurs enfants s'instruire dans l'école d'Athènes. Ils eurent toujours beaucoup de considération pour les Grecs ; mais ils ne croyoient pas devoir les mêmes égards à des peuples qu'ils regardoient comme barbares ; ils croyoient les policer en leur faisant recevoir et leurs mœurs et leur langue.

On n'ignore pas que, chez les Romains, réduire un pays conquis en forme de province, c'étoit y envoyer des gouverneurs pour y entretenir des troupes, y lever des tributs, y établir des magistrats pour y rendre la justice selon les lois romaines, sans égard à celles des vaincus. Tous les actes publics se faisoient en latin. Dans les armées et dans les tribunaux, les officiers de guerre et de justice s'expliquoient dans la même langue. Tel étoit déjà l'usage de la Gaule narbonnoise au temps de César. Un seigneur gaulois nous en représente la servitude : *Quod si ea quæ in longinquis nationibus geruntur, ignoratis, respicite finitimam Galliam, quæ in provinciam redacta, jure et legibus commutatis, securibus subjecta, perpetuâ premitur servitute.* Il est bien vrai qu'il y avoit eu un arrêt du sénat pour faire jouir de leurs anciennes franchises quelques provinces de la Gaule ; mais lorsque les Gaules furent entièrement soumises, les Romains gardèrent leur parole comme le vainqueur et le plus fort ont coutume de la garder.

Caligula, pour fixer la langue latine dans les Gaules, établit des écoles à Lyon et à Besançon ; il y proposa des prix d'éloquence. Ces écoles se multiplièrent dans la suite ; il est souvent parlé de celles qui étoient sous la conduite du rhéteur Eumenius. D'ailleurs plusieurs des plus illustres Gaulois, ayant perdu toute espérance de recouvrer leur liberté et de la rendre à leur pays, s'attachèrent à Rome comme à leur nouvelle patrie ; ils cherchèrent à entrer dans le sénat, et pour n'être plus confondus avec les vaincus, ils apprirent la langue des vainqueurs. Ainsi, tous les objets d'émulation proposés par les Romains, et tout ce que l'ambition inspiroit aux Gaulois, tendoient à la ruine de la langue celtique.

La langue latine fit donc de très grands progrès dans les Gaules ; mais, indépendamment des moyens qui furent employés pour l'établir sur les ruines de la celtique, celle-ci portoit en elle-même les principes de sa décadence.

Rien ne conserve mieux une langue que les livres, qui sont en effet les câbles qui peuvent les sauver du naufrage ; et les Gaulois n'écrivoient ni lois, ni histoires, ni les mystères de leur religion, ni ce qu'ils enseignoient dans leurs écoles des sciences morales ou naturelles.

Les druides ne vouloient rien écrire de ce qu'ils enseignoient à leurs disciples ([1]) ; ils leur faisoient apprendre par cœur un grand nombre de vers, dans lesquels étoient renfermés les points de leur religion et de leur philosophie ; leur dessein étoit de tenir ces mystères cachés au vulgaire, et que leurs disciples s'attachassent à cultiver leur mémoire, comme la garde des trésors de l'esprit ([2]). Aussi, nous ne voyons ni dans César, ni dans aucun autre

---

[1] Nonnulli annos vicenos in disciplina permanent, neque fas esse existimant ea litteris mandare. Lib. VI.

[2] Quòd neque in vulgus disciplinam efferre velint, neque eos qui discunt litteris confisos minus memoriæ studere ; quod ferè plerisque accidit, ut præsidio litterarum diligentiam in perdiscendo ac memoriam remittant. Ibid.

écrivain de l'antiquité, que les Gaulois eussent écrit aucun ouvrage ou en vers ou en prose.

On parle avec éloge de la prudence des Égyptiens, qui tenoient les mystères de la religion et des sciences cachés au vulgaire. Joséphe reproche aux Grecs de souffrir que toutes personnes indifféremment écrivent l'histoire, ce qui produisoit dans leurs historiens tant de fables et de contradictions honteuses, au lieu que, chez les Hébreux, la fonction d'écrire l'histoire étoit confiée aux personnes les plus illustres de la nation; mais du moins les Égyptiens, en dérobant au vulgaire la connoissance des mystères de la religion et des sciences, publioient l'histoire de leurs rois et des grands hommes de leur nation, et ce n'est que l'abus et la licence des Grecs à cet égard qu'on peut reprendre. Cependant la multitude de leurs écrivains en tous genres a conservé leur langue. Jamais les sciences, les belles-lettres et les arts n'ont fait plus d'efforts parmi eux pour s'assurer l'immortalité, que lorsque les Romains les ont subjugués. C'étoit alors que la Gréce produisoit Plutarque, Pausanias, Ptolomée, Galien, qu'elle faisoit frapper des médailles en sa langue, qu'elle la gravoit par-tout, qu'elle la perpétuoit dans des inscriptions, qu'elle bâtissoit des palais, élevoit des temples, qu'elle instruisoit ses vainqueurs, et les forçoit à reconnoître les Grecs pour leurs maîtres dans tous les genres de littérature et de savoir;

peut-être même que l'impossibilité de détruire la langue grecque pour faire régner la latine en sa place, eut bien autant de part aux égards que les Romains témoignèrent aux Grecs, que l'admiration pour leurs talents. Mais les ouvrages sont les sûrs dépositaires d'une langue morte; c'est par eux que les langues grecque et hébraïque sont parvenues jusqu'à nous, malgré les révolutions étonnantes que ces deux nations ont éprouvées. C'est par la même voie que les Romains, qui n'avoient pu abolir celles-là, ont fait passer jusqu'à nous la leur, qui peut-être est encore aujourd'hui plus répandue, ou du moins plus étendue qu'aucune langue vivante.

La langue celtique n'avoit aucune des ressources qui conservent une langue, et il est étonnant qu'avec le goût pour l'éloquence et la politesse du langage que Varron et saint Jérôme supposent aux Gaulois, ils ne fissent paroître aucun ouvrage; il est encore plus étonnant que, s'étant signalés dans tous ces pays par leurs expéditions militaires, ils aient négligé d'en conserver le souvenir par des histoires. Peut-être que les Gaulois n'étoient pas si frappés de leurs propres exploits, et que ce qui faisoit l'admiration des autres peuples, leur paroissoit leur simple devoir. Mais on ne trouve pas même qu'ils aient eu des archives; je remarquerai en passant que Budée prétendoit que nous avions encore à cet égard la négligence de nos ancêtres [1].

En effet, ce n'est que le goût général pour les sciences et les lettres qui s'est emparé des particuliers de la nation, qui la sauvera un jour de l'oubli; mais il seroit peut-être difficile de citer beaucoup d'ouvrages entrepris et faits par l'autorité publique, et l'on en pourroit indiquer plusieurs qui seroient jugés d'une utilité générale, et à l'égard desquels nous mériterions les mêmes reproches que nous faisons aujourd'hui aux Gaulois. Quoi qu'il en soit, tout ce que je viens d'exposer fait assez voir que la langue celtique ne dut pas subsister long-temps dans les Gaules depuis qu'elles furent soumises aux Romains. Il se forma d'abord, tant à la ville que dans les campagnes, un jargon mêlé de celtique et de latin. Il est vraisemblable, par ces raisons, que ceux qui vivoient dans les villes, et qui y tenoient quelque rang, au lieu de songer à polir ce jargon, cherchèrent à se défaire de ce qu'ils avoient de celtique, pour s'instruire parfaitement du latin; mais

---

[1] Nunc omnia in tenebris latent injuriâ temporum, patriâque suâ Galli peregrinari videntur, soli propè omnium rerum suarum ignari. Itaque instrumentum regni nullum ne publicum quidem habemus, quod quidem certè magnoperè memorandum sit; sed hic est perpetuus hujus regni genius, rerum gestarum monumenta ut nihil ad rempublicam pertinere videantur. Voyez ses notes sur les Pandectes, p. 89.

il leur resta toujours beaucoup de mots et de tours de leur langue naturelle, qui cependant alloit toujours en s'affoiblissant par le commerce des Romains.

Les Romains, de leur côté, quelque desir qu'ils eussent de conserver et d'étendre leur langue, durent la voir s'altérer de jour en jour, et elle ne perdit pas moins de sa pureté par leurs conquêtes, que lorsqu'ils devinrent eux-mêmes la proie des Barbares.

Pour ceux de la campagne, indépendamment des accidents qui leur furent communs avec leurs maîtres, il s'y rencontra encore la rudesse et la grossièreté qui corrompirent même leur langue naturelle; ainsi, il dut se former dans les Gaules une infinité de jargons différents, et la langue étoit dans cet état lorsque les Francs y entrèrent.

La partie des Gaules qu'on nommoit alors l'Armorique, et qui est aujourd'hui la province de Bretagne, avoit conservé la langue celtique avec le moins d'altération, parceque les Romains y firent peu de séjour, et qu'il s'y réfugia un grand nombre de Gaulois qui redoutoient la domination romaine. César dit que Dumnac, angevin [1], se sauva à l'extrémité de l'Armorique, et plusieurs savants ont prétendu que, si l'on vouloit trouver encore quelques vestiges de la langue celtique, ce seroit dans cette

---

[1] Beatus Renan. Gesn. Hotteman, Pierre Dan. Picart. Cambd. in Britanniâ suâ, p. 12, et Samuel Bochart.

province qu'il faudroit les chercher. Cependant les mêmes raisons qui peuvent faire croire que la langue celtique a dû se conserver dans cette province plus long-temps que dans aucune autre, nous doivent faire juger qu'elle a dû s'y altérer aussi, lorsque les Francs entrèrent dans les Gaules. Les Romains vaincus se réfugièrent dans les extrémités des provinces, et particulièrement dans l'Armorique, comme les Gaulois, fuyant les Romains, s'y étoient retirés plus de quatre siècles avant ces temps-là. Par conséquent, les Romains durent y porter leur langue, qui avoit beaucoup dégénéré, et qui se corrompit encore davantage, en se mêlant avec celle des habitants de l'Armorique; et l'une et l'autre, en se confondant, durent éprouver un changement considérable.

Cependant il y a apparence qu'il s'est conservé dans la Basse-Bretagne beaucoup de tours et d'expressions de la langue celtique. Indépendamment du sentiment de Daniel Picart, et particulièrement de Cambden et de Bochart, qui croient trouver dans la langue de cette province un grand nombre de termes celtiques, on peut ajouter une observation qui, si elle ne fait pas preuve, ne laisse pas d'être une singularité remarquable: c'est que les habitants des provinces de Galles et de Cornouailles en Angleterre, et les Bas-Bretons s'entendent assez facilement les uns les autres, quoiqu'ils n'aient jamais eu grand commerce ensemble. Quelques révolutions qui soient arrivées dans ces provinces, tant de çà que de là la mer, elles ont changé de maîtres sans presque changer de mœurs et de langage; et, comme leur langue conserve encore aujourd'hui beaucoup de rapport, on pourroit croire que c'étoit celle qu'on parloit originairement dans toute l'étendue de pays dont ces peuples n'occupent qu'une portion, et qu'ils ont conservé leur langue avec moins d'altération, par le peu de commerce qu'ils ont eu avec leurs voisins. Les Francs, quelle que fût leur origine, soit qu'ils la tirassent en partie du sein de la Gaule, soit qu'ils vinssent de la Germanie, descendoient des anciens Celtes; et si leur langue n'étoit pas un dialecte de la celtique, elle devoit du moins avoir quelque rapport avec elle. Ces nouveaux vainqueurs ne firent aucun effort pour faire recévoir leur langue aux vaincus; ils en adoptèrent même les lois en partie, ou laissèrent chacun suivre la sienne. Le peuple et ceux de la campagne continuèrent de se servir d'une langue composée de celtique et de latin, mais dans laquelle celui-ci l'emportoit assez pour qu'on la nommât langue romane. Ce fut elle qui fut en usage durant les deux premières races; et ce qui prouve qu'elle n'étoit parlée que par le peuple et les habitants de la campagne, c'est qu'elle étoit aussi nommée rustique ou provinciale par les Romains et par ceux qui leur succédèrent. Elle n'étoit point la langue latine pure des Romains, comme son nom sembleroit l'indiquer ; elle ne l'empruntoit que de son origine, et nous voyons que les auteurs du roman d'Alexandre disent qu'ils l'ont traduit du latin en roman[1].

Il y avoit donc dans les Gaules, lorsque les Francs y entrèrent, trois langues vivantes : la latine, la celtique, et la romane ; et c'est de celle-ci, sans doute, que Sulpice Sévère, qui écrivoit au commencement du cinquième siècle, entend parler, lorsqu'il fait dire à Postumien: *Tu verò vel celticè, vel, si mavis, gallicè loquere.* La langue qu'il appeloit gallicane devoit être la même qui, dans la suite, fut nommée plus communément la romane ; autrement il faudroit dire qu'il régnoit dans les Gaules une quatrième langue, sans qu'il fût possible de la déterminer, à moins que ce ne fût un dialecte du celtique non corrompu par le latin, et tel qu'il pouvoit se parler dans quelque canton de la Gaule, avant l'arrivée des Romains. Mais, quelque temps après l'établissement des Francs, il n'est plus parlé d'autre langue d'usage que de la romane et de la tudesque.

Celle-ci étoit la langue de la cour, et se nommoit aussi *franctheuch, théotiste, théotique* ou *thiois.* Mais,

---

[1] La verté de l'histoir' si com' li roix la fit
Un clers de Chateaudun, Lambert li corps l'écrit
Qui de latin la trest et en roman la mit.

quoiqu'elle fût en règne sous les deux premières races, elle prenoit de jour en jour quelque chose du latin et du roman, en leur communiquant aussi de son côté quelques tours ou expressions. Ces changements mêmes firent sentir aux Francs la rudesse et la disette de leur langue. Leurs rois entreprirent de la polir; ils l'enrichirent de termes nouveaux. Ils s'aperçurent aussi qu'ils manquoient de caractères pour écrire leur langue naturelle, et pour rendre les sons nouveaux qui s'y introduisoient. Grégoire de Tours[1] et Aimoin[2] parlent de plusieurs ordonnances de Chilpéric, touchant la langue. Ce prince fit ajouter à l'alphabet les quatre lettres grecques : O, Ψ, Z, N, c'est ainsi qu'on les trouve dans Grégoire de Tours. Aimoin dit que c'étoient Θ, Φ, X, Ω; et Fauchet prétend, sur la foi de Pithou et sur celle d'un manuscrit qui avoit alors plus de cinq cents ans, que les caractères qui furent ajoutés à l'alphabet, étoient l'Ω des Grecs, le ח, le ט, le ז des Hébreux; c'est ce qui pourroit faire penser que ces caractères furent introduits dans le franctheuch, pour des sons qui lui étoient particuliers, et non pas pour le latin, à qui ses caractères suffisoient. Il ne seroit pas étonnant que Chilpéric eût emprunté des caractères hébreux, si l'on fait attention qu'il y avoit beaucoup de Juifs à sa cour, et entre autres

---

[1] *Greg. Tur.*, lib. V, cap. XLIV.
[2] *Aim.*, lib. III, cap. XL.

un nommé Prisc, qui étoit dans la plus grande faveur auprès de ce prince.

En effet, il étoit nécessaire que les Francs, en enrichissant leur langue de termes et de sons nouveaux, empruntassent aussi les caractères qui en étoient les signes, ou qui manquoient à leur langue propre, dans quelque alphabet qu'ils se trouvassent. Il seroit à desirer aujourd'hui pour notre langue, qui est étudiée par tous les étrangers qui recherchent nos livres, que nous eussions enrichi notre alphabet des caractères qui nous manquent, sur-tout lorsque nous en conservons de superflus, ce qui fait que notre alphabet pèche à-la-fois par les deux contraires, la disette et la surabondance : ce seroit peut-être l'unique moyen de remédier aux défauts et aux bizarreries de notre orthographe, si chaque son avoit son caractère propre et particulier, et qu'il ne fût jamais possible de l'employer pour exprimer un autre son que celui auquel il auroit été destiné.

Les guerres continuelles dans lesquelles les rois furent engagés, suspendirent les soins qu'ils auroient pu donner aux lettres et à polir la langue. D'ailleurs, les Francs ayant trouvé les lois et tous les actes publics écrits en latin, et que les mystères de la religion se célébroient dans cette langue, ils la conservèrent pour les mêmes usages, sans l'étendre à celui de la vie commune ; elle perdoit au contraire tous les jours, et les ecclésiastiques furent bientôt les seuls qui l'entendirent. Les langues romane et tudesque, tout imparfaites qu'elles étoient, l'emportèrent, et furent les seules en usage jusqu'au règne de Charlemagne.

FIN DU MÉMOIRE
SUR LES LANGUES CELTIQUE ET FRANÇOISE.

MÉMOIRE

SUR

L'ORIGINE ET LES RÉVOLUTIONS

DE

LA LANGUE FRANÇOISE.

Après avoir recherché l'origine de la langue celtique ou gauloise, et avoir examiné quels changements elle a soufferts pendant que les Romains ont été les maîtres des Gaules, nous avons suivi les révolutions qu'elle a éprouvées à l'arrivée des Francs et sous la première race; je vais tâcher de faire voir par quels progrès la langue est parvenue, de l'état où elle étoit sous Charlemagne, à celui où nous la voyons aujourd'hui.

Ce prince, amateur de toutes les sciences, appela à sa cour les savants de toutes les nations. On s'empresse assez à servir les princes gratuitement, pour que leurs offres ne soient pas rejetées. Tout ce qu'il y avoit alors de connu par l'esprit ou par le savoir, se rendit auprès de Charles, qui recherchoit les savants par ses bienfaits, et les honoroit par son exemple. Il forma une académie, dont il étoit protecteur et membre; les seigneurs s'empressèrent d'y obtenir, et même d'y mériter des places; et Charles voulut que chaque académicien, à commencer par lui-même, adoptât un nom particulier, afin d'introduire cette égalité d'où naît la liberté, même celle de penser. Quoique ce prince entendît et parlât facilement les différentes langues de son empire [1], il s'attachoit à y faire dominer la sienne. Il donna des noms tudesques aux vents et aux mois; et, pour faciliter l'étude de sa langue, et la réduire en principes, il en fit composer une grammaire. Trithème, abbé de Spanheim, assure en avoir vu une partie; mais quoiqu'il fût fort versé dans l'art de déchiffrer, il dit qu'il ne put jamais venir à bout de l'entendre, ni même de la lire parfaitement. Les soins que prit Charlemagne pour polir et perfectionner cette langue, n'eurent pas le succès qu'il s'en étoit promis; et son principal objet fut peut-être ce qui fit échouer son projet. Ce prince ne se flattoit pas que la langue tudesque fût parlée dans toute la monarchie; mais il espéroit du moins la perfectionner assez, pour qu'elle fût em-

---

[1] Erat eloquentia copiosus et exuberans, poteratque, quidquid vellet, apertissimè exprimere; nec patrio tantum sermone, sed et peregrinis linguis ediscendis operam impendit. In quibus latinam ita didicit, ut æquè illa ac patria lingua orare sit solitus. *Egin. in Vita Caroli Magni.*

ployée dans les traités, et pour faire rédiger les lois dans un langage uniforme. Selon un auteur allemand, le plus fort obstacle aux vues du prince fut l'intérêt des gens d'église, qui, faisant seuls leur étude du latin, dont on se servoit dans les actes publics, craignirent que leur ministère ne devînt inutile si l'on parvenoit à les rédiger en langue vulgaire. Loin de concourir à l'exécution d'un projet si utile au public, et si préjudiciable pour eux, ils ne songèrent qu'à le traverser; et la volonté de l'empereur, partout ailleurs absolue, céda à l'intérêt des moines et des prêtres [1]. On continua donc de se servir du latin dans les lois, les traités, et même dans beaucoup de contrats particuliers; et cet usage subsista jusqu'au règne de François Ier, qui, par son ordonnance de 1529, renouvelée en 1535, voulut que la langue françoise fût, *uniquement et exclusivement* à toute autre, employée dans tous les actes publics et privés. Dès l'an 1512, Louis XII avoit rendu une pareille ordonnance, qui apparemment étoit restée sans exécution. Avant ce temps-là, le latin étoit d'un usage général dans tous les états de l'Europe, et particulièrement en Allema-

---

[1] Accessit avaritia sive ambitio monachorum ac sacerdotum, qui cum curam disciplinarum atque artium, pessimo eorum seculorum fato, intra claustra sua compegissent, studio et industria difficultatem horroremque linguæ alebant, ut absterritis à studio nobilibus, ipsi soli in aulis principum eruditionis præmia et honores venditarent. *V. Joannem Wahlium.*

gne, où l'on ne trouve point d'acte public écrit en langue germanique, avant Rodolphe Ier, qui fut élevé à l'Empire en 1273[1].

Quelques soins qu'on apporte pour étendre une langue, il faut qu'un usage constant et uniforme concoure avec les régles; et nous voyons qu'outre les différents dialectes qui s'étoient introduits dans la monarchie, par le mélange de tous les peuples qui la composoient, il y avoit toujours le tudesque et le roman qui la partageoient principalement. Il est ordonné, par un canon du troisième concile de Tours, tenu en 813, un an avant la mort de Charlemagne, que les évêques choisiroient à l'avenir de certaines homélies des pères pour les réciter dans l'église, et qu'ils les feroient traduire en langue romane-rustique et en langue théotisque ou tudesque, afin que le peuple pût les entendre[2]. On voit que ces deux langues sont expressément distinguées par le concile. Un passage de l'abbé Gérard[3], qui rédigea, dans l'onzième siécle, la vie

---

[1] Généalogie diplomatique de la maison d'Hapsbourg, par le P. Hergott, tome II, p. 502. L'auteur discute ce point dans une note, à l'occasion d'une chartre de l'année 1281, écrite en langue germanique.

[2] Ut easdem homilias quisque apertè transferre studeat in rusticam romanam linguam et theotiscam, quò faciliùs cuncti possint intelligere quæ dicuntur. *Canone* XVII.

[3] Si vulgari, id est, romana lingua loqueretur, omnium aliarum putaretur inscius; si verò teutonica, enitebat perfectius; si latina, nulla omnino absolutius. *Mab. act. SS. ord. S. B.*, tom. *V.*

d'Abeilard, abbé de Corbie, fait encore voir que le latin, le tudesque et le roman étoient trois langues différentes. Ce fut dans ces deux dernières que le latin se trouva dans la suite comme enseveli; la romane, sur-tout, faisoit tous les jours de nouveaux progrès, et commençoit, dans le gros de la nation, à l'emporter sur la tudesque, qui se trouva bientôt comme reléguée en Allemagne.

En effet, Charles-le-Chauve, roi de France, et Louis, son frère, roi de Germanie, ayant fait un traité d'alliance en 848, et voulant le fortifier par la religion du serment, Charles, s'adressant aux Allemands, fit le serment en langue tudesque; et le roi Louis, s'adressant aux François, fit le sien en langue romane, chacun voulant se faire entendre par le parti opposé; ce qui suppose que les François, du moins pour la plupart, n'entendoient pas le tudesque. Les deux serments sont rapportés mot à mot par Nithard, et on les trouve expliqués avec une dissertation de Marquard Fréher, dans le deuxième tome des Historiens de France de Duchesne. La langue tudesque subsista encore long-temps à la cour, puisque nous voyons que cent ans après, en 948, les lettres d'Artaldus, archevêque de Reims, ayant été lues au concile d'Ingelheim, on fut obligé de les traduire en théotisque, afin qu'elles fussent entendues par Othon, roi de Germanie, et par Louis d'Outremer, roi de France, qui se trouvèrent à ce concile. Mais enfin la langue romane, qui sembloit d'abord devoir céder à la tudesque, l'emporta insensiblement; et nous allons voir que sous la troisième race, elle fut bientôt la seule, et donna la naissance à la langue françoise.

La première difficulté qui doit naturellement se présenter, est de savoir comment la langue romane, qui étoit celle du peuple et des provinces, a pu l'emporter sur la langue tudesque, qui étoit celle de la cour.

Nous voyons de nos jours, non seulement en France, mais dans tous les autres états qui ont une langue particulière, que la ville et les provinces cherchent à prendre la cour pour modèle. Quoique les provinces parlent quelquefois des dialectes différents, les particuliers qui veulent parler ou écrire correctement, adoptent la langue de la capitale et de la cour. Un homme, livré à l'étude, se flatteroit en vain de connoître l'esprit de la langue par le secours des grammaires et des vocabulaires; il n'atteindra jamais à ces expressions fines et ces tours élégants qui ne sont pas assujettis à des règles fixes. Il n'y a que l'usage et le commerce du monde qui puissent, à cet égard, suppléer à l'étude; et ainsi, toutes choses égales d'ailleurs, les auteurs qui auront eu le plus de commerce avec la cour, seront toujours préférés pour le style. Puisque tous les sujets cherchent à polir leur langue sur celle de la cour; qu'on pensoit autrefois à cet égard comme on pense aujourd'hui; que ce fut même parceque les Gaulois voulurent apprendre le latin, qui fut pendant cinq cents ans la langue de la cour, que se forma la langue romane, il étoit donc naturel de penser que la langue des Francs devoit éteindre à son tour la langue romane. Mais deux choses concourent à établir, étendre et fixer une langue. La première, que nous venons d'exposer, est le desir d'imiter la cour.

La seconde, qui est encore plus puissante que la première, vient des bons ouvrages. Ce sont les auteurs distingués qui règlent le sort d'une langue, et qui la fixent, autant qu'une langue vivante peut être fixée. Les ouvrages qui avoient illustré la langue grecque, l'avoient portée chez tous les peuples qui commençoient à aimer les lettres. Nous avons déja remarqué que les Romains qui avoient eu de l'éducation, étoien aussi familiers avec la langue grecque qu'avec la latine; et, si le goût des lettres n'eût insensiblemat développé chez eux et chez d'autres nations, es mêmes talents qu'ils admiroient chez les Gres, peut-être la langue grecque eût-elle à la fin enseveli la langue naturelle de ces peuples.

Nous en avons es exemples modernes. L'italien et l'espagnol ont été beaucoup plus à la mode en France, qu'ils ne le sont aujourd'hui, parceque nous étions obligés de chercher et de lire dans ces langues, des ouvrages que la nôtre n'avoit pas encore produits. Nos premières tentatives, même dans chaque genre, portent le caractère d'imitation. Pour renfermer dans un seul tous les exemples que je pourrois apporter, il suffit d'examiner la naissance et les progrès du théâtre françois. Nos premiers ouvrages en ce genre, je parle de ceux même qui méritent encore aujourd'hui quelque estime, sont des traductions de l'espagnol. Les piéces que nous avons ensuite voulu composer de génie, ne s'élévent guère au-dessus de la simple imitation. Ce sont des piéces d'intrigue; les noms, les caractères et la scène sont en Espagne. Et ce qui fait voir que nous suivions cette route plutôt par foiblesse que par goût, c'est que nous trouvons aujourd'hui fatigantes les piéces de pure intrigue, depuis que Molière nous en a donné de caractère. Comme il composa de génie e d'après le goût de sa nation, dans ses ouvrages et dans ceux qui l'ont suivi de plus près, les piéces d caractère l'emportent sur les autres, parceque les chefs-d'œuvre, dans chaque langue, sont toujurs ceux qui sont dans le génie national. J'ajouterai encore, pour confirmer le principe que j'étalis, et dont je vais bientôt tirer les inductions, qu'après avoir été imitateurs, nous sommes bientt devenus modéles en plusieurs genres, dont quelques uns nous doivent leur origine. C'est par-là que la langue françoise s'est si fort répandue, que chez la plupart des étrangers, une preuve d'éducation est de l'entendre; et si quelques uns cultivent aujourd'hui la leur avec plus de soin, si nous prenons nous-mêmes celui de nous en instruire, c'est depuis qu'ils ont donné d'excellents ouvrages. Les ouvrages d'agrément ont particulièrement l'avantage d'étendre une langue, parcequ'ils flattent l'imagination, et que le plaisir qu'ils causent est à la portée d'un plus grand nombre de personnes. Les philosophes ne peuvent guère être lus que par les philosophes; mais presque tout le monde lit les ouvrages d'agrément, et c'est de la poésie romane que la langue françoise a tiré son origine.

Si les premiers poëtes de réputation eussent paru à la cour ou dans la capitale, la langue tudesque eût fait des progrès, et se fût étendue dans les provinces; mais comme ce fut en Provence, où l'on parloit la langue romane, que parurent les premiers poëtes, ce furent eux qui jetèrent les premiers fondements de la langue françoise. Il s'éleva tout à coup un nombre infini de poëtes, qui prirent le nom de *troubadours* ou *trouvères*, et se répandirent bientôt dans toutes les autres provinces. Le roi Robert, ayant épousé Constance, fille du comte d'Arles, cette princesse en attira beaucoup à la cour de France. Rien n'est si contagieux que la poésie.

chacun voulut faire des vers, et s'attacha à la langue dans laquelle écrivoient ceux qui y excelloient. La langue tudesque cessa bientôt d'être en usage; et la langue romane continuant toujours à s'enrichir et à se perfectionner, on s'en servit également pour la prose et pour les vers.

Il seroit à souhaiter que nous eussions une suite des auteurs de ces temps-là : en les comparant, nous pourrions juger des progrès ou des changements qui arrivèrent dans la langue. Ces observations se feroient encore plus utilement sur des ouvrages en prose que sur des poëmes, parceque les poëtes, se permettant beaucoup de licences et de transpositions, n'étoient pas sans doute, dans ces temps-là, des modèles d'une syntaxe fort régulière. Cependant, pour remplir mon objet, autant que la disette des monuments le peut permettre, je dois rapporter quelques traits des auteurs que le temps a épargnés. En les fixant à-peu-près au temps où ils ont écrit, nous suivrons l'ordre des révolutions de la langue. Nous comparerons aussi les différences qui se trouvoient dès-lors entre la prose et la langue poétique.

Le plus ancien monument que nous ayons, et dont j'ai déja fait mention, est le serment de Louis-le-Germanique. Je ne parlerai point de celui de Charles-le-Chauve, non plus que du poëme d'Otfrid, parceque ces deux pièces étant en francheuch, théotisque ou tudesque, elles n'ont aucun rapport à la langue françoise, qui est sortie du roman, dans lequel Louis-le-Germanique fit son serment, pour se faire entendre des François. Quoiqu'on trouve ce serment dans plusieurs auteurs qui le rapportent d'après Nithard, comme il n'est pas long, l'objet de mon mémoire m'engage à le rapporter ici, pour fixer en quel état étoit alors la langue.

TEXTE.

« Pro Don[1] amur, et pro christian poblo et nos-
« tro commun salvament, dist di en avant, in quant
« Deus savir et potir me dunat, si salvarai eo cest
« meon fradra Karlo, et in adjudha et in cadhuna
« cosa, si cum hom per dreit son fradra salvar dist,
« ino quid il imi altre si faret, et ab Ludher nul
« plaid nunquam prindrai, qui meon vol cist meon
« fradre Karle in damno sit. »

TRADUCTION LITTÉRALE.

« Par amour de Dieu et du peuple chrétien, et pour notre commun salut, de ce jour en avant, en tant que Dieu me donnera de savoir et de pouvoir, je sauverai ce mien frère Charles, et l'aiderai en chacune chose, comme un homme par droit doit sauver son frère, en ce qu'il en feroit autant pour

[1] *Don* doit être une faute, pour *Dò*.

moi ; et je ne ferai avec Lothaire aucun traité qui, de ma volonté, puisse être dommageable à mon frère Charles. »

En lisant ce serment, on peut remarquer qu'il tient encore plus du latin que du françois. En effet, c'est de la langue latine que la françoise est sortie ; et les remarques de son origine seront d'autant plus sensibles, qu'on remontera plus haut. Il est vrai que le roman, participant beaucoup du tudesque, se servoit des tours et de la syntaxe de cette langue, en adoptant les expressions latines. Les cas furent déterminés par des articles et des particules, et non pas par des désinences différentes, comme dans le grec et dans le latin : les verbes ne furent conjugués que par le moyen des auxiliaires *avoir* et *être*, qui sont aujourd'hui dans toutes les langues de l'Europe ; au lieu que les Latins n'avoient que dans les passifs le verbe auxiliaire substantif. On peut donc assurer que le roman avoit déja autant de rapport avec le françois, auquel il a donné naissance, qu'avec le latin dont il sortoit, puisqu'une langue est aussi distinguée d'une autre par sa syntaxe, que par son vocabulaire.

Après le serment de Louis-le-Germanique, les lois des Normands par Guillaume-le-Bâtard ou le Conquérant, mort en 1087, sont un des plus anciens monuments de la langue. Je rapporte simplement ici le titre et quelques articles de ces lois, pour faire juger du françois qu'on parloit alors. Les titres de chaque article sont en latin [1].

« Ce sont les leis et les custumes que li reis « William grantut à tut le peuple de Engleterre « après le conquest de la terre. Ice les meismes que « le reis Edward sun cosin tint devant lui. »

Hæ sunt leges et consuetudines, quas Willielmus rex concessit universo populo Angliæ, post subactam terram. Eædem sunt quas Edwardus rex, cognatus ejus, observavit ante eum.

1º *De asilorum jure et immunitate ecclesiasticâ.*

« Ço est à saveir; pais à saint eglise, de quel for- « fait que home out fait en cel tens; et il pout venir « à saint eglise, out pais de vie et de membre. E se « alquons meist main en celui qui la mere eglise re- « quireit, se ceo fust u abbeie, u eglise de religion, « rendist ce que il javeireit pris, e cent sols, de for- « fait, e de mere eglise de paroisse xx sols, e de chap- « pele x sols, e que enfraiant la pais le rei en Mer- « cenelae, cent sols les amendes, altresi de Hein- « fare e de aweit purpensed. »

1º *Scilicet; pax sanctæ ecclesiæ, cujuscumque foris- facturæ quis reus sit hoc tempore; et venire potest ad*

---

[1] *Leges Anglo-Saxonicæ*, etc. David Wilkins, Londres, 1721, p. 219. J'ajoute ici le texte latin, pour faciliter l'intelligence du françois.

sanctam ecclesiam; pacem habeat vitæ et membri. Et si quis injecerit manum in eum qui matrem ecclesiam quæsierit, sive sit abbatia, sive ecclesia religionis, reddat eum quem abstulerit, et centum solidos nominę foris-facturæ : et matri ecclesiæ parochiali xx *solidos : et capellæ* x *solidos : et qui fregerit pacem regis in Merchenelegá* (c'est-à-dire, *in lege Merciorum.* V. gloss. du Cange), *centum solidis emendet : similiter de compensatione homicidii et de insidiis præcogitatis.*

Art. xxx. *De viis publicis.*

« De III chemins co est à saveir Wetlingstreet,
« et Ermingstreet, et Fos. Ki en alcun de ces che-
« mins oceit home qui seit errant per le pais, u asalt,
si enfreint la pais le roi. »

xxx. *De tribus viis, videlicet Wetlingstreet et Ermingstreet et Fosse. Qui in aliquá harum viarum hominem itinerantem sive occiderit, sive insilierit, is pacem regis violat.*

Art. xxxvii. *De adulterá à patre deprehensá.*

« Si le pere trovet sa file en adulterie en sa mai-
« sonn, u en la maisonn son gendre, ben li leist oc-
« cire ladultère. »

xxxvii. *Si pater deprehenderit filiam in adulterio in domo suâ, seu in domo generi sui, bene licebit ei occidere adulterum.*

Il paroît, par le titre de ces lois, que Guillaume ne fit que rédiger en un code et mettre en ordre celles que son prédécesseur Edouard III avoit publiées avant lui. Mais cette question n'est pas de mon sujet, et il me suffit d'en exposer le langage, qu'on appeloit dès-lors *françois*.

On voit que dans les lois de Guillaume les mots latins dominent beaucoup, et qu'ils y sont à peine déguisés. Quoique les déclinaisons ne fussent pas distinguées par des désinences différentes, comme chez les Latins, on n'employoit pas toujours régulièrement les particules qui marquent les cas différents dans les langues modernes. Il est cependant aisé de remarquer la différence de ce langage d'avec celui du serment de Louis-le-Germanique. Aussi, Guillaume-le-Conquérant s'attacha-t-il beaucoup à étendre et à perfectionner le françois, pour l'établir en Angleterre sur les ruines du saxon[1].

Il semble que la langue ait fait des progrès assez considérables depuis Charles-le-Chauve jusqu'aux règnes de Henri et de Philippe, tous deux premiers de leur nom et contemporains de Guillaume-le-Conquérant[2].

---

[1] Willielmus ordinavit ut linguam saxonicam destrueret, quòd nullus in curiâ regis placitaret nisi in gallico idiomate; et iterùm quòd puer quilibet ponendus ad litteras addisceret gallicum. Robert Holkoth, auteur anglois, qui mourut au milieu du quatorzième siècle.

[2] Henri étant monté sur le trône en 1031, Philippe ayant com-

Les sermons de saint Bernard, mort en 1153, ne font pas voir que la langue eût rien gagné. Pour être en état d'en comparer le langage avec celui des lois de Guillaume, je rapporterai ici le commencement de son premier sermon, transcrit d'après le manuscrit des Feuillans, donné au père Goulu, par Nicolas le Fèvre, précepteur de Louis XIII. Ce manuscrit est d'environ vingt-cinq ans après la mort de saint Bernard.

Ces sermons sont au nombre de quarante-quatre. Il seroit difficile de décider si saint Bernard, après avoir d'abord composé ces sermons en latin, les traduisit en françois, pour ceux de ses moines qui n'entendoient pas le latin, ou pour les laïcs, parceque les différences qui se rencontrent entre les deux textes sont quelquefois à l'avantage du latin, et quelquefois à l'avantage du françois, ce qui empécheroit d'assurer quel est le texte original.

« Ci commencent li sermon saint Bernars kil fait
« de l'avent et des altres festes parmei l'an. »

« Nos faisons vi, chier freire, l'encommence-
« ment de l'avent cuy nous est asseiz renomeiz et
« connis al munde, si come sunt li nom des altres
« solempniteiz. Mais li raison del nom nen est mies

mencé de régner en 1060, et Guillaume étant mort en 1087, après un règne de vingt-un ans en Angleterre, et de cinquante-deux ans en Normandie, c'est-à-dire, depuis 1035.

« par aventure si conüe. Car li chaitif fil d'Adam
« n'en ont cure de vériteit, ne de celles choses ka
« lor salueteit appartienent, anz quierent icil les
« choses défaillans et trespessaules. A quel gent fe-
« rons-nos semblans les homes de ceste génération,
« ou à quel gent ewerons nos ceos cui nos veons
« estre si ahers et si enracineiz ens terriens solas et
« ens corporiens, kil departir ne s'en puyent? »

Quelque barbare que paroisse encore ce langage, on doit présumer que c'étoit le plus poli de ce siècle-là : saint Bernard, vivant à la cour, devoit en parler la langue.

On trouve une chartre de 1133, de l'abbaye de Honnecourt. Cette pièce, qui est au moins aussi ancienne que les sermons de saint Bernard, pourroit bien être le plus ancien monument de cette espèce.

« Jou Renaut seigneur de Haukourt Kievaliers, et
« Jou Eve del Eries kuidant ke on jor ki sera no
« armes (*lisez* âmes) kieteront no kors, port si trair
« à Dius no seigneurs et ke no poieons rackater no
« fourfet en enmonant as iglises de Dius et as povre,
« por chous desorendroit avons de no kemun assent
« fach no titaument e derains vouletet, en kil foer-
« manch. Primes, etc.... [1] »

[1] Histoire de Cambrai, par Jean Le Carpentier, tom. II, p. 18 des preuves. A cette chartre pend un sceau représentant un lion

Quoique les progrès de la langue ne fussent pas rapides, on les sent déja dans Ville-Hardouin, qui est le premier historien françois que nous ayons, et qui finit en 1207 son histoire de la conquête de Constantinople par les François et les Vénitiens. Le commencement du premier livre, en donnant l'idée du style de l'ouvrage, marque aussi l'époque de l'expédition, et quels étoient les princes qui régnoient alors.

« Sachiés que 1198 ans après l'incarnation notre
« Sengnor J.-C. al tens Innocent III, apostoille de
« Rome et Filippe (Auguste ou second), roy de
« France, et Richart, roy d'Engleterre, ot un sainct
« home en France qui ot nom Folque de Nuilli; Cil
« Nuillis siest entre Lagny sor Marne et Paris : et il
« ere prestre et tenoit la paroiche de la ville; et cil
« Folques dont je vous di, commença à parler de
« Dieu par France et par les autres terres entor; et
« notre sires fist maint miracles por luy. Sachiés

---

et des billettes. Le P. Mabillon (*Diplom.*, liv. II, chap. I.) dit qu'il ne connoit point de chartre françoise plus ancienne que celles de Louis-le-Gros, en faveur de l'église de Beauvais, et d'Eudes, évêque de ce siège, concernant la même ville. La première de 1122, la seconde de 1147; mais celle-ci est postérieure à celle de l'abbaye de Honnecourt : l'autre avoit été donnée en latin, comme le prouve l'original qui s'en est trouvé depuis peu à Beauvais, et il est visible qu'elle n'a été mise en françois que postérieurement à sa date.

« que la renommée de cil saint home alla tant, qu'elle
« vint à l'apostoille de Rome Innocent; et l'apos-
« toille envoya en France, et manda al prodome que
« il empreschast des croix, par s'autorité : et après i
« envoya un suen Chardonal maistre Perron des
« Chappes Croisié ; et manda par luy le pardon tel
« come vos dirai. Tuit cil qui se croisseroient et fe-
« roient le service Deu un an en l'ost, seroient quit-
« tes de toz les pechiez que ils avoient faiz, dont ils
« seroient confés. Por ce que cil pardons fu issi gran,
« si s'en esmeurent mult li cuers des genz, et mult
« s'en croisierent, porce que li pardons ere si gran. »

Le style des établissements et ordonnances de saint Louis paroit encore meilleur que celui de Ville-Hardouin. On peut voir, par exemple, l'ordonnance rendue contre les blasphémateurs, en 1268 ou 1269, et tirée du registre *Noster* de la chambre des comptes de Paris, fol. 31. Elle fut faite en conséquence d'une bulle de Clément IV, du 12 juillet 1268, par laquelle ce pontife exhorte saint Louis à punir les blasphémateurs un peu moins sévèrement qu'il ne faisoit. Avant cette ordonnance, saint Louis, selon Nangis, faisoit punir les blasphémateurs par quelque mutilation : on leur perçoit les lèvres, où on les marquoit d'un fer rouge sur le front ou sur la langue.

« Si aucune personne, dit l'ordonnance, de

« l'aage de quatorze ans ou de plus, fait chose, ou
« dit parole en jurant, ou autrement qui torne à
« despit de Dieu, ou de nostre Dame, ou des Sainz,
« et qui fust si horrible qu'elle fust vileine à recor-
« der, il poira 40 liv. ou moins, més que ce ne soit
« moins de 20 liv. selon l'estat et la condition de la
« personne, et la manière de la vilaine parole, ou
« du vilain fait; et à ce sera contraint, se mestier
« est. Et si il estoit si poure que il ne peust poyer la
« poine desusdite, ne n'eust autre qui pour li la
« voussist payer, il sera mis en l'eschielle l'erreure
« d'une luye (une heure de jour), en lieu de notre
« justice, où les gens ont accoustumé de assembler
« plus communément, et puis sera mis en la prison
« pour six jours, ou pour huit jours au pain et à
« l'eau.

« Et se celle personne qui aura ainsi mesfait, ou
« mesdit, soit de l'aige de dix ans, ou de plus jus-
« qu'à quatorze ans, il sera batu par la justice du
« lieu, tout à nud de verges en apert, ou plus ou
« moins, selon la griéveté du mesfait, ou de la vi-
« laine parole : c'est assavoir li homme par hommes,
« et la fame par fames sans présence d'homme, se
« ils ne rachetoient la bature. »

La traduction de l'Histoire de Guillaume de Tyr,
et le livre des coutumes de Beauvoisis, rédigés par
Philippe de Beaumanoir, en 1283, me paroissent

d'un langage moins poli que l'ordonnance de saint Louis.

« Si grans haine, dit le traducteur de Guillaume
« de Tyr, estoit entre le roi et conte de Jaffe, que
« chacun jor creissoit plus en plus, et jusque à tant
« étoit la chose venue, que le roi queroit achaison
« par quoy il peust désevrer tot apertement le ma-
« riage qui iert entre lui et sa seror. Il requist le pa-
« triarche qui les ajornast, et dist qu'il voloit acu-
« ser ce mariage. »

Cette traduction est antérieure à 1295. (*Voyez* la Collection de DD. Martène et Durand.)

Le titre et le commencement de la préface de la coutume de Beauvoisis sont conçus en ces termes :

« Ci commenche li livres des coustumes et des
« usages de Biauvoisins selonc ce qu'il couroit ou
« tans que cist livres fu fez, c'est assavoir en 1283. »

C'est li prologue.

« La grant espérance que nous avons de l'aide à
« cheli par qui toutes choses sont fètes, et sans qui
« nulle bonne œuvre ne porroit estre fète, che est
« li pere, et li fies, et li sains esperiz. »

CHAPITRE PREMIER.

« Tout soit il ainssint que il nait pas en nous
« toutes les graces qui doivent estre en homme qui
« s'entremet de Baillie, pour che lerons nous pas à
« traiter premiérement en che chapitre de l'estat et
« de l'office as bailleus. »

La différence, quoique légère, que l'on peut remarquer entre le style de ces deux piéces et celui de l'ordonnance de saint Louis, vient de ce qu'on a toujours dû parler mieux dans la capitale que partout ailleurs. Nous le voyons encore par les Assises de Jérusalem, rédigées en 1369, près d'un siécle après saint Louis, dans une ville remplie de François.

CHAPITRE PREMIER.

Des assises de Jérusalem.

« Quant la sainte cité de Jérusalem fû conquise
« sur les ennemis de la crois, en l'an MXCIX, par
« un vendredy, et remise el pooir des feaus Jesu-C,
« par les pélerins qui s'ehmurent à venir conquerre
« la, par le preschement de la crois, qui fu preschée
« par Pierre l'Ermite, et que les princes et les ba-
« rons qui l'orent conquise, orent ehleu à roy et à
« seignor dou royaume de Jérusalem le duc Gode-
« froy de Buillon. »

Si l'on veut sentir encore mieux la différence qui a été de tout temps entre la langue de la capitale et celle qui se parle, non seulement dans un pays éloigné, mais dans une province du même royaume, il suffit de lire les coutumes données à Riom, par Alfonse, comte de Poitou, frère de saint Louis, en 1270.

TEXTE.

« So es assaber que per nos et per nostres succes-
« sors non sya faita en ladita villa talha, o questa,
« o alberjada, ny empruntarem a qui meymes, si
« non de grat a nos prestar voliom l'habitant em
« questa meyma villa. »

TRADUCTION LATINE.

« Videlicet quòd per nos vel successores nostros non fiat in dictâ villâ talia, sive questa, vel albergata, nec recipiemus ibidem mutuum, nisi gratis nobis mutuare voluerint habitantes in dictâ villâ. »

Il ne faudroit pas, à la vérité, juger par le langage de l'Alfonsine, de celui qui étoit en usage dans les autres provinces. La langue ne diffère ordinairement de celle de la capitale, qu'à proportion du commerce plus ou moins fréquent que les provinces entretiennent avec elle : d'ailleurs, les termes peuvent être les mêmes, et ne différer que dans la prononciation, dans l'accent ou dans l'orthographe; et ceux qui liroient un ouvrage en province, pourroient mettre sur le compte de la langue, ce qui ne devroit être attribué qu'à la façon d'orthographier.

On peut faire une remarque sur nos anciens écrivains, soit en vers, soit en prose : c'est qu'ils écrivent presque toujours les pluriels sans *s*, et qu'ils en mettent au singulier. C'est peut-être à cet ancien usage qu'il faut rapporter celui d'écrire avec une *s* finale la seconde personne du singulier de l'indicatif des verbes, dont l'infinitif se termine en *er: tu aimes, tu enseignes*, etc.; et c'est aussi, sans doute, l'origine de la bizarrerie que nous avons dans notre versification, de faire rimer ces singuliers avec des pluriels, sans qu'il en résulte autre chose, dans la versification, qu'une difficulté de plus, qui n'est rachetée par aucun agrément.

Cependant la langue continua toujours à se perfectionner; on peut en voir les progrès dans les écrits de Froissart, de Saint-Gelais, de Seissel, dans les lettres du cardinal d'Amboise, et sur-tout dans Commines. Ces ouvrages sont entre les mains de tout le monde. Mais le renouvellement des lettres, qui se fit sous François Ier, porta la langue à un point de perfection, auquel on n'a peut-être pas autant ajouté depuis, que plusieurs se l'imaginent.

Dans la discussion où je suis entré, je n'ai pris

les piéces de comparaison que dans les actes publics, ou dans les ouvrages de ceux qui ont écrit en prose; un seul exemple fera voir que je n'ai pas dû prendre mes preuves dans les poëtes.

Le plus ancien ouvrage en vers que je connoisse, est celui de Marbode, sur les pierres précieuses, dont il décrit la forme, la couleur, et les propriétés que la superstition leur attribuoit. Cet ouvrage peut être de 1123, et suffit pour montrer que la versification ne seroit pas un témoin sûr de l'état de la langue, puisque ce poëme, qui est postérieur de cinquante ans aux lois des Normands, est moins intelligible que le texte de ces lois [1].

> Evax fut un mult riche reis.
> Lu regne tint des Arabais.
> Mult fut de plusiurs choses sages:
> Mult aprist de plusiurs langages;
> Les set arts sut, si en fut maistre.
> Mult fut poischant et de bon estre.
> Grans trésors ot d'or et d'argent.
> Et fut larges à tuite gent.
> Pur lez grant sen, par la pruece
> Kil ot, e grant largece,
> Fut cunnuz e mult amez.
> Par plusiurs terres renumez.
> Neruns en ot oï parler :
> Pur ce ke tuit loï loer;
> Lama forment en sun curagge,
> Si li tramist un sen message.

[1] Ce poëme est imprimé à la suite des œuvres d'Hildebert, évêque du Mans, édition du P. Beaugendre. Col. 1638.

Neruns fut de Rume emperere,
En icel tens ke li reis ere, etc.

On croiroit que la plupart des anciens poëtes n'ont pas écrit dans la langue dont se servoient les écrivains en prose; les licences étoient alors les principales régles de la poésie. Les poëtes de nos jours n'ont pas les mêmes priviléges; leur style doit être, à la vérité, très différent de la prose; mais c'est moins pour faciliter leurs compositions, que pour les rendre plus agréables et plus frappantes. Nos poëtes n'ont plus le droit de se permettre les inversions vicieuses qui violoient autrefois toutes les régles de la syntaxe. Nous voulons qu'ils s'y assujétissent aussi scrupuleusement que s'ils écrivoient en prose, et que leur style, ne se distinguant que par la vivacité des images, la force et la richesse des idées, les expressions et les tours hardis, ne s'éloigne du naturel de la prose, que par une élégance particulière, qui, loin de marquer la foiblesse de l'art, est le caractère du génie.

Ce ne fut guère que sous François Ier que notre versification prit à peu près la forme qu'elle a aujourd'hui : c'est ce prince qui a tiré la langue de la barbarie, et peut-être, dans le seul cours de son règne, la langue françoise fit-elle autant de progrès, eu égard à l'état où elle étoit lorsqu'il monta sur le trône, qu'elle en a fait depuis. Ce n'est pas qu'il ne soit arrivé de prodigieux changements dans la langue; mais on pourroit assurer qu'ils ne sont ni aussi considérables, ni aussi essentiels que ceux qui se firent sous le règne de François Ier. A l'exception de quelques termes qu'il étoit nécessaire d'introduire dans la langue, pour exprimer des idées qui n'avoient pas leurs termes propres, il est constant que nous en avons proscrit beaucoup d'aussi expressifs que ceux qui les ont remplacés. Tels sont les changements qui arrivent chaque jour dans toutes langues vivantes ; quelques uns d'utiles, peu de nécessaires, et la plus grande partie par inconstance.

L'ordonnance par laquelle François Ier proscrivit le latin, des jugements et actes publics, pour y substituer le françois, contribua beaucoup à faire cultiver la langue : on est obligé de faire une attention sérieuse à la propriété et à la valeur des termes, dans des actes qui doivent régler les intérêts de tant de personnes, toujours prêtes à interpréter les lois à leur avantage.

La langue fit dès-lors assez de progrès pour que nous en ayons voulu conserver encore les tours et les expressions dans des ouvrages d'un certain genre, que nous appelons *stylé marotique*. Il est vrai qu'on en abuse assez souvent ; on s'est imaginé qu'il donnoit un air plus naïf : et je ne puis me dispenser de remarquer que la naïveté dépend particulièrement de l'idée et de l'image, et qu'on peut être naïf avec les termes les plus élégants. Les fables de La Fontaine ne sont pas moins naïves que ses contes, quoique le style en soit différent. Ce n'est pas la vétusté des mots qui rend les images naïves ; autrement, Marot, qui paroît aujourd'hui si naïf à la plupart des lecteurs, ne l'auroit pas été de son temps, ce qui ne se peut pas avancer. D'ailleurs, si l'on vouloit se donner la peine de faire la comparaison de notre style moderne marotique, avec celui de Marot, et que cet examen se fît avec quelque discussion grammaticale, on verroit que ce sont des styles bien différents. Mais la plus grande partie de ceux qui affectent cette manière d'écrire, n'ont en vue que la facilité qu'elle leur offre, en leur permettant d'employer ou de retrancher les articles, d'adopter les mots suivant le besoin, et de se servir du terme antique lorsque le moderne ne se prête pas à la mesure. A la suite d'un vers purement marotique, on en trouve souvent dont l'expression moderne va jusqu'au précieux : les exemples ne me manqueroient pas. Ainsi, on peut toujours douter du talent de ceux qui se servent de ce style, à moins qu'ils n'aient fait voir par d'autres ouvrages également purs, faciles et élégants, qu'ils sont capables d'en employer un autre.

En examinant les révolutions et les progrès de la langue jusqu'ici, je n'ai pas cru devoir rapporter un plus grand nombre d'exemples de ses différents âges. Mon dessein n'étoit pas de donner une liste des auteurs en tout genre qui ont écrit dans notre vieux style; j'en aurois eu un trop grand nombre, et il eût été inutile à mon objet : plusieurs contem-porains ne m'auroient pas fourni une différence sensible de langage, et j'ai cru devoir en choisir qui eussent écrit à plusieurs années de distance, pour faire mieux sentir les changements.

Je ne crois pas non plus qu'il soit nécessaire de passer le règne de François Ier. L'histoire des lettres depuis ce temps est également connue, et de ceux qui étudient par état, et des personnes qui n'ont d'autre guide dans leurs lectures que le goût de la littérature. Heureuse époque, à laquelle il faut rapporter non seulement la gloire d'avoir réveillé les esprits assoupis dans l'ignorance, mais encore les progrès que l'esprit a faits depuis dans les différents genres de connoissances! C'est ainsi que l'on doit au règne de Louis XIII, ou plutôt au ministère du cardinal de Richelieu, les personnages rares dans tous les ordres, qui ont illustré le règne de Louis XIV. Les grands hommes appartiennent moins au siècle qui les a vu naître et qui jouit de leurs talents, qu'au siècle qui les a formés, soit en leur laissant des modèles, soit en leur préparant des secours.

FIN DU MEMOIRE SUR LA LANGUE FRANÇOISE.

MÉMOIRE
SUR
LES DRUIDES.

Si le principal avantage de toutes les histoires est de concourir à former celle de l'esprit humain, il n'y en a point de plus intéressante que l'histoire des sectes de philosophes; et le dégré d'intérêt croît à proportion du rapport qu'elles ont avec nous. C'est d'après ce principe que j'ai pensé que les différents morceaux épars dans les auteurs qui parlent des druides étant réunis, éclaircis et mis en ordre, pourroient former un point d'histoire assez curieux; ils pourroient même servir à faire connoître l'esprit des premières lois de notre nation, et même de celles que nous suivons aujourd'hui. Quelque révolution qui puisse arriver dans les lois d'un peuple, elle ne se fait guère que par une voie insensible : les mœurs et les usages de tous les pays sont moins fondés sur la réflexion que sur des usages antérieurs, qui devoient leur naissance, partie au génie des peuples, et partie au hasard. Connoître bien ce qu'une nation a été dans des temps reculés, c'est un moyen de reconnoître ce qu'elle est encore aujourd'hui. Quoiqu'il ne nous reste pas assez de monuments au sujet des druides pour en former un corps d'histoire, on pourroit cependant tirer beaucoup de lumières de ceux qui subsistent, et les mettre dans un meilleur ordre. Je n'entreprends pas ici de traiter cette matière dans toute son étendue; mais d'éclaircir quelques points de leur doctrine, en commençant par leur hiérarchie.

Il y a sur l'origine du nom des druides plusieurs opinions, dont la plupart paroissent assez probables pour qu'on n'en puisse regarder aucune comme certaine. Les uns tirent ce nom de *drussim*, mot hébreu qui signifie contemplateur: d'autres du mot Δρῦς, un chêne; ou de *deron*, mot celtique qui signifie fort; nom qu'on donnoit aussi au chêne, comme *robur* et *quercus* sont synonymes en latin pour signifier cet arbre. On appuie cette dernière étymologie de l'usage qu'avoient les druides de célébrer leurs mystères dans les forêts. Je ne m'arrêterai pas à discuter ces différentes étymologies[1]: ces recherches, qui n'exigent pas moins de travail que d'au-

[1] Celle que M. Fréret m'a communiquée depuis la lecture de ce mémoire, me paroît la plus naturelle de toutes, puisqu'il la trouve dans la langue celtique. Il la tire de deux mots, *de* ou *di* Dieu et *rhouydd* ou *rhaid*, participe du verbe *raidheim* ou *rhouidim*, parler, dire, haranguer, s'entretenir: par cette étymologie, le nom de *Derhouydd* aura la même signification que le θεολόγος des Grecs, théologien.

tres plus intéressantes, sont rarement utiles, et presque toujours terminées par une incertitude qui n'est que trop souvent le fruit de nos études, mais qui n'en doit pas être l'objet.

Pour faire mieux connoître ce qu'étoient les druides, il est important d'observer que le gouvernement des Gaules étoit aristocratique, du moins au temps de Jules-César, et l'on ne pourroit rien dire que de fabuleux sur les rois qu'on dit avoir régné dans des temps plus reculés.

La république des Gaulois étoit composée de trois différents états, les druides, les chevaliers, et le peuple.

Les druides étoient chargés du sacerdoce et de tout ce qui regardoit la religion et les lois; les chevaliers portoient les armes; et le peuple suivoit les chevaliers à la guerre ou cultivoit les terres. Laissant à part ce qui concerne les deux derniers états, je vais examiner dans ce mémoire la hiérarchie, la discipline et les principaux dogmes des druides.

Les druides, connus aussi sous les noms de *bardes*, *eubages*, *vacies*, *saronides*, *samothées*, ou *simnothées*, étoient distingués en trois principaux ordres[1].

Les premiers étoient les prêtres chargés des sacrifices, des prières, et d'interpréter les dogmes de

---

[1] Il faut réduire ces six ordres aux trois marqués dans Diodore et dans Strabon. Les *vacies*, les *saronides* et les *samothées* sont les mêmes que les druides, les bardes et les eubages. (Voyez *Diod.*,

la religion : à eux seuls appartenoient la législation, l'administration de la justice, et l'emploi d'instruire la jeunesse dans les sciences, telles que la théologie, la morale, la physique, la géométrie et l'astrologie ; je dis l'astrologie, parceque non seulement ils étudioient le cours des astres, ce qui fait l'objet de l'astronomie, mais ils y cherchoient de plus la connoissance de l'avenir, erreur qui s'est trouvée dans toutes sortes de religions, dont on a fait quelquefois profession ouverte, et qui a toujours eu ses partisans secrets. Les bardes étoient commis pour chanter des vers à la louange de la divinité et des hommes illustres ; ils jouoient des instruments et chantoient à la tête des armées, avant et après les combats, pour exciter et louer la valeur des soldats, ou blâmer ceux qui avoient trahi leur devoir.

Les eubages tiroient les augures des victimes. Ces différentes classes avoient pour chef un souverain pontife qui avoit sur elles une autorité absolue ; et, quoiqu'elles fussent expressément distinguées les unes des autres dans leurs fonctions, les auteurs comprennent souvent le corps général des druides sous le nom de quelques unes de ces classes, qu'elles

l. V, et *Strab.*, l. IV.) César et Pomp. Méla ne parlent que des druides.

On trouve, dans l'*Astrée* de Durfé, beaucoup de choses curieuses, dont on feroit plus de cas qu'on n'en fait, si elles étoient ailleurs que dans un roman, ou qu'on sût qu'elles lui ont été fournies par le célèbre Papon.

tiroient vraisemblablement de leurs premiers pontifes.

On voit, par les différents emplois des druides, qu'ils n'étoient pas uniquement renfermés dans les fonctions religieuses, et qu'ils devoient avoir la meilleure part dans le gouvernement. Chez plusieurs peuples, le sacerdoce a souvent été uni à l'autorité civile et politique, ou a servi de moyen pour y parvenir.

En effet, le chef des druides étoit aussi le souverain de la nation, et son autorité, fondée sur le respect des peuples, étoit fortifiée par le nombre prodigieux des prêtres qui lui étoient subordonnés. La multiplication des familles des druides formoit, pour ainsi dire, un peuple qui commandoit à un autre; tous les jours de nouveaux sujets entroient dans le sacerdoce; et quoique tous leurs enfants ne prissent pas le parti de s'y faire initier, ils demeuroient toujours attachés à leurs familles, dont le crédit leur faisoit donner les premiers emplois de la république.

Les druides, du moins ceux qui étoient revêtus du sacerdoce, s'appliquoient continuellement à l'étude, et se retiroient, hors le temps de leurs fonctions publiques, dans des cellules au milieu des forêts; ils étoient les arbitres de la paix et de la guerre, et exempts des charges publiques, tant civiles que militaires. Les généraux n'osoient livrer bataille qu'après avoir consulté les vacies et leur avoir fait faire des sacrifices : le soldat avoit plus de confiance en leurs prières que dans son courage, et le peuple étoit persuadé que la puissance et le bonheur de l'état dépendoient du grand nombre des druides et de l'honneur qu'on leur rendoit; tel étoit le respect qu'on avoit pour leurs jugements, qu'ils étoient toujours sans appel. Une déférence si marquée et si contraire à l'esprit d'intérêt, prouve assez l'opinion qu'on avoit de leur équité.

Ceux qui vouloient entrer dans le corps des druides devoient en être dignes par leur vertu, et quelques uns travailloient à s'en rendre capables par un cours de vingt années d'étude, pendant lequel il n'étoit pas permis d'écrire la moindre chose des leçons qu'on recevoit; il falloit tout apprendre par cœur, soit que ce fût pour exercer la mémoire en rendant les écoliers plus attentifs, ou pour ne pas divulguer les mystères.

Après le cours d'études, on subissoit un examen, et l'on n'étoit admis qu'en récitant plusieurs milliers de vers, soit en principes, soit en réponses à des questions : ainsi, toute la religion des druides étoit fondée sur une tradition peut-être moins invariable que des dogmes écrits, mais beaucoup moins sujette à dispute, parceque les changements ou altérations se faisant par une voie insensible, on ne pouvoit attaquer cette tradition par des écrits subsistants, et les dogmes paroissoient toujours les mêmes.

Le premier, et originairement l'unique collége des saronides, étoit entre Chartres et Dreux; c'étoit aussi le chef-lieu ou la métropole des druides, et l'on en voit encore des vestiges; mais le grand nombre d'écoliers qui y accouroient de toutes parts, les obligea de bâtir des maisons en différents endroits des Gaules, pour y tenir des écoles publiques, dans lesquelles on enseignoit les dogmes religieux et les sciences.

Le principal corps des druides faisoit sa résidence dans l'Autunois pendant les six mois d'été, vers la montagne qu'on nomme encore aujourd'hui Mont des Druides, et ils passoient l'hiver à Chartres, où étoit le siége souverain de leur domination. On y tenoit les assemblées générales, et l'on y faisoit les sacrifices publics; mais les siéges de justice ordinaires et les sacrifices particuliers étoient assignés en divers lieux des Gaules.

Le grand sacrifice du gui de l'an neuf se faisoit avec beaucoup de cérémonies près de Chartres, le sixième jour de la lune, qui étoit le commencement de l'année, suivant leur manière de compter par les nuits.

Lorsque le temps de ce sacrifice approchoit, le grand prêtre envoyoit ses mandements aux vacies, pour en annoncer le jour aux peuples. Les prêtres, qui ne sortoient de leurs retraites que pour de pareilles solennités ou des affaires de grande importance et par ordre du souverain pontife, parcouroient aussitôt les provinces, criant à haute voix : *Au gui de l'an neuf! Ad viscum druidæ clamore solebant.*

La plus grande partie de la nation se rendoit aux environs de Chartres au jour marqué ; là on cherchoit le gui sur un chêne d'environ trente ans, et lorsqu'on l'avoit trouvé, on dressoit un autel au pied, et la cérémonie commençoit par une espèce de procession. Les eubages marchoient les premiers, conduisant deux taureaux blancs pour servir de victimes ; les bardes qui suivoient chantoient des hymnes à la louange de la divinité et en l'honneur du sacrifice ; les écoliers marchoient après, suivis du héraut d'armes vêtu de blanc, couvert d'un chapeau avec des ailes, et portant en main une branche de verveine, entourée de deux serpents, tel qu'on peint Mercure. Les trois plus anciens druides, dont l'un portoit le pain qu'on devoit offrir, l'autre un vase plein d'eau, et le troisième une main d'ivoire attachée au bout d'une verge, représentant la justice, précédoient le grand-prêtre qui marchoit à pied, vêtu d'une robe blanche et d'un rochet par-dessus, entouré de vacies vêtus à peu près comme lui, et suivis de la noblesse.

Ce cortége étant arrivé au pied du chêne choisi,

le pontife après quelques prières brûloit un peu de pain, versoit quelques gouttes de vin sur l'autel, offroit le pain et le vin en sacrifice, et les distribuoit aux assistants; il montoit ensuite sur l'arbre, coupoit le gui avec une serpette d'or, et le jetoit sur une nappe blanche, ou dans le rochet d'un des prêtres. Le premier descendoit alors, immoloit les deux taureaux, et terminoit la solennité par ce sacrifice.

Les druides recueilloient avec moins d'apparat l'herbe appelée *selago*, espéce de bruyère ou de tamarin; mais on y employoit cependant quelques pratiques mystérieuses. Un prêtre à jeûn, purifié par le bain, vêtu de blanc, commençoit par le sacrifice du pain et du vin; et s'avançant pieds nus dans la campagne, et comme s'il eût voulu cacher à ses propres yeux ce qu'il alloit faire, il passoit la main droite sous la manche du bras gauche, arrachoit l'herbe de terre sans aucun ferrement, et l'enveloppoit dans un linge blanc et neuf; il en exprimoit ensuite le suc, qui passoit pour un remède dans certaines maladies, et l'on supposoit apparemment que son efficacité étoit principalement due aux mystères avec lesquels il étoit cueilli et composé. C'est ainsi que, dans les fausses religions, on a eu recours aux mystères pour rendre respectables des choses qui, sans cela, n'auroient été que puériles. Le *samolus* se cueilloit avec des cérémonies à peu près pareilles.

Il y avoit encore des sacrifices qui se faisoient

dans un profond silence de la part du prêtre et des assistants.

Les druides avoient beaucoup de foi à la vertu des œufs de serpents, qu'ils ramassoient avec des cérémonies mystérieuses ; et ils portoient pour armoiries dans leurs enseignes, d'azur à la couchée de serpents d'argent, surmontée d'un gui de chêne garni de ses glands de sinople. Les habitants d'Autun, qui se prétendent descendus des druides, portent dans leurs armes, de gueule à trois serpents enlacés d'argent qui se mordent la queue, au chef d'azur chargé de deux têtes de lions arrachées d'or.

Les druides distribuoient le gui, par forme d'étrennes, au commencement de l'année ; c'est de là qu'est venue la coutume du peuple chartrain, de nommer les présents qu'on se fait encore à pareil jour, *éguilables*, pour dire le gui de l'an neuf.

Les chefs des druides portoient une robe blanche ceinte d'une bande de cuir doré, un rochet et un bonnet blanc tout simple ; et leur souverain pontife étoit distingué par une houppe de laine avec deux bandes d'étoffe qui pendoient derrière comme aux mîtres des évêques.

Les bardes portoient un habit brun, un manteau de même étoffe attaché avec une agrafe de bois et un capuchon pareil aux capes de Béarn, et à peu près comme des récollets.

Les états ou grands jours, qui se tenoient réglément à Chartres tous les ans lors du grand sacrifice, délibéroient et prononçoient sur toutes les affaires d'importance, et qui concernoient la république. On y recherchoit les malversations et tous les crimes qui étoient échappés aux tribunaux particuliers, ou qui étoient restés impunis. Les tribunaux ordinaires étoient composés d'un président, de plusieurs conseillers choisis parmi les vieillards et connus par leur capacité, et d'avocats pour défendre le droit des parties. Les juges, revêtus d'une robe tissue d'or, portoient un carcan, des brasselets et des anneaux d'or, et paroissoient avec cette magnificence majestueuse qui contribue à augmenter le respect des peuples. Ils faisoient quelquefois des tournées dans les provinces, autant pour prévenir que pour juger les procès.

Les principaux objets des lois des druides étoient l'honneur qu'on doit au souverain Être;

La distinction des fonctions des prêtres;

L'obligation d'assister à leurs instructions et aux sacrifices solennels;

La défense de discuter les matières de religion et de politique, excepté à ceux qui avoient l'administration de l'une ou de l'autre au nom de la république;

La permission aux femmes de juger les affaires particulières pour fait d'injures [1];

---

[1] On ne pouvoit appeler de leurs jugements : on avoit enfin

La défense de l'injure, du commerce étranger sans congé, et celle de révéler aux étrangers les dogmes ou les lois;

Les peines contre l'oisiveté, le larcin et le meurtre qui en sont les suites;

L'établissement des hôpitaux;

L'éducation des enfants, qui étoient élevés en commun, hors de la présence de leurs parents;

Les devoirs qu'on devoit rendre aux morts. C'étoit honorer leur mémoire que de conserver leurs crânes, et de les faire border d'or ou d'argent, et de s'en servir pour boire.

Lorsque les sacrifices solennels étoient finis et les états séparés, les druides se retiroient dans les différents cantons où ils étoient chargés du sacerdoce, et là ils se livroient, dans le plus épais des forêts, à la prière et à la contemplation: ils n'avoient point d'autres temples, et croyoient que d'en élever, c'eût été renfermer la divinité, qui ne peut être circonscrite.

Indépendamment des fonctions religieuses, de la législation et de l'administration de la justice, les druides exerçoient encore la médecine, où il entroit

pour elles une extrême déférence. Il étoit dit, dans un traité fait entre les Gaulois et les Carthaginois, que si un Gaulois se plaignoit d'un Carthaginois pour des injures, l'affaire seroit portée devant le magistrat de Carthage; mais que si c'étoit un Carthaginois qui se plaignît, les femmes gauloises en seroient les juges. Nos mœurs semblent avoir remplacé les lois de nos ancêtres.

alors plus de pratiques superstitieuses que de connoissances physiques, c'est-à-dire, qu'ils étoient en possession de tout ce qui affermit l'autorité et subjugue les hommes, l'espérance et la crainte. Leur puissance a constamment subsisté jusqu'à la conquête des Gaules par les Romains, et ils continuèrent encore l'exercice de leur religion pendant près de soixante ans, jusqu'au temps où Tibère, craignant qu'elle ne fût une occasion de révolte, fit massacrer les prêtres druides, et raser les bois dans lesquels ils rendoient leur culte : je ne dois pas oublier de dire qu'il y avoit des fonctions du sacerdoce dont les femmes des druides étoient chargées ; telle étoit la divination.

Après avoir exposé ce qui concerne la morale et la discipline des druides, il seroit à souhaiter que nous eussions un peu plus de connoissance de leurs dogmes que nous n'en avons ; mais il me paroît que tout ce qu'on peut recueillir des différents auteurs qui ont parlé des druides, est qu'ils reconnoissoient l'immortalité de l'ame. Pomp. Méla dit : *Æternas esse animas, vitamque alteram ad manes.* Lucain est du même sentiment :

> . . . . . Regit idem spiritus artus
> Orbe alio : longæ. . . . . vitæ
> Mors media est.

César et Diodore de Sicile paroissent croire que le système des druides étoit celui de la métempsycose ; il est vrai que les auteurs n'emploient pas assez de précision dans les jugements qu'ils portent des religions anciennes ou étrangères, de sorte qu'ils donnent quelquefois comme un dogme commun à différents peuples, des opinions très différentes entre elles : c'est ainsi que l'on confond le dogme de l'immortalité de l'ame avec la métempsycose égyptienne et pythagoricienne.

La métempsycose exclut absolument l'idée d'une vie éternelle qui doit suivre celle-ci ; en effet, si l'on dit que les ames parcourent successivement plusieurs corps et passent indifféremment d'un animé dans un végétal, ce système sera celui de l'ame du monde et un pur matérialisme. Si l'on restreint la transmigration des ames aux corps animés, on ne conçoit pas qu'on puisse regarder comme une substance numériquement et individuellement la même, une ame qui ne conserve pas dans les corps différents la mémoire d'un état antérieur et la *conscience*, c'est-à-dire, le sentiment d'une existence continue. Sans la *conscience*, une ame qu'on dit être la même en parcourant dix corps, sera dix êtres et dix ames aussi distinctes l'une de l'autre que dix hommes qui vivent en même temps, et qui éprouvent des sensations différentes. Si l'ame d'Achille passe dans le corps de Tarquin ou de Lucréce, cette ame ne sera pas plus alors celle d'Achille que celle de Thersite. Le système de la métempsycose n'est donc pas le même dogme que celui de l'immortalité de l'âme.

Une question plus importante est de savoir si les druides admettoient l'unité de Dieu ; et je crois, malgré l'opinion commune, qu'on peut nier, ou du moins douter, qu'ils aient été polythéistes, du moins avant l'invasion des Romains. Commençons par fixer le sens des termes. L'idolâtrie consiste à rendre à des êtres créés et matériels le culte qui n'est dû qu'à Dieu ; et le polythéisme à partager et multiplier la divinité. Or, il est d'abord certain que les druides n'étoient pas idolâtres, puisqu'ils n'avoient pas même de types représentatifs de la divinité ; ils l'invoquoient dans des bois écartés, et n'avoient point de temples, parcequ'ils pensoient qu'il étoit injurieux à Dieu de prétendre le renfermer : c'étoit admettre son immensité jusqu'au scrupule, et cet attribut est absolument exclusif de la pluralité des dieux : les druides n'étoient donc ni polythéistes, ni idolâtres ; je suis même persuadé qu'il n'y a jamais eu de polythéistes sans idolâtrie, ni d'idolâtrie sans images. Développons cette idée.

La première connoissance que les hommes ont eue de Dieu, a été et a dû être celle d'un être unique ; mais les idées confuses qu'ils se sont formées de ses attributs, ont pu être la source de leurs erreurs : en voulant fixer ces idées et les communiquer à d'autres hommes, ils ont eu recours à des figures et des images sensibles ; ces figures appliquées à un culte religieux, ont été une occasion d'idolâtrie et de polythéisme. La distinction de la représentation d'avec la chose représentée, n'est guère éclaircie dans l'esprit du peuple : chaque attribut a été pris pour un être complet, et la consécration des images les a fait insensiblement regarder comme étant devenues le siège de la divinité ; je ne manquerois pas d'exemples de cette gradation d'idées grossières chez les peuples même où le nom d'idolâtrie est en horreur. Le second article du Décalogue, qui proscrit les figures dont l'abus est presque infaillible, est donc très sage, si j'ose me servir d'une expression si foible en parlant de l'ouvrage de l'auteur de toute sagesse.

L'erreur où l'on est à l'égard des druides vient de ce que les païens ont pris dans leur propre religion les idées qu'ils se sont faites de celle des Gaulois ; nous ne sommes pas assez instruits de cette religion pour savoir ce qu'on entendoit par Hesus, Teutates, etc. ; mais nous le sommes assez pour penser que des hommes qui ne représentent ni ne matérialisent la Divinité, ne doivent pas être regardés comme idolâtres ; Tacite en convient en parlant des Germains qui suivoient la religion des Gaulois leurs aïeux, qui n'étoit pas autre que celle des druides ; il dit : « Nulla simulacra ; nullum peregrinæ superstitionis vestigium » ; et dans un autre endroit : « Nec « cohibere parietibus Deos, neque in ullam humani

« oris speciem assimilare ex magnitudine cœlestium
« arbitrantur. Lucos ac nemora consecrant, Deo-
« rumque nominibus appellant secretum illud quod
« solâ reverentiâ vident. »

On pourroit, dans une religion, admettre les figures et les représentations sans idolâtrie; mais il ne peut pas y avoir d'idolâtrie sans images. Quoique Tacite dise que les druides donnoient les noms de leurs dieux aux bois ou bosquets, *lucus*, *nemus*, dans lesquels ils rendoient leur culte, il parle d'après ses idées sur le polythéisme; mais il fournit lui-même les principes du raisonnement propre à les réfuter, puisqu'il rapporte des faits qui impliquent contradiction, dont les premiers, étant positifs, détruisent ceux qui ne sont que d'induction : c'est ainsi que les historiens les plus éclairés peuvent se tromper sur des mœurs, des lois, ou des religions étrangères qu'ils n'approfondissent pas toujours, soit qu'ils ne s'y intéressent pas assez, ou qu'ils croient les avoir suffisamment examinées, ou qu'ils ne les regardent pas comme leur objet principal.

Les peuples des Gaules ont toujours conservé tant d'éloignement pour les figures religieuses, qu'ils ne les admirent pas non plus lorsqu'ils eurent embrassé le christianisme, de sorte que dans le temps où l'église grecque paroissoit avoir fait du culte des images une partie essentielle de la religion, le concile de Francfort se borne à recommander la vénération pour l'image de la croix, qui ne pouvoit induire en aucune erreur. L'abus qu'on avoit fait des images chez les Grecs avoit sa source dans l'ancienne idolâtrie et peut-être dans leur goût pour la peinture et la sculpture.

Quelle que soit mon opinion sur les druides, je ne la crois pas incontestable; mais elle me paroît plus vraisemblable que l'opinion commune. Comme l'académie n'est point garant des opinions particulières de ses membres, elle a toujours également admis les mémoires les plus opposés; il n'y en a même aucun qui ne doive être contredit, du moins par voie d'examen, dans nos assemblées : c'est l'unique moyen d'éclaircir la vérité; et j'ai remarqué que ces discussions sont souvent plus utiles et plus intéressantes que les mémoires qui en sont l'objet; ainsi il me suffit d'avoir établi un doute raisonnable, toujours préférable à une erreur, et peut-être, en fait d'histoire, à une vérité mal prouvée.

FIN DU MÉMOIRE SUR LES DRUIDES.

MÉMOIRE

SUR

LES ÉPREUVES

PAR LE DUEL ET PAR LES ÉLÉMENTS,

Communément appelées Jugements de Dieu.

Ce ne sont pas toujours les points d'histoire traités par un plus grand nombre d'auteurs, qui sont les mieux éclaircis; les historiens sont souvent les échos les uns des autres. Un lecteur, après avoir parcouru une histoire, la retrouve à peu près la même dans un autre historien, ou, s'il y remarque quelques endroits opposés, il manque souvent de moyens pour discerner la vérité; ainsi il lira plusieurs auteurs, ou sans rien apprendre de nouveau, ou sans éclaircir ce qui sera douteux ou contradictoire.

Si les faits sont obscurs, on trouve encore moins de lumières sur ce qui concerne les usages d'une ancienne nation: l'obscurité qu'on rencontre à cet égard dans l'histoire, vient de ce que les auteurs qui écrivent celle de leur temps, ne s'avisent guère d'expliquer les usages connus auxquels sont relatifs les faits qu'ils rapportent; mais leurs ouvrages venant à passer à la postérité, et ces usages étant abolis ou changés, on trouve beaucoup d'obscurité dans des choses qui étoient fort claires pour des contemporains. C'est ainsi que la lettre la plus simple d'un ami à un autre seroit souvent une énigme pour un tiers.

Rien ne justifie mieux ma réflexion que l'histoire d'un peuple étranger. L'éloignement des lieux fait à notre égard le même effet que celui des temps; de là vient que ceux qui entreprennent d'écrire l'histoire d'une nation étrangère, commencent par nous donner une idée de ses mœurs et de ses coutumes: ils sentent que, sans cette connoissance, nous ne serions pas en état d'entendre la plupart des faits qu'ils ont à rapporter; et les écrivains entrent à ce sujet dans des détails d'autant plus grands que le peuple dont ils veulent parler est plus éloigné, et par conséquent plus étranger pour nous. L'éloignement des temps nous rend aujourd'hui notre propre nation étrangère, et nous ne connoissons qu'imparfaitement nos ancêtres. Les commentateurs cherchent en vain à dissiper ces ténèbres; avec beaucoup de travail et d'esprit ils nous donnent des conjectures, et non pas des lumières; peut-être même en coûteroit-il moins pour trouver la vérité, que pour former des conjectures aussi subtiles.

Parmi les coutumes qui ont régné anciennement dans la monarchie, il n'y en a peut-être point de plus singulières et de moins éclaircies que les épreuves dont on appuyoit le serment dans les affaires douteuses, soit civiles soit criminelles. Les juges déféroient alors le serment à l'accusé, qui, pour preuve de la vérité de son affirmation, subissoit quelques unes des épreuves dont je vais parler. Ces jugements étoient nommés *jugements de Dieu*, parceque l'on étoit persuadé que l'événement de ces épreuves, qui auroit pu en toute autre occasion être imputé au hasard, étoit dans celle-ci un jugement formel par lequel Dieu faisoit connoître clairement la vérité en punissant le parjure.

Les auteurs qui parlent de ces épreuves, rapportent simplement des faits sans liaison, souvent contradictoires, et plus propres à faire naître les doutes qu'à les résoudre.

Je vais tâcher d'éclaircir ce point d'histoire ; et, pour le traiter avec plus d'ordre, j'exposerai sommairement ce qui se pratiquoit dans les épreuves ; j'examinerai ensuite quel jugement on en peut porter.

Lorsque les Romains s'emparèrent des Gaules, ils trouvèrent des peuples barbares, et qui, par conséquent, ne devoient pas être encore assez corrompus pour avoir beaucoup multiplié les lois, qui ne naissent qu'avec les crimes ; mais les Romains, qui vouloient que leur empire ne fût qu'un grand corps gouverné par un même esprit, portoient par-tout leurs lois avec leurs conquêtes; ils y assujettirent les Gaulois, et ce fut peut-être à ces lois que ceux-ci durent la première connoissance des crimes, du moins des crimes réfléchis. D'ailleurs, ces barbares, frappés d'admiration pour les Romains, voulurent les imiter; ils cherchèrent à se polir, et le premier pas vers la politesse n'est que trop souvent contre l'innocence; ils affectèrent le luxe de leurs vainqueurs, ils ne songèrent plus à secouer le joug, et ils devinrent polis et esclaves; ainsi la Gaule étoit devenue toute romaine lorsque les Francs s'en emparèrent.

Les Francs, assez semblables aux anciens Gaulois, bornoient leurs lois à quelques usages qu'ils avoient reçus de leurs ancêtres : il suffit de jeter les yeux sur le code des lois antiques, pour juger de leurs mœurs; tous les cas détaillés ou prévus ne sont que des larcins, des querelles, et tout ce qui peut naître de la violence.

Nos premiers rois, en conservant leurs usages, laissèrent vivre suivant la loi romaine les Gaulois et les Romains, qui ne formoient alors qu'un peuple dans les Gaules.

Cependant le mélange des peuples fit qu'insensiblement les vainqueurs empruntèrent les lois des vaincus, et ceux-ci adoptant plusieurs usages des vainqueurs, il y en eut qui leur furent absolument communs : tels étoient ceux qui concernoient les épreuves comprises sous le nom général de *jugements de Dieu*.

Les Francs, avant que d'avoir l'usage de l'écriture, et même depuis, se servoient plus, dans leurs procès, de témoins que de titres ; mais, soit que le nombre des témoins ne fût pas suffisant, ou leur témoignage assez clair, les affaires paroissoient souvent douteuses : c'étoit dans ces occasions que l'on recouroit au serment et aux épreuves. Il y en avoit de bien des espèces ; mais elles se rapportoient toutes à trois principales, savoir, le serment, le duel, et l'ordalie ou l'épreuve par les éléments.

Le serment, qu'on nommoit aussi *purgation canonique*, se faisoit de plusieurs manières. L'accusé[1] prenant une poignée d'épis, les jetoit en l'air en attestant le ciel de son innocence. Quelquefois, une lance à la main, il déclaroit qu'il étoit prêt à soutenir par le fer ce qu'il affirmoit par serment ; mais l'usage le plus ordinaire et le seul qui subsista dans la suite, étoit de jurer sur un tombeau, sur des reliques, sur l'autel ou sur les évangiles.

Quand il s'agissoit d'une accusation grave, formée par plusieurs témoins, mais dont le nombre étoit moindre que celui que la loi exigeoit, ils ne pouvoient former qu'une présomption plus ou moins

[1] Jurator vel sacramentalis.

grande suivant le nombre des accusateurs. Ce cas étoit d'autant plus fréquent, que la loi pour convaincre un accusé, exigeoit beaucoup de témoins. Il en falloit soixante-douze contre un évêque, quarante contre un prêtre, plus ou moins contre un laïque suivant la qualité de l'accusé ou la gravité de l'accusation. Lorsque ce nombre n'étoit pas complet, l'accusé ne pouvoit être condamné; mais il étoit obligé de présenter plusieurs personnes, ou le juge les nommoit d'office, et en fixoit le nombre suivant celui des accusateurs, mais ordinairement à douze[1]; ces témoins attestoient l'innocence de l'accusé, ou, ce qui est le plus raisonnable de penser, certifioient qu'ils le croyoient incapable du crime dont on l'accusoit, et par là formoient en sa faveur une présomption d'innocence capable de détruire ou de balancer l'accusation intentée contre lui. Nous trouvons dans l'histoire un exemple bien singulier d'un pareil serment.

Gontran, roi de Bourgogne, faisant difficulté de reconnoître Clotaire II pour fils de Chilpéric son frère, Frédégonde, mère de Clotaire, non seulement jura que son fils étoit légitime, mais fit jurer la même chose par trois évêques et trois cents au-

---

[1] Conjuratores, compurgatores vocabantur. *Vide decretum Childeberti regis.* Duodecim personis se ex hoc sacramento exuat: *Leges Burgund.* tit. *VIII.* Cum duodecim juret: *Leges Bojor.*, tit. *VIII, parag. III.* Cum duodecim sacramentalibus juret de lite sua: *Leges Frisonum*, tit. *XIV.* Sua duodecima manu juret.

tres témoins; Gontran n'hésita plus à reconnoître Clotaire pour son neveu : s'il formoit des doutes, il n'étoit pas du moins fort difficile sur les preuves.

Quelques lois exigeoient que, dans une accusation d'adultère, l'accusée fît jurer avec elle des témoins de son sexe. Étoit-ce, de la part de la loi, faveur ou sévérité?

On trouve aussi plusieurs occasions où l'accusateur pouvoit présenter une partie des témoins qui devoient jurer avec l'accusé, de façon cependant que celui-ci pût en récuser deux de trois. Mais comment un accusateur pouvoit-il fournir à son adversaire les témoins de son innocence? cela paroît d'abord contradictoire. Pour résoudre la difficulté, il suffit d'observer, comme nous l'avons déjà établi, que les témoins qui s'unissoient au serment de l'accusé, juroient simplement qu'ils le croyoient innocent, et fortifioient leur affirmation de motifs plus ou moins forts suivant la confiance qu'ils avoient en sa probité; ainsi l'accusateur exigeoit que tels et tels qui étoient à portée de connoître les mœurs et le caractère de l'accusé, fussent interrogés; ou bien l'accusé étant sûr de son innocence et de sa réputation, et dans des cas où son accusateur n'avoit point de témoins, il le défioit d'en trouver, en se réservant toujours le droit de récusation.

Il est certain que la religion du serment étoit en grande vénération chez ces peuples; ils avoient peine à supposer qu'on osât être parjure; mais, en louant ce sentiment, on ne sauroit assez admirer par quelles ridicules et basses pratiques ils croyoient qu'on pouvoit en éluder l'effet.

Le roi Robert, voulant exiger un serment de ses sujets, et craignant aussi de les exposer au châtiment du parjure, les fit jurer sur une châsse sans reliques; comme si le témoignage de la conscience n'étoit pas le véritable serment, dont le reste n'est que l'appareil. C'étoit avoir une idée bien grossière et bien fausse du Dieu d'esprit et de vérité.

Quelquefois, malgré le serment de l'accusé, l'accusateur persistoit dans son accusation; alors l'accusateur, pour preuve de la vérité, et l'accusé pour preuve de son innocence, ou tous deux ensemble demandoient le combat. Il falloit y être autorisé par sentence du juge; s'il jugeoit *qu'il échéoit gage de bataille*, l'accusé jetoit un gage, qui d'ordinaire étoit un gant; ce gage étoit relevé par le juge ou par l'accusateur avec permission du juge; ensuite les combattants étoient constitués prisonniers, ou remis à la garde de gens qui en répondoient. Les gages étant reçus, les parties ne pouvoient plus s'accommoder que du consentement du juge, qu'ils n'obtenoient qu'avec peine, et en payant l'amende que le seigneur avoit droit de prétendre sur les biens ou la succession du vaincu. Si, avant le combat, l'un des deux s'enfuyoit, il étoit déclaré infame, et convaincu du crime, ou d'accusation calomnieuse.

Le juge fixoit le jour, le lieu et la durée du combat, régloit et visitoit les armes; il faisoit déshabiller les combattants pour savoir s'il n'y avoit ni fraude ni charme; car on croyoit aussi aux charmes; il leur partageoit le soleil et l'avantage du champ de bataille.

Avant que d'entrer en lice, on déposoit les gages devant le juge, pour tenir lieu de l'amende du vaincu; on faisoit la bénédiction des armes avec des prières dont nous avons encore les formules, et les combattants, après s'être donné réciproquement plusieurs démentis, en venoient aux mains. Le temps du combat étant expiré, ou durant jusqu'à la nuit avec un succès égal, l'accusé étoit regardé comme vainqueur. La peine du vaincu étoit celle qu'eût méritée le crime dont il étoit question.

La preuve par le duel étoit ordinairement celle des nobles; mais les ecclésiastiques, les malades, les estropiés, les jeunes gens au-dessous de vingt-un ans, et les hommes au-dessus de soixante en étoient dispensés; quelquefois on le leur permettoit, et quelquefois on les obligeoit de faire combattre un champion à leur place.

Les champions [1] étoient des braves de profession,

[1] Vide *Constit. Sic.*, lib. II, tit. XXXVII. *Beaumanoir*, cap. LXI. *Assi Hierosol.*, cap. XCVII, *et præsertim vetera urbis Ambianensis*

qui, pour une somme d'argent, entroient en lice pour quelqu'un dispensé du combat; les femmes en pouvoient aussi employer. Les champions étoient réputés infames; ils combattoient toujours à pied avec un habit et des armes qui leur étoient particulières. Celui qui les employoit restoit en ôtage; et si son champion étoit vaincu, l'un et l'autre subissoient la même peine. La condition des champions, dans quelques endroits, étoit encore plus dure; car ils avoient le poing coupé, ou étoient mis à mort, quoique celui qui les avoit employés en fût quitte pour une amende, quand il ne s'agissoit pas de crime capital. Le champion qui avoit été vaincu, et à qui l'on avoit fait grace, ne pouvoit plus combattre qu'à son corps défendant; ainsi, aucun ne pouvoit continuer cette profession que par une suite de victoires. L'accusé pouvoit seul employer un champion; car l'accusateur devoit combattre en personne.

Gontran, roi de Bourgogne, ayant trouvé dans une forêt un buffle nouvellement tué, un garde du bois en accusa un chambellan; celui-ci niant le fait, Gontran voulut que le duel en décidât, et obligea le chambellan, qui étoit âgé et infirme, de faire combattre en personne son neveu à sa place. Ce jeune homme blessa et terrassa le garde; mais voulant le désarmer, il s'enferra lui-même dans l'épée

usatica, et consuetudinem Normanniæ, cap. LXVIII. Vide *Statuta sancti Ludovici*.

de son ennemi, et tomba mort : son oncle voulut s'enfuir; mais il fut arrêté et lapidé sur-le-champ. Cet exemple pourroit prouver que la peine du vaincu, comme parjure, étoit plus sévère que celle qu'eût méritée le crime dont il s'agissoit, d'autant qu'il ne paroît pas que celui du chambellan eût mérité la mort chez des peuples où la peine des crimes capitaux se rachetoit par des amendes.

Outre les dispenses de condition et d'état, il y avoit quelques circonstances qui empêchoient le duel; elles sont rapportées dans les lois faites à ce sujet; mais rien ne pouvoit en dispenser quand on étoit accusé de trahison : les princes du sang même étoient obligés au combat [1].

La preuve par le duel étoit si commune et devint si fort du goût de ces temps-là, qu'après avoir été employée dans les affaires criminelles, on s'en servit indifféremment pour décider toutes sortes de questions, soit publiques soit particulières. S'il s'élevoit une dispute sur la propriété d'un fonds, sur l'état d'une personne; si le droit n'étoit pas bien clair de part et d'autre, on prenoit des champions pour l'éclaircir.

L'empereur Othon Ier, vers l'an 968, ayant consulté les docteurs pour savoir si en ligne directe la représentation devoit avoir lieu; comme ils étoient

[1] Car li vilains cas sont si vilains, que nul épargnement ne dût être envers celi qui accuse. (Voyez *Beaumanoir*.)

de différents avis, on nomma deux braves pour décider ce point de droit : l'avantage étant demeuré à celui qui soutenoit la représentation, l'empereur ordonna qu'elle eût lieu à l'avenir.

Les épreuves auxquelles recouroient ceux qui ne portoient pas les armes, étoient toutes comprises dans l'ordalie.

L'ordalie, terme saxon, ne signifioit originairement qu'un jugement en général ; mais comme les épreuves passoient pour les jugements par excellence, jusque-là qu'on les nommoit *jugements de Dieu*, on ne l'appliqua qu'à ces derniers, et l'usage le détermina dans la suite aux seules épreuves par les éléments, et à toutes celles dont usoit le peuple.

La première, et celle dont se servoient aussi les nobles, les prêtres et autres personnes libres qu'on dispensoit du combat, étoit la preuve par le fer ardent ; c'étoit une barre de fer d'environ trois livres pesant ; ce fer étoit bénit avec plusieurs cérémonies et gardé dans une église qui en avoit le droit, car toutes ne l'avoient pas ; et c'étoit une distinction aussi utile qu'honorable, car, avant que de toucher le fer, on payoit un droit à l'église où se faisoit l'épreuve.

L'accusé, après avoir jeûné trois jours au pain et à l'eau, entendoit la messe, il y communioit, et faisoit, avant de recevoir l'eucharistie, serment de son innocence; il étoit conduit à l'endroit de l'église destiné à faire l'épreuve, on lui jetoit de l'eau bénite, il en buvoit même; ensuite il prenoit le fer qu'on avoit fait rougir plus ou moins selon les présomptions et la gravité du crime; il le soulevoit deux ou trois fois, ou le portoit plus ou moins loin, suivant la sentence. Pendant cette opération les prêtres récitoient les prières qui étoient d'usage; on lui mettoit ensuite la main dans un sac que l'on fermoit exactement, et sur lequel le juge et la partie adverse apposoient leurs sceaux, pour les lever trois jours après; alors s'il ne paroissoit point de marque de brûlure, ou, ce qu'il est important de remarquer, suivant la nature et à l'inspection de la plaie, l'accusé étoit absous, ou déclaré coupable.

La même épreuve se faisoit encore en mettant la main dans un gantelet de fer rouge, ou en marchant sur des barres de fer jusqu'au nombre de douze, mais ordinairement de neuf.

L'épreuve par l'eau bouillante se faisoit avec les mêmes cérémonies, en plongeant la main dans une cuve, pour y prendre un anneau qui y étoit suspendu plus ou moins profondément.

Le pape Étienne V condamna toutes ces épreuves comme fausses et superstitieuses, et Frédéric II les défendit comme folles et ridicules.

L'épreuve par l'eau froide, qui étoit celle du petit peuple, se faisoit assez simplement. Après quelques oraisons prononcées sur le patient, on lui lioit la main droite avec le pied gauche, et la main gauche avec le pied droit, et dans cet état on le jetoit à l'eau; s'il surnageoit on le traitoit en criminel; s'il enfonçoit il étoit déclaré innocent. Sur ce pied-là il devoit se trouver peu de coupables, parcequ'un homme ne pouvant faire aucun mouvement, et son volume étant d'un poids supérieur à un égal volume d'eau, il doit nécessairement enfoncer. On n'ignoroit pas sans doute un principe de statique aussi simple et d'une expérience si commune; mais la simplicité de ces temps-là attendoit toujours un miracle, qu'ils ne croyoient pas que le ciel pût leur refuser pour faire connoître la vérité. Il est vrai que dans cette épreuve le miracle devoit s'opérer sur le coupable, au lieu que dans celle du feu il devoit arriver dans la personne de l'innocent.

L'épreuve par l'eau froide étoit en usage dès le neuvième siècle, puisque Louis-le-Débonnaire la défendit par un capitulaire exprès de 829 [1]. Cependant, quelque temps après, elle reprit faveur, et continua d'être pratiquée jusqu'en 1215, qu'elle fut absolument défendue par le concile de Latran. Dans le seizième siècle elle recommença en Westphalie d'où elle repassa insensiblement en France;

---

[1] Ut examen aquæ frigidæ, quod hactenus faciebant a missis nostris omnibus interdicatur, ne ulterius fiat. *Conc.*, *tom. VII*, 1587, *p.* 667.

le parlement de Paris la défendit par un arrêt de la Tournelle, du 1ᵉʳ décembre 1601. On dit qu'on en trouve encore des vestiges, mais non pas juridiques, dans quelques provinces. Il est encore parlé, dans les lois anciennes, de l'épreuve de la croix et de celle de l'eucharistie.

Dans l'épreuve de la croix [1], les deux parties se tenoient devant une croix les bras élevés; celle des deux qui tomboit la première de lassitude, perdoit sa cause. L'empereur Lothaire la défendit.

L'épreuve par l'eucharistie se faisoit en recevant la communion. Le pape Adrien II la fit faire à Rome par Lothaire, roi de Provence et de Lorraine, et par les seigneurs françois qui l'accompagnoient. Ce prince jura avec eux, en recevant la communion [2], qu'il avoit renvoyé Waldrade sa concubine, ce qui étoit faux. On attribua à ce parjure sacrilège la mort de Lothaire, qui arriva un mois après, en 868. Cette épreuve fut abolie par le pape Alexandre II.

Il est inutile de rapporter tous les sorts différents qui furent alors en régne; il sera aisé de leur faire l'application de ce que nous dirons au sujet des épreuves que je viens d'exposer.

---

[1] Ad crucem cadere, crucem vindicare, ad crucem stare, cruce contendere. *Vide Leges Frisonum.*

[2] Corpus Domini sit mihi in probationem hodiè. *Gratian. Conc. Worm. cap.* xv.

Nos anciennes histoires sont remplies de ces épreuves, et l'on sent que les auteurs qui adoptent de pareils faits, n'ont pas dessein d'en affoiblir le merveilleux. Mais quel jugement devons-nous porter de ces prétendus miracles? que devons-nous penser de l'effet et du principe?

Ces épreuves se trouvent dans un trop grand nombre d'auteurs contemporains; il en est trop souvent parlé dans nos anciennes lois, pour qu'on puisse douter qu'elles ne soient rapportées, sinon telles qu'elles se passoient en effet, du moins telles qu'elles paroissoient se passer, et telles qu'on les croyoit communément. Elles étoient ordonnées par les lois civiles, elles étoient tolérées par les lois ecclésiastiques; mais tout ce qui concourt à les établir, est ce qui conduit à en trouver le dénouement.

Ce qui arrivoit étoit-il surnaturel? étoit-ce l'ouvrage de l'artifice et de l'ignorance? Pour se déterminer, je crois qu'il suffit d'observer ce qui leur a donné naissance, la manière dont elles se pratiquoient, comment elles ont fini, et les vestiges qui s'en trouvent encore aujourd'hui.

Parmi les différentes épreuves qui étoient en usage, on doit distinguer celles dont la pratique est naturelle, celles qui supposent du surnaturel.

Lorsque dans les affaires douteuses on déféroit le serment à l'accusé, il n'y avoit rien que de raisonnable et d'humain. Dans le risque de condamner un innocent, il étoit juste d'avoir recours à son affirmation, et de laisser à Dieu la vengeance du parjure. Cet usage subsiste encore parmi nous; il est vrai que nous l'avons borné à des cas de peu d'importance, parce que notre propre dépravation nous ayant éclairés sur celle des autres, nous a fait connoître que la probité des hommes tient rarement contre de grands intérêts.

Quand au duel, il n'y avoit dans l'exécution nul caractère sensible de miracle; il étoit naturel qu'un homme triomphât d'un autre; la superstition ne consistoit qu'à regarder la victoire comme la preuve de l'innocence ou de la vérité de l'accusation, sans songer que le droit et la raison ne dépendent ni de la force ni de l'adresse. Lorsque deux combattants périssoient, l'accusé étoit censé convaincu, et l'on supposoit apparemment que Dieu punissoit quelque crime secret de l'accusateur.

Plusieurs de ceux qui étoient sortis vainqueurs du combat, furent dans la suite reconnus coupables; mais la loi défendoit de rechercher pour le même fait ceux qui avoient subi l'épreuve. Il semble du moins qu'on auroit dû se détromper de cette épreuve; mais les erreurs les plus absurdes trouvent toujours des défenseurs.

Un certain Ansel ayant volé des vases sacrés dans l'église de Laon, un marchand qui les avoit achetés, avec serment de tenir le vol secret, fut effrayé de l'excommunication qui fut lancée à ce sujet. Ce recéleur timoré alla dénoncer Ansel; celui-ci fit serment de son innocence, et, pour la prouver, offrit de combattre son dénonciateur. Ansel sortit vainqueur du combat, et par conséquent innocent. Quelque temps après, encouragé par le succès, ou entraîné par l'habitude, il vola la même église, et fut convaincu; il avoua même le vol précédent. Les casuistes du duel furent consultés; ils n'avoient pas l'esprit assez juste pour être détrompés, ni même embarrassés; ils répondirent avec assurance que le marchand avoit été puni pour avoir trahi le serment qu'il avoit fait à Ansel. Il semble qu'un tel événement, et encore plus les raisonnements des docteurs, auroient bien dû ramener les esprits; cependant l'épreuve soutint son crédit.

Que les événements soient suivis ou opposés, l'opinion ne manquera jamais d'expliquer ce qui arrête la raison. Si l'innocent est persécuté, c'est Dieu qui éprouve; si le coupable devient malheureux, c'est Dieu qui châtie: le préjugé téméraire sonde et dévoile les décrets divins, que le vrai philosophe adore comme impénétrables.

Rien ne fortifie le préjugé comme un ancien usage.

Les Francs et tous les peuples qui vinrent du Nord, étoient des barbares sans police, sans éducation, n'ayant que l'exercice des armes, accoutumés à la guerre qui faisoit leur unique profession, à charge par leur nombre à leur propre pays qui ne pouvoit les nourrir tous, et par conséquent destinés à la violence et à l'usurpation, autant par la nécessité que par leurs mœurs féroces; ces peuples ne reconnoissoient de droit que celui de l'épée. Leurs descendants, en se policant, conservèrent toujours quelque chose des mœurs de leurs pères. Les droits de l'épée leur furent toujours chers : c'étoit le génie de la nation, et l'épreuve du duel fut celle qui subsista le plus long-temps; mais une aventure qui arriva sous le règne de Charles VI la fit absolument défendre.

La femme d'un chevalier, nommé Carrouge, fut violée par un homme masqué; elle crut cependant le reconnoître, et accusa un chevalier nommé Le Gris. Carrouge fit ajourner Le Gris, et le parlement déclara qu'il *échéoit gage de bataille*. Les deux chevaliers combattirent en présence des juges ; Le Gris fut blessé et terrassé ; mais comme il persistoit toujours à soutenir son innocence, Carrouge le tua, ce qui étoit permis au vainqueur. Quelque temps après, un homme, au lit de la mort, déclara qu'il étoit coupable du crime dont Le Gris avoit été faussement accusé.

Cet exemple, précédé de plusieurs autres, fit enfin proscrire le duel; du moins il cessa d'être juridique, quoiqu'on en trouve encore quelques uns d'autorisés sous François Ier et sous Henri II.

Oserois-je suivre ici les progrès de cet usage? Suivant toutes les apparences, la première origine du duel n'a pas été juridique. Un homme accoutumé à se servir de son épée, a-t-il été accusé de quelque crime dans une querelle particulière, il a eu recours aux armes, sans doute pour venger son injure, plutôt que pour prouver son innocence. Quand il est sorti vainqueur du combat, on a été plus circonspect à lui faire quelque reproche : insensiblement, et par un sentiment secret de crainte ou d'admiration, on l'a jugé innocent; on a cru qu'il étoit naturel que le ciel favorisât la bonne cause; on a dans la suite regardé ce pressentiment comme un jugement infaillible; le courage de l'innocent outragé en est devenu plus vif, et c'est un grand pas vers la victoire: plusieurs succès favorables ont fait adopter ce sentiment par les lois, qui d'ailleurs se prêtoient au génie de la nation ; et ce n'a été qu'une expérience réitérée de faux jugements portés sur ce principe, qui a fait proscrire le duel par les lois. Mais le génie d'un peuple ne change que bien difficilement; et c'est sans doute à ces anciennes mœurs qu'on doit rapporter la fureur des duels, que la sagesse et la sévérité de nos rois ont eu tant de peine à réprimer, et dont il reste toujours un levain dans le cœur de ceux qui sont destinés aux armes : ils croient que l'épée est le seul moyen noble qu'ils aient pour décider les querelles qu'on appelle de point d'honneur.

D'ailleurs, ce point d'honneur, quelquefois chimérique, peut avoir l'avantage d'entretenir une certaine sensibilité d'ame plus généreuse et plus puissante que le simple devoir; il a même mérité d'avoir un tribunal particulier et respectable, dont les décisions promptes et sages ne font acheter la justice ni par les longueurs ni par les frais, et qui, en conservant les droits d'un honneur délicat, en préviennent les effets dangereux.

Voilà l'idée la plus raisonnable qui m'ait paru résulter des monuments historiques sur l'origine, les progrès, et la fin des épreuves par le duel.

Il n'en est pas ainsi des différentes ordalies, ou épreuves par les éléments.

Tant de merveilles qu'on nous raconte peuvent-elles être naturelles? comment tant de personnes se trompoient-elles? comment ces épreuves auroient-elles eu si long-temps cours, s'il n'y eût pas eu quelque chose de surnaturel? c'est ainsi que parlent les amateurs du merveilleux. Mais ce qu'ils prennent pour des preuves, ne sont que des raisons de douter; en recourant au miracle, on se croit dispensé de donner des preuves, et ce privilége n'est peut-être pas si flatteur qu'on pourroit se l'imaginer. Il est plus aisé de croire que d'expliquer; cependant c'est faire injure à la raison, que d'adopter le surnaturel avant que d'avoir épuisé toutes les voies naturelles par lesquelles une chose peut arriver; et si l'on ne trouve rien qui satisfasse pleinement, ce n'est pas encore un motif suffisant pour admettre le surnaturel : les bornes de notre esprit ne sont pas celles de la nature. Le miracle, aussi bien que les effets physiques, doit avoir ses preuves, quoique d'un genre différent; il faut du moins établir la nécessité du surnaturel. C'est profaner la foi que de l'appliquer à des matières qui n'ont pas été destinées à en être l'objet.

Les épreuves n'étoient point approuvées par l'église. Si l'on trouve un canon du concile de Tivoli en 895 qui les tolère, c'étoit pour ne pas heurter absolument les lois civiles qui les ordonnoient. Dès le commencement du neuvième siècle, Agobard, archevêque de Lyon, écrivit avec force contre cet usage [1]. Yves de Chartres, dans le onzième siècle, les a attaquées, et il cite à ce sujet une lettre du pape Étienne V à Lambert, évêque de Mayence, qui est aussi rapportée dans le décret de Gratien. Les papes Célestin III, Innocent III, et Honorius III réitérèrent ces défenses [2]. Nous voyons enfin que l'église en général, bien loin d'y reconnoître le doigt

---

[1] Contra damnabilem opinionem putantium divini judicii veritatem, igne, vel aquis, vel conflictu armorum patefieri. *Agob. tom. I, edit. Baluz.*

[2] Lib. V, Decret. tit. v *de Purgatione vulgari.*

de Dieu, les a toujours regardées comme lui étant injurieuses et favorables au mensonge. A l'égard de ceux qui les ont attribuées au démon, en supposant leur bonne foi, et respectant leur simplicité, je me dispenserai de les combattre, et je me bornerai à prouver que les épreuves, quelque singulières qu'elles paroissent, étoient l'ouvrage des hommes, et par conséquent de l'artifice et de l'ignorance.

Le merveilleux disparoîtroit de toutes les épreuves, pour peu que l'on fît attention aux circonstances du fait, aux idées différentes qu'en avoient les contemporains, et au peu de considération que méritent la plupart de ceux qui les rapportent.

Nous accordons souvent notre confiance à des historiens à qui leurs contemporains l'auroient refusée. Qu'un auteur aujourd'hui, sans être sorti du fond de la Bretagne, entreprît, sur des relations vagues et populaires, d'écrire l'*Histoire du fanatisme des Cévennes*, et prétendît être cru, sous prétexte d'avoir vécu dans le même siècle et dans le même royaume, nous ferions assurément peu de cas de ses prétentions : nous ne devons pas donner plus de croyance aux fables ridicules des épreuves arrivées dans les temps d'ignorance et de superstition, sur le témoignage peu uniforme d'auteurs qui n'ont pas eu les mêmes avantages que l'écrivain que je viens de supposer ; mais dans l'histoire, comme dans l'optique, l'éloignement rapproche les objets entre eux.

D'ailleurs, plusieurs historiens ne rapportent pas ces faits comme certains, mais comme l'histoire de la croyance vulgaire ; les faits sont souvent contradictoires, ou accompagnés de circonstances bien capables d'affoiblir la foi du prodige. Le prétendu merveilleux des épreuves les plus célèbres dans ces temps, trouvoit dès-lors des contradicteurs ; insensiblement les yeux s'ouvrirent : des accusés qu'on eût pu autrefois contraindre juridiquement à subir ces épreuves, les refusèrent hautement.

George Logothète parle d'un homme qui, dans le treizième siècle, refusa de subir l'épreuve du feu, disant qu'il n'étoit point charlatan ; l'archevêque ayant voulu lui faire quelque instance à ce sujet, il lui répondit qu'il prendroit le fer ardent, pourvu qu'il le reçût de sa main : le prélat, trop prudent pour accepter la condition, convint qu'il ne falloit pas tenter Dieu.

C'est ainsi que les épreuves ne pouvoient réussir que pour ceux qui y avoient foi. Ce qui est un miracle aux yeux d'un homme, seroit pour un autre un artifice et une chose fort naturelle. Rien ne porta plus d'atteinte aux épreuves, que celle qui fut tentée à Constantinople, sous Andronic, fils de Michel Paléologue. Le clergé étoit divisé sur l'élection du patriarche et sur plusieurs autres articles. Les deux partis convinrent d'écrire leurs raisons chacun dans un cahier séparé; que les deux cahiers seroient ensuite jetés au feu; et que celui qui échapperoit aux flammes, donneroit gain de cause à son parti. La cérémonie se passa de bonne foi de part et d'autre; aussi l'événement fut-il fort simple : les deux cahiers furent consumés, et les ecclésiastiques, honteux du succès, n'osèrent plus autoriser de pareilles épreuves, qui, cependant, ne s'abolirent pas encore par-tout. Si cette épreuve n'eût pas été aussi publique, les parties intéressées auroient tâché de la tenir cachée, ou d'y donner une explication; c'est ce qui arrivoit dans les épreuves particulières, où l'ignorance et l'artifice entretenoient la superstition.

Une autre épreuve, qui se fit avec le plus grand appareil en 1103, fut celle de Luitprand, prêtre de Milan. Il accusa de simonie Grosulan, son archevêque, et offrit de prouver la vérité de son accusation en traversant un bûcher allumé. Il y entra, dit-on, au travers des tourbillons de flammes qui se divisoient devant lui, et en sortit aux acclamations du peuple. On remarqua simplement que sa main avoit reçu quelque atteinte du feu en jetant de l'eau bénite et de l'encens dans le bûcher, et qu'il avoit eu le pied froissé. Il semble qu'on ne devoit pas chicaner un homme qui, après avoir traversé un large bûcher où il devoit périr, en étoit quitte à si bon marché; cependant cette épreuve fut jugée insuffisante à Rome : le pape renvoya l'archevêque absous, et Luitprand se retira dans la Walteline ; c'est ce qui me fait penser qu'on ne fut pas si frappé de cette prétendue merveille. En effet, interprétons un peu ce récit, diminuons la grandeur du bûcher et la vivacité du feu, augmentons la plaie de la main et du pied de Luitprand, et regardons sa retraite dans la Walteline comme un exil de la part du pape, prononcé contre un fanatique ; nous serons à-peu-près au vrai, sur-tout sachant que cette épreuve est rapportée par Landolfe le jeune, neveu de Luitprand, qui aura voulu présenter le tout à l'avantage de son oncle. Il paroît que Pierre Ignée et Luitprand ont été fabriqués sur le même modèle.

Souvent le même fait est attribué à différentes personnes. Cunégonde, femme de l'empereur Henri II, étant accusée d'adultère, se justifia, dit Baronius, en prenant des fers rouges comme un bouquet de fleurs. D'autres font faire cette épreuve par Cunilde, femme de l'empereur Henri III. Quelle certitude doivent avoir sur le fait ceux qui ne s'accordent pas sur la personne ? C'est ce qui fait voir que la plupart de ces histoires étoient écrites d'après une tradition vague et populaire.

On peut objecter qu'à la vérité les anciens historiens ont écrit beaucoup de fables ; mais que ces fables même servent cependant de preuves au fond de l'histoire. Il y a eu plusieurs épreuves faites pour des affaires d'état, devant des personnes qui avoient intérêt, droit, et pouvoir de les éclaircir. Il falloit que ces épreuves fussent vraies pour donner occasion de les prescrire par des lois, au point que Charlemagne les ordonna par un capitulaire exprès de 808.

A l'égard de la raison qu'on tire des lois qui les ont autorisées, il suffit de répondre qu'elle est pleinement détruite par la raison qui les a fait proscrire, d'autant plus que la dernière naissoit de la réflexion et de l'expérience.

Mais enfin, pour montrer le peu d'avantage qu'on peut tirer des épreuves qu'on dit avoir été faites avec plus d'éclat, examinons celle qui fut faite devant Lothaire en faveur de la reine Thetberge, accusée d'adultère incestueux avec un de ses frères; l'époque en est d'autant plus importante, que ce ne fut qu'environ cinquante ans après le capitulaire de Charlemagne en faveur des épreuves, et dans le plus fort de leur crédit.

Un homme prouva l'innocence de la reine, en faisant l'épreuve de l'eau bouillante sans se brûler. Les évêques déclarèrent Thetberge innocente, et Lothaire la reprit: deux ans après, elle avoua le même crime dont elle avoit été si parfaitement justifiée. Le roi, qui aimoit Waldrade, sa concubine, et qui ne cherchoit qu'une occasion de divorce avec la reine, la crut sur sa parole, et fit casser son mariage par quelques évêques, qui assurèrent dans le second concile d'Aix-la-Chapelle, que toutes ces épreuves n'étoient que des artifices propres à confondre le vrai et le faux [1].

Tout le monde n'eut pas la même foi pour la reine, et il y a peu de femmes à qui on la refuse en pareille occasion.

Hincmar soutint qu'on devoit s'en rapporter à l'épreuve qui avoit été faite, et composa à ce sujet son *Traité du divorce de Lothaire et de Thetberge*. Les raisonnements qui furent faits à l'occasion de cette épreuve, sont encore plus admirables; les docteurs, pour en soutenir l'honneur, sacrifioient celui de la raison, et prétendoient que celui qui l'avoit faite, avoit été préservé du feu, parceque la reine s'étoit confessée auparavant. D'autres disoient qu'en faisant serment de son innocence, la reine avoit détourné son intention sur un autre de ses frères qui n'étoit pas coupable. Hincmar n'adopta pas à la vérité ces explications; mais il soutint toujours la validité de l'épreuve; cependant, quelque temps après, il refusa au moine Gottescale, condamné par un synode, la permission de se justifier par le feu; ce qui prouve qu'il ne croyoit pas les

[1] Adinventiones humani arbitrii, in quibus sæpissimè per maleficia falsitas locum obtinet veritatis.

épreuves infaillibles, à moins qu'il ne craignît que l'épreuve ne démentît le synode.

Il faut convenir que, dans les disputes qui s'élevèrent alors au sujet des épreuves, les raisons qu'on alléguoit de part et d'autre étoient de la même force; c'étoit une logique bien singulière. Les adversaires de Hincmar lui objectoient, au sujet de l'épreuve par l'eau froide, que, bien loin que les coupables dussent surnager, ils avoient été ensevelis sous les eaux du déluge; que Pharaon l'avoit été pareillement dans la Mer Rouge. Hincmar répond que depuis que les eaux du baptême ont chassé le démon, l'eau sanctifiée ne peut recevoir ce qui est coupable et impur. Quoique la question fût assez mal discutée, on voit du moins que, dans ce temps même de crédulité, la foi des épreuves n'étoit pas uniforme, et que plusieurs évéques les regardoient comme un artifice.

Il seroit inutile de rapporter un plus grand nombre de faits; vouloir examiner tous ceux de cette nature, ce seroit discuter d'anciennes légendes aussi peu dignes de critique que d'apologie. Il suffit d'avoir développé le ridicule, l'ignorance et l'artifice de plusieurs épreuves qui eurent le plus de crédit : nous devons juger dès-là que toutes les autres se réduiroient à aussi peu de chose, si nous étions instruits des circonstances qui nous en donneroient le dénouement, et les feroient regarder comme des fables ridicules.

J'ajouterai encore que plusieurs de ceux qui demandoient les épreuves, pouvoient connoître les drogues qui empêchent l'effet du feu, et qui sont fort communes[1]. Nous voyons d'ailleurs qu'on faisoit chauffer le fer plus ou moins, suivant la gravité de l'accusation; n'étoit-ce point aussi suivant le crédit et la générosité de l'accusé? Ne pouvoit-on pas employer assez de temps dans les prières, l'aspersion, et les autres cérémonies, pour laisser refroidir le fer de façon qu'on pût le toucher impunément?

Il étoit de l'intérêt des lieux privilégiés où les fers destinés aux épreuves étoient gardés, que ces usages subsistassent; c'étoit un droit utile : on entretient souvent par intérêt des superstitions que l'ignorance a fait naître.

Dans l'épreuve par l'eau froide, il y avoit des patients chargés d'une si grande quantité de cordes, qu'elles étoient suffisantes pour les faire surnager; cette circonstance se trouvant principalement dans les épreuves de ceux qu'on jugeoit les plus coupables, l'événement favorisoit le préjugé et entretenoit la superstition.

---

[1] Mélange de pur esprit de soufre, sel ammoniac, essence de romarin et suc d'oignon. (Voyez *le Journal des Savants* de 1680.) Il y a encore d'autres compositions.

Il n'est pas inutile d'observer qu'il y avoit beaucoup d'accusés dont la condamnation intéressoit foiblement le public, qui gagnoit au contraire un prodige à leur justification. Il est souvent parlé de femmes accusées d'adultère, c'est-à-dire, qui n'ont qu'un homme pour partie, et qui trouvent dans tous les autres des juges fort indulgents; il étoit naturel que le prodige s'opérât en leur faveur.

Mais, dira-t-on, tous ne subissoient pas l'épreuve avec succès. Je réponds que si un miracle étoit continuel, il perdroit tout crédit; les plus malheureux, à cet égard, pouvoient bien n'être pas les plus coupables : il étoit même assez naturel qu'un innocent superstitieux y apportât moins de précaution. D'ailleurs, on étoit quelquefois obligé de subir l'épreuve à toute rigueur, soit faute de crédit, soit parceque les accusateurs examinoient avec trop de soin pour qu'on eût pu user de fraude; dans ce cas on se brûloit immanquablement, mais il restoit encore une ressource. Nous voyons dans les auteurs, et je l'ai rapporté, qu'après l'épreuve par le feu, on renfermoit dans un sac la main de celui qui l'avoit subie, pour examiner trois jours après l'effet de la brûlure; d'où il est aisé de juger que ce qui devoit d'abord se décider par un miracle formel, dépendit dans la suite d'une espèce d'augure qu'on avoit la faculté d'interpréter. Ce furent de telles fraudes et de telles puérilités qui firent enfin regarder ces épreuves comme fausses, ridicules, et plus propres à favoriser le crime qu'à justifier l'innocence.

Chaque siècle a ses folies et ses erreurs : le commun des hommes pense d'après le génie de son siècle ; mais lorsque l'ivresse en est passée, on est surpris à quel point on a été dupe : la superstition et le goût pour le merveilleux, ont toujours été les maladies incurables de l'esprit humain. Parmi le vulgaire, et il y en a de tous les états, un homme qui a cru voir un prodige, s'en estime infiniment plus ; ceux à qui il le raconte, l'écoutent avec avidité : ils croient du moins, en le publiant, participer à l'honneur : ces sortes de gens en voient souvent, parcequ'ils voient les choses comme ils les desirent ; et dans les fables qu'ils racontent, ce sont des menteurs de la meilleure foi. Dans le fort du fanatisme, les personnes raisonnables n'osent ou ne daignent contredire ; voilà précisément ce qui arrivoit dans les épreuves. Les hommes ont toujours aimé à prendre le sort pour arbitre, et les peuples les plus anciens ont eu leurs épreuves [1] ; elles sont encore en usage dans les royaumes de Congo, Matamba et Angola. Ce n'est pas que ces nations aient pris ces usages des anciens peuples ; mais il y a dans l'es-

---

[1] Voyez *l'Antigone* de Sophocle ; Eustathius, lib. VIII et IX *de Amoribus Ismeniæ et Ismenis* ; Tatius, lib. IX, *de Amoribus Clitoph. Histoire naturelle et politique* de Siam, Paris, 1688. *Description de l'Afrique* de Draper, *Anglia Sacra*, Londres, 1691.

prit humain des germes universels de folie qui éclosent d'eux-mêmes. Au royaume de Thibet, lorsque deux parties sont en procès, on jette dans une chaudière d'eau bouillante deux pièces, l'une blanche et l'autre noire. Les deux parties plongent ensemble le bras dans l'eau; celui qui rencontre la pièce blanche gagne son procès, et pour l'ordinaire ils sont tous deux estropiés. Nous admirons avec raison leur stupide superstition, sans faire réflexion que ce qui se pratiquoit autrefois parmi nous, n'étoit pas plus merveilleux, mais que nous étions aussi barbares. Nous serions encore heureux, si les lumières que nous avons acquises, en nous détrompant de nos anciennes erreurs, nous en faisoient éviter de nouvelles.

FIN DU MÉMOIRE SUR LES ÉPREUVES.

MÉMOIRE

SUR

LES JEUX SCÉNIQUES

DES ROMAINS,

ET SUR CEUX QUI ONT PRÉCÉDÉ EN FRANCE LA NAISSANCE
DU POÈME DRAMATIQUE.

Il n'y a point de peuple qui n'ait eu ses spectacles : la Gréce en eut dès son origine, et les Romains en avoient lorsqu'ils n'étoient encore qu'une troupe de proscrits, et avant que des succès leur eussent mérité le titre de conquérants.

Romulus avoit à peine tracé l'enceinte de Rome, qu'il invita à des jeux les Sabins et les autres peuples voisins : et c'est à ces premiers jeux qu'on doit rapporter l'origine du cirque et de l'amphithéâtre. Je n'examinerai point les divers progrès de tous les spectacles de Rome; laissant à part ceux du cirque, j'exposerai simplement l'origine et la division des jeux scéniques.

Les jeux qui naissent de la force et de l'adresse sont toujours les premiers connus d'un peuple naissant. Tout ce qui a rapport aux exercices du corps plaît et devient nécessaire, avant qu'on ait la moindre idée des talents de l'esprit, qui ont besoin d'une longue suite de temps pour être cultivés; au lieu que les combats, les joutes, les courses, parviennent bientôt à la gloire dont ils sont susceptibles, et sont presque aussitôt perfectionnés qu'imaginés. Mais il y avoit près de quatre siècles que Rome étoit florissante, lorsqu'on y reçut la première idée des jeux scéniques.

Ce n'est pas que la poésie ne fût déja connue des Romains; on la vit naître chez eux, comme chez les Grecs, à l'occasion de la moisson, des vendanges, et de tout ce qui inspire la joie aux habitants de la campagne. Ils se livroient alors au plaisir, et chantoient dans leurs transports ces vers naïfs et sans art, connus sous le nom de *vers fescennins*, de Fescennia, ville d'Étrurie. Les louanges des dieux en faisoient d'abord la matière; mais on y mêla dans la suite des railleries grossières.

Ces poëmes informes, appelés *satires* à cause de la diversité des sujets qui s'y traitoient, passèrent de la campagne à la ville, et y devinrent par conséquent moins grossiers et plus vicieux. Tout fut l'objet de cette licence, qui fut portée au point qu'elle excita souvent l'attention des magistrats et la sévérité des lois. Cependant le goût de ces satires se conserva toujours à Rome, et la perfection du poëme dramatique, qui auroit dû naturellement les faire oublier, ne put jamais les proscrire. C'est de ce poëme imparfait que la satire, inventée par Ennius, cultivée par Lucilius, et perfectionnée par Horace, emprunta son nom : telle a été la naissance de la poésie. Les arts qui, dans la suite, ont exigé le plus de délicatesse, ne sont pas ceux qui peuvent se glorifier le plus de leur origine. Les Romains étoient encore bien éloignés alors d'avoir des jeux scéniques : et, si l'on s'étonne qu'ils aient été si longtemps sans les connoître, on doit être encore plus surpris de ce qui leur donna naissance.

L'an 390 ou 391 de sa fondation, sous le consulat de C. Sulpitius Pœticus et de C. Licinius Stolon, Rome étant ravagée par la peste, on eut recours aux dieux. Il n'y a rien que les hommes, dans le paganisme, n'aient jugé digne d'irriter ou d'apaiser la divinité. On imagina de faire venir d'Étrurie des farceurs, dont les jeux furent regardés comme un moyen propre à détourner la colère des dieux. Ces joueurs, dit Tite-Live [1], sans réciter aucun vers, et

---

[1] Sine carmine ullo, sine imitandorum carminum actu, ludiones ex Etruriâ acciti, ad tibicinis modos saltantes, haud indecoros motus, more Tusco, dabant. Imitari deinde eos juventus, simul inconditis, inter se jocularia fundentes, versibus cœpere ; nec absoni à voce motus erant.... Quia hister Tusco verbo vocabatur, nomen histrionibus inditum, qui non sicut ante fescennino versu similem, incompositum temere ac rudem alternis jaciebant ; sed impletas modis satiras, descripto jam ad tibicinem

sans aucune imitation faite par des discours, dansoient au son de la flûte, et faisoient des gestes et des mouvements qui n'avoient rien d'indécent. La jeunesse romaine imita ces danses, et y joignit quelques plaisanteries en vers, qu'ils se disoient les uns aux autres : ces vers n'avoient ni mesure ni cadence réglées. Cependant cette nouveauté parut agréable; à force de s'y exercer, l'usage s'en introduisit : ceux d'entre les esclaves qu'on employoit à ce métier, furent appelés *histrions*, parcequ'un joueur de flûte s'appeloit *hister* en langue étrusque. Dans la suite, à ces vers sans mesure, on substitua les satires; et ce poëme devint exact, par rapport à la mesure des vers; mais il y régnoit toujours une plaisanterie licencieuse. Le chant étoit accompagné de la flûte, et le chanteur joignoit à sa voix des gestes et des mouvements convenables. Il n'y avoit dans ces jeux aucune idée du poëme dramatique; les Romains en ignoroient alors jusqu'au nom [1]. Ils n'avoient encore rien emprunté des Grecs à cet égard : ils ne commencèrent à les imiter que lorsqu'ils entrepri-

cantu, motuque congruenti peragebant. Livius post aliquot annos, qui ab satiris ausus est primus argumento fabulam serere : idem scilicet, id quod omnes tum erant, suorum carminum actor, dicitur, etc. *Tit. Liv.*, I, VII, *cap.* II, *Decad.* I. Je me propose d'éclaircir, ou du moins de discuter la suite de ce passage, dans un mémoire sur la déclamation notée et l'action partagée.

[1] Cujus (dramaticæ poëseos) ne nomen quidem norant Romani. *Casaubon. de satir. Græc., poes. et satir. Rom.*

rent de former un art de ce que la nature ou le hasard leur avoit présenté. Livius Andronicus, Grec de naissance, esclave de Marcus Livius Salinator, et depuis affranchi par son maître, dont il avoit élevé les enfants, porta à Rome la connoissance du poëme dramatique : il osa, le premier, abandonner les satires, pour donner des piéces dans lesquelles il introduisit la fable, ou la composition des choses qui doivent former le poëme dramatique, c'est-à-dire une action. Ce fut l'an 514 de la fondation de Rome, cent soixante ans après la mort de Sophocle et d'Euripide, et cinquante-deux ans après celle de Ménandre.

L'exemple de Livius Andronicus fit naître plusieurs poëtes qui s'attachèrent à perfectionner ce nouveau genre, et qui jouèrent eux-mêmes dans leurs piéces, jusqu'à ce qu'il se fût formé parmi les histrions des comédiens capables de les représenter. On continua d'imiter les Grecs ; on traduisit leurs piéces ; et l'usage de ces poëmes faits sur les régles de l'art et sur de bons modéles, fit négliger les satires : cependant la jeunesse de Rome n'y voulut pas renoncer, et se réserva le plaisir de les jouer, en abandonnant aux comédiens de profession le vrai genre dramatique. On inséroit ordinairement les satires dans les atellanes, qui étoient des piéces à peu près du même goût, quant au comique bas et licencieux, mais qui conservoient en total le genre dramatique, par la composition du sujet. Les atellanes tiroient leur nom de la ville d'*Atella*, dans la Campanie, d'où elles avoient passé à Rome. Les atellanes et les satires étoient aussi appelées *exodia*, à cause de l'usage où l'on étoit de les jouer à la suite d'autres piéces.

Les Romains portèrent dans la suite leurs jeux au dérnier degré de magnificence, et devinrent si passionnés pour tous les spectacles, que les généraux et les empereurs ne croyoient pas avoir de moyen plus sûr de plaire au peuple, que de faire construire des théâtres, et donner des jeux. C'est un reproche que Juvénal fait aux Romains : « Ce « peuple [1], dit-il, qui créoit autrefois les consuls, « les généraux, demeure aujourd'hui tranquille, « pourvu qu'il ait du pain et des spectacles, *panem « et circenses.* » Juvénal, en parlant des jeux du cirque, prend l'espéce pour le genre de tous ceux qui occupoient alors les Romains, et qùi peuvent se rapporter au cirque et au théâtre.

Ceux du cirque étoient distingués en autant d'espéces qu'on y représentoit de fêtes différentes, telles que les courses de chevaux ou de chars, les

---

[1] . . . . Nam qui dabat olim
Imperium, fasces, legiones, omnia, nunc se
Continet, atque duas tantum res anxius optat,
Panem et circenses. . . . .
      JUVEN., sat. X.

combats de gladiateurs ou d'animaux, et même des représentations navales.

Les jeux du théâtre, ou scéniques, comprenoient la tragédie et la comédie. Il y avoit deux espèces de tragédies : l'une, dont les mœurs, les personnages et les habits étoient grecs, se nommoit *palliata;* l'autre, dont les personnages étoient romains, s'appeloit *prætextata,* du nom de l'habit que portoient à Rome les personnes de condition.

La comédie, ainsi que la tragédie, se divisoit premièrement en deux espèces : savoir, la comédie grecque ou *palliata;* et la comédie romaine ou *togata,* parcequ'on s'y servoit de l'habit de simple citoyen.

La comédie romaine se subdivisoit encore en quatre espèces : la *togata* proprement dite, la *tabernaria*, les *atellanes* et les *mimes*. Les pièces du premier caractère sont quelquefois appelées *prætextatæ,* parcequ'elles étoient sérieuses, et admettoient des personnages nobles.

Les pièces du second caractère étoient moins sérieuses, et tiroient leur nom de *taberna,* qui signifie un lieu où se rassemblent des personnes de toutes conditions et de tous états.

Les atellanes étoient des pièces dont le dialogue n'étoit point écrit. Les acteurs jouoient d'imagination, sur un *scenario* dont ils convenoient. Ces pièces, quoique d'un ordre inférieur aux deux premières comédies, n'étoient jouées que par la jeunesse romaine, qui, en se réservant cette espèce de plaisir, ne permettoit pas qu'elles fussent représentées par des comédiens de profession.

Les acteurs des atellanes étant des citoyens, en conservoient tous les droits : ils servoient dans les légions, n'étoient point exclus de leur tribu, et jouissoient enfin de toutes les prérogatives de citoyen [1]. Le peuple n'avoit pas le droit de les faire démasquer, ni de les punir. Les commentateurs, tels que Casaubon, se sont donc trompés, lorsqu'ils ont supposé que les priviléges dont jouissoient les acteurs des atellanes n'avoient d'autre principe que la nature de ces pièces, qui étoient semées de plaisanteries fines, sans offrir aucune idée de libertinage et d'obscénité. Si la dignité des acteurs eût dépendu de celle des pièces qu'ils représentoient, les comédiens qui jouoient dans la tragédie et dans la comédie noble auroient dû jouir, par préférence, des prérogatives de citoyen ; cependant ils en étoient exclus, parcequ'étant nés dans l'esclavage, ils ne devenoient pas plus privilégiés, quoiqu'ils jouassent dans les pièces du genre le plus noble. La différence qu'on mettoit entre les uns et les autres ne venoit donc pas du caractère des pièces, mais de la différente

---

[1] Eò institutum manet ut atellanarum actores nec tribu moveantur, et stipendia, tanquam expertes artis ludicræ, faciant. TIT.-LIV., *cap.* II, *lib.* VII, *Decad.* I.

condition des acteurs. Les comédiens n'étoient réputés infames à Rome, que par le vice de leur naissance, et non pas à cause de leur profession ; et si elle n'eût été exercée que par des hommes libres, ils auroient eu autant de considération que leur art en mérite, et telle qu'ils l'avoient en Grèce, où les comédiens étoient de condition libre.

Les mimes étoient la quatrième et la dernière espéce des comédies romaines. Ce n'étoient que des farces où les acteurs jouoient sans chaussure, ce qui faisoit quelquefois nommer cette comédie *déchaussée*[1] ; au lieu que dans les trois autres, les acteurs avoient pour chaussure le brodequin, comme le tragique se servoit du cothurne. On ne doit pas regarder la satire comme une espéce particulière de comédie, puisqu'elle fut confondue avec les atellanes.

Les Romains donnoient encore le nom de satire à une espéce de piéce pastorale qui tenoit, dit-on, le milieu entre la tragédie et la comédie : c'est tout ce que nous en savons. Les scènes des mimes, quoiquoi désunies et sans art, étoient semées de traits souvent dignes du plus haut tragique[2]. Les poëtes

[1] Apud Romanos prætextata, tabernaria, atellana, planipes... quarta species est planipedis, qui græcè dicitur mimus, ideò autem latinè planipes, quod actores planis pedibus, id est, nudis, proscenium introirent, non ut tragici actores cum cothurnis, neque ut comici cum soccis. DIOMEDES, *lib.* III, *cap.* IV.

[2] Quantùm disertissimorum versuum inter mimos jacet? quam

mimiambes ou mimographes des Latins, du moins les plus célèbres, sont, *Cneius Mattius*, *Laberius*, *Publius Syrus*, jusqu'au temps de César; *Philistion* sous Auguste, *Silon* sous Tibère, *Virgilius Romanus* sous Trajan, *M. Marcellus* sous Antonin. Ils avoient conservé la coutume des premiers poëtes de jouer eux-mêmes dans leurs pièces. Les applaudissements qu'on donnoit aux pièces de Plaute et de Térence, n'empêchoient pas que l'on ne vît avec plaisir les farces des mimes. Les mimes, qui ont été les fondateurs de tous les théâtres, ont toujours conservé leur genre au milieu des progrès de l'art dramatique; ils ont même survécu par-tout à la destruction des théâtres qu'ils avoient fait naître, pour aller ensuite ailleurs donner naissance à d'autres, comme ils l'ont donnée au théâtre françois.

On voit, par l'examen des différentes espéces de pièces dramatiques des Romains, que le comique se réduisoit à la comédie noble, à la comédie familière, aux atellanes et aux scènes détachées des mimes.

Il ne paroît pas que la tragédie eût fait de grands progrès à Rome : les pièces qui portent le nom de *Sénèque*, ne sauroient être comparées aux chefs-d'œuvre en d'autres genres, qui parurent sous Auguste; et les tragédies dont nous ne connoissons

multa publici, non excalceatis, sed cothurnatis dicenda sunt? SENEC. epist. VIII.

que les titres, telles qu'un *OEdipe*, attribué à Jules-César, l'*Ajax* d'Auguste, et la *Médée* d'Ovide, seroient vraisemblablement parvenues jusqu'à nous, comme plusieurs autres ouvrages excellents de ces temps-là, si elles eussent été assez estimées pour que les copies s'en fussent multipliées.

La bonne comédie ne fut guère plus heureuse. Nous ne connoissons dans ce genre que celles de Plaute et de Térence, qui furent négligées par le goût de la multitude pour les atellanes et les farces des mimes.

Il est certain qu'un peuple continuellement armé, occupé de guerres étrangères et de dissentions domestiques, devoit être moins sensible à un art délicat, qu'à des représentations grossières et licencieuses. La délicatesse est rarement le partage de ceux qui vivent dans le tumulte des armes. Le peuple est par-tout le même; le soldat est plus peuple que le citoyen, et tout Romain étoit soldat. D'ailleurs la jeunesse de Rome, en se réservant les atellanes, marquoit assez qu'elle y étoit plus sensible qu'à la tragédie et à la bonne comédie. Ce peu d'empressement pour un spectacle régulier ne contribuoit pas peu au mépris que les Romains avoient pour les comédiens de profession, sans les autres raisons que j'ai alléguées. On s'accoutume insensiblement à la considération pour les artistes dont on estime les arts. C'est par là que les comédiens en

France sont plus estimés à Paris que dans la province, et plus considérés encore à Paris par les personnes de condition que par le peuple, par la seule raison que les premiers ont plus de goût pour la comédie.

Ce qui s'opposa le plus aux progrès du vrai genre dramatique, fut l'art des pantomimes, qui, sans rien prononcer, se faisoit entendre par le seul moyen du geste et des mouvements du corps. Je n'entreprendrai point d'en fixer l'origine. Zosime, Suidas, et plusieurs autres, la rapportent au temps d'Auguste, peut-être par l'unique raison que les deux plus fameux pantomimes, *Pylade* et *Bathylle*, parurent sous le règne de ce prince, qui aimoit particulièrement ce genre de spectacle. D'abord, un seul pantomime représentoit plusieurs personnages dans une même pièce; mais il se forma bientôt des troupes complètes, qui exécutoient également toutes sortes de sujets tragiques et comiques. Ce ne fut pas le peuple seul qui se passionna pour ce nouveau spectacle : Sénèque et Lucien parlent de leur goût pour les pantomimes; saint Augustin et Tertullien font l'éloge de leurs talents. La passion des Romains pour les pantomimes fit qu'il s'en forma des écoles, plus suivies que celles des orateurs, et fréquentées par les plus grands de Rome. Cette passion devint même si indécente, que dès le commencement du règne de Tibère, le sénat fut obligé de rendre un décret, pour défendre aux sénateurs de fréquenter les écoles des pantomimes, et aux chevaliers de leur faire cortége en public[1]. Ce décret prouve encore ce que j'ai avancé, que les professions qui sont chéries sont bientôt honorées, et que le préjugé ne tient pas contre le plaisir. En effet, les personnes sensées, quoique sensibles à ces jeux, se plaignoient que les écoles des philosophes étoient désertes, et que le nom de leur instituteur étoit oublié, pendant que la mémoire d'un célèbre pantomime subsistoit avec éclat. « Les écoles de Pylade et de Ba- « thylle, dit Sénèque[2], subsistent toujours, con- « duites par leurs élèves, dont la succession n'a « point été interrompue. Rome est pleine de profes- « seurs qui enseignent cet art à une foule de dis- « ciples; ils trouvent par-tout des théâtres; les ma- « ris et les femmes se disputent à qui leur fera le « plus d'honneurs. » On prétend que les femmes portoient encore les égards plus loin[3].

Ceux qui connoissent les grandes capitales, concevront aisément l'espéce de frénésie qui régnoit à

[1] Ne domos pantomimorum senator introiret, ne egredientes in publicum equites Romani cingerent. TACIT., *Annal.*, *lib.* I.

[2] At quantâ curâ laboratur, ne alicujus pantomimi nomen in tercidat? Stat per successores Pyladis et Bathylli domus; harum artium multi discipuli sunt, multique doctores: privatim urbe totâ sonat pulpitum; mares inter se uxoresque contendunt uter det latus illis. SENEC., *Quæst. lib.* VII, *cap.* XXXII.

[3] Quibus viri animas, feminæ aut illi etiam, corpora sua substernunt. TERTULL., *de Spect.*

Rome. Ils savent que le début d'une actrice, les succès d'un acteur forment des partis, dont la chaleur paroît ridicule à des hommes occupés ; mais ces petits intéréts deviennent très vifs, et sont les affaires importantes des personnes plongées dans l'oisiveté et dans l'abondance.

C'est ainsi que Rome, trop puissante pour être encore vertueuse, étoit divisée en une infinité de cabales au sujet des pantomimes, qui étoient distingués en plusieurs troupes, et par des livrées différentes : et les Romains prenoient part à toutes les jalousies réciproques de ces acteurs, comme on le voit par la réponse de Pylade à Auguste, qui l'exhortoit à vivre dans l'union avec Bathylle, son concurrent : « Ce qui peut arriver de mieux à l'empe-
« reur, dit-il, c'est que le peuple s'occupe de Ba-
« thylle et de Pylade. » En effet, le goût des plaisirs faisoit perdre aux Romains cette idée de liberté si chère à leurs ancêtres.

Quelquefois l'animosité de ces cabales dégénéroit en factions, qui devenoient dangereuses pour le gouvernement. Les empereurs, pour prévenir les désordres, étoient alors obligés de chasser les pantomimes, comme cela arriva sous Néron et sous plusieurs autres. Mais leur exil n'étoit jamais long : la politique qui les avoit chassés, les rappeloit bientôt, pour plaire au peuple, ou pour faire diversion à des factions plus à craindre pour l'empire. Domitien, par exemple, les ayant chassés, Nerva, son successeur, les fit revenir; et Trajan les chassa encore. Il arrivoit même que le peuple, fatigué de ses propres désordres, demandoit l'expulsion des pantomimes; mais il demandoit bientôt leur rappel avec plus d'ardeur. Ce qui achève de prouver à quel point leur nombre s'augmenta, et combien les Romains les croyoient nécessaires, est ce qu'on voit dans Ammien Marcellin [1]. Rome étant menacée de la famine, on prit la précaution d'en faire sortir tous les étrangers, ceux même qui professoient les arts libéraux; mais on laissa tranquilles les gens de théâtre; et il resta dans la ville trois mille danseuses et autant d'hommes qui jouoient dans les chœurs, sans compter les comédiens. Les historiens assurent que ce nombre prodigieux augmenta encore dans la suite.

Il est aisé de concevoir que l'ardeur des Romains pour les jeux des pantomimes, dut leur faire négliger la bonne comédie. En effet, on vit depuis le vrai genre dramatique déchoir insensiblement, et bientôt il fut presque absolument oublié; mais cela ne porta point de préjudice aux jeux du cirque, parce-

---

[1] Postremò ad id indignitatis est ventum ut cùm peregrini ob formidatam non ita dudum alimentorum inopiam pellerentur ab urbe præcipites, sectatoribus disciplinarum liberalium impendio paucis sine respiratione ullâ extrusis, tenerentur mimarum asseclæ veri, quique id simularunt ad tempus; et tria millia saltatricum ne interpellata quidem, cum choris totidemque remanerent magistris. Ammi. Marcell., *Hist. lib.* XIV.

que les fêtes qui s'y donnoient étoient toujours du goût et dans le génie d'un peuple guerrier.

Ces spectacles, qui faisoient une des principales attentions du gouvernement, n'étoient pas simplement permis comme ceux qui le sont aujourd'hui chez les différents peuples de l'Europe; ils se donnoient à Rome aux dépens du trésor public, sans compter que des particuliers y sacrifioient souvent une partie de leurs richesses. Je ne parlerai pas ici de la construction des différents théâtres ; cette matière a été traitée dans des ouvrages uniquement destinés à cet objet.

La passion des spectacles passa bientôt des Romains chez toutes les nations qui leur étoient soumises. La politique de Rome, qui vouloit assujettir à ses lois et à ses mœurs les peuples vaincus, n'eut pas de peine à leur faire recevoir des jeux qui sembloient les consoler de leur servitude. Les spectacles que les Romains portèrent dans toutes les provinces, furent sans doute ceux qui étoient le plus en usage à Rome, c'est-à-dire, les jeux du cirque, ceux des pantomimes et des mimes. D'ailleurs, quand on supposeroit, ce qui peut être vrai, qu'il y eût encore à Rome beaucoup de personnes d'un esprit cultivé, qui eussent conservé le goût de la bonne comédie, il est certain qu'ils ne faisoient pas la multitude : ils pouvoient être dans le sénat et parmi ceux qui faisoient leur occupation des lettres;

mais ils ne devoient guère se trouver au milieu de la soldatesque effrénée, qui faisoit à-la-fois la force et le malheur de l'empire. Les troupes qui inondoient les provinces, y faisoient représenter les jeux qui les charmoient le plus, et ce furent ceux-là qui s'y établirent. En effet, lorsque Salvien déclame contre les spectacles[1], la peinture qu'il fait des imitations honteuses, des discours et des postures obscènes, marque assez quel étoit le goût des spectateurs, et prouve que toutes les villes romaines avoient leurs spectacles qui portoient le caractère de l'idolâtrie, au sein du christianisme. Cette fureur devint encore plus violente dans les provinces, qu'elle ne l'avoit été à Rome.

En 439, les Carthaginois étant occupés à voir représenter des jeux, leur ville fut prise par Genséric, roi des Vandales; et cet événement fut si subit, que les cris de ceux qu'on massacroit, se confondoient avec les applaudissements de ceux qui étoient au cirque.

La ville de Trèves ayant été pillée trois fois, les

---

[1] Quis enim integro verecundiæ statu dicere queat illas rerum turpium imitationes, illas vocum ac verborum obscenitates, illas motuum turpitudines, illas gestuum fœditates?... Christo ergo, ô amentia monstruosa! Christo circenses offerimus et mimos! SALV., *de Gubern. Dei*, *lib.* VI.

Salvien étoit originaire de Trèves, et fut prêtre de l'église de Marseille. Il florissoit, selon M. Baluze, en 439. *Baluz. not. ad Salvian*, p. 376.

habitants qui avoient échappé à la fureur des Francs, demandoient aux empereurs le rétablissement des spectacles, comme le seul remède à leurs maux.

Après avoir vu la naissance, les progrès et les révolutions des jeux scéniques des Romains, il nous reste à examiner quelle influence ces jeux peuvent avoir eue sur ceux qui ont paru en France.

La première idée qui se présente sur l'origine des usages d'une nation, est de penser qu'elle a dû les emprunter du peuple à qui elle a succédé, par la pente que les hommes ont à l'imitation, sur-tout lorsqu'ils reconnoissent quelque supériorité dans leurs prédécesseurs; et les Francs pensoient sur les arts à l'égard des Romains, comme ceux-ci avoient pensé à l'égard des Grecs. Cependant, quoique les Francs aient pu recevoir des Romains les jeux du cirque, ils ne tirèrent pas le moindre avantage des progrès que les Romains avoient faits dans le genre dramatique; l'origine de nos jeux scéniques a été pareille à celle de ces mêmes jeux chez les Romains.

Il n'y a pas toujours dans les arts la tradition qu'on suppose de peuple en peuple. Des nations éloignées les unes des autres par une grande distance de lieux ou de temps, ont des arts et des usages communs. Les Chinois ont un théâtre[1], sans

[1] Acosta *Americ.*, 9 part., l. VI, et toutes les relations mo-

qu'on puisse les soupçonner d'en avoir pris l'idée des Européens, ou de la leur avoir communiquée. Lors de la découverte de l'Amérique, on y trouva des jeux scéniques [1]. Il ne faut pas croire que des nations absolument ignorées les unes des autres, eussent toujours des mœurs et des arts différents. Les mêmes besoins, les mêmes goûts, les mêmes caprices font naître les mêmes idées et fournissent les mêmes moyens. L'imitation n'est souvent qu'un développement plus prompt de ce que les imitateurs même auroient imaginé, sans secours étrangers, mais qu'ils n'auroient perfectionné que dans un temps plus long. D'ailleurs il faut qu'il y ait déja quelque rapport entre un peuple qui cherche à imiter et celui qu'il prend pour modèle : les nations policées ne sont guère imitées que par celles qui ont déja commencé à se polir; et il y a des arts, tel que le dramatique, qui exigent presque autant de goût pour être sentis, que pour être cultivés.

Qu'un prince entreprît de porter les arts chez une nation barbare, il pourroit en peu d'années, en y appelant les meilleurs maîtres, y former un grand nombre d'élèves et d'écoles en tous genres. La géo-

---

dernes. Le R. P. du Halde a fait imprimer, dans son *Histoire de la Chine*, la traduction d'une de leurs pièces tragiques.

[1] Garcilass. *Hist. des Incas*. La relation de Frezier nous apprend qu'il en subsiste encore quelques traces parmi les Péruviens.

métrie, l'astronomie, enfin toutes les sciences exactes pourroient y fleurir bientôt. Un petit nombre d'hommes livrés à ces études peut en répandre les fruits chez toute une nation; la nature se prête avec plus de facilité aux besoins qu'elle nous donne, qu'à ceux que nous nous formons nous-mêmes. Les arts de goût, quoique bien inférieurs en utilité à beaucoup d'autres connoissances, ne se perfectionnent chez un peuple qu'à proportion qu'il se polit lui-même : il faut que les juges de ces arts aient déja l'esprit cultivé et exercé jusqu'à un certain point pour les sentir. Les Francs auroient été peu touchés d'une représentation de mœurs trop différentes des leurs; ils n'auroient ni imité, ni senti une fable bien faite, un plan suivi, la vraisemblance et la liaison entre des faits particuliers, qui concourent à exposer, former et développer une action principale; en un mot, plus le poëme dramatique auroit été parfait, plus il auroit été étranger pour eux. Il y avoit près de deux siècles que le théâtre grec étoit porté à son dernier degré de perfection, avant que les Romains pensassent à l'imiter; ils n'en connoissoient pas encore assez le prix.

Les Francs, loin d'avoir imité le poëme dramatique, n'ont pas même été à portée de le connoître, puisqu'il est certain que les spectacles furent interrompus par les révolutions qui troublèrent l'Occident, et qu'ils cessèrent enfin par l'extinction de l'empire.

Dès le commencement du cinquième siècle, un esprit de conquête s'empara de l'Europe; mais on ignoroit la science d'affermir une domination. Un torrent de barbares, après avoir ravagé un pays, disparoissoit sous une autre inondation : tout cédoit au premier feu de l'audace; et il suffisoit d'attaquer, pour être sûr de la victoire.

Des peuples toujours les armes à la main ne devoient pas s'occuper de jeux qui ne conviennent qu'à une nation puissante et affermie. Salvien, qui avoit été témoin de la fureur pour les spectacles, et des révolutions qui les firent cesser, dit expressément qu'il n'y eut plus de spectacles dans les villes romaines, depuis qu'elles furent réduites sous la puissance des barbares [1].

Le cinquième canon du concile d'Arles, en 452, ne détruit pas le témoignage de Salvien [2]. Il paroît, par ce canon, qu'il y avoit des jeux scéniques, puisqu'on y renouvelle l'excommunication lancée contre ceux qui montent sur le théâtre; mais il faut observer qu'en 452 Arles étoit encore sous la domination

---

[1] Ex illo tempore in urbibus Romanis hæc mala (spectacula) non sunt, ex quo in barbarorum jure esse cœperunt. SALV., *de Gubern. Dei*, lib. VI.

[2] De theatricis et ipsos placuit, quamdiu agunt, à communione separari. CONC. *Arelat.* II, *can.* 2.

des Romains, et qu'elle y resta jusqu'en 466, qu'Évarice s'en rendit maître.

On ne peut pas douter que l'extinction de l'empire d'Occident, dans le cinquième siècle, n'ait fait cesser entièrement les spectacles dans les Gaules; ils cessèrent en Espagne dès 409 ou 410, par l'irruption des barbares; et en Afrique, l'an 439, par la prise de Carthage.

Il faut pourtant convenir que, dans le sixième siècle, deux de nos rois de la première race ont donné à leurs peuples les jeux du cirque, suivant l'usage des Romains.

Le premier exemple se trouve dans Procope, qui dit que les jeux du cirque furent représentés à Arles vers l'an 546. Dès 536, Vitigès, roi des Ostrogots, successeur de Théodat, avoit cédé la Provence aux François. Les empereurs prétendoient conserver leurs droits sur ce pays, et ils obligeoient le pape à ne point donner, sans leur consentement, le pallium aux évêques de Provence. Mais en 546 l'empereur Justinien, voulant engager les François dans son parti contre Totila, roi des Ostrogots, confirma la cession de la Provence, et en assura la possession libre et tranquille aux François; et, *depuis ce temps,* dit Procope, *il y a des jeux du cirque à Arles.* Justinien consentit alors que les rois françois présidassent à Arles aux jeux du cirque, comme faisoient les empereurs. En ce cas, le roi Childebert Ier, fils de Clovis, qui avoit eu Arles dans son partage, ne donna peut-être, en 546, les jeux du cirque dans cette ville, que pour faire un acte d'autorité absolue et indépendante, en les faisant représenter en son nom.

Il est vrai que le roi Chilpéric Ier, en 577, fit construire des cirques à Paris et à Soissons, pour donner ces jeux aux peuples. Grégoire de Tours parle de ces jeux [1]; et Robert Gaguin dit que ce fut après la mort de son fils Clovis, vers 581, que Chilpéric donna ces spectacles, de sorte qu'il est vraisemblable que les derniers jeux du cirque, selon l'usage des Romains, ont été donnés sous Chilpéric, vers 581, et non pas à Arles, en 546, comme l'assure le P. Le Brun.

Puisque les jeux des Romains cessèrent dans les Gaules avec leur empire, on ne peut pas supposer que ceux qui se sont dans la suite introduits parmi nous, aient été empruntés des Romains. Je crois cependant qu'on pourroit en excepter ceux du cirque. Ces jeux, pour être célébrés, n'ont pas absolument besoin du calme de la paix : chez toutes les nations, ils doivent leur naissance à un génie guerrier, et les tournois pourroient bien n'avoir point eu d'autre origine que le cirque; ce qui dé-

---

[1] Apud Suessonas atque Parisiis, circos ædificare præcepit, eosque populis spectaculum præbens. GREG. TUR., *Hist. Franc.*, lib. V, cap. XVIII, ad an. 577.

pend de la force et de l'adresse étoit fait pour être adopté par les Francs.

Les jeux du théâtre ont eu un sort bien différent. Ceux-ci, perfectionnés par l'art et le goût, ne pouvoient pas se soutenir chez une nation trop barbare encore pour en sentir les beautés, et qui n'entendoit ni la langue latine, ni la romane rustique, les seules qui fussent en usage dans les Gaules. C'est par cette raison que les jeux des premiers mimes qui parurent chez les François, consistoient en concerts, danses et gesticulations qui sont de toutes les langues. Si l'on compare de tels commencements avec les premiers essais du théâtre romain, on verra que, sans supposer d'imitation, l'origine des arts est par-tout à-peu-près la même.

Le seul trait qui ait rapport à ces mimes, est dans une lettre de Théodoric, roi des Ostrogots, par laquelle ce prince, après avoir félicité Clovis sur la victoire qu'il venoit de remporter près de Tolbiac, en 496, ajoute[1] : « Nous vous avons envoyé un « joueur d'instruments, habile dans son art, qui joi- « gnant l'expression du visage à l'harmonie de la voix « et aux sons de l'instrument, peut vous amuser; « et nous croyons qu'il vous sera d'autant plus agréa- « ble, que vous avez souhaité qu'il vous fût envoyé. »

[1] Citharœdum etiam arte suâ doctum pariter destinavimus expeditum, qui ore, manibusque, consonâ voce cantando, gloriam vestræ potestatis oblectet. Quem ideò fore credimus gratum, quia ad vos eum judicastis dirigendum. CASSIOD., *lib.* II, *ep.* XLI.

Ce joueur a beaucoup de rapport avec les histrions dont parle Tite-Live, qui chantoient, gesticuloient et s'accompagnoient avec des instruments à corde.

Les histrions, mimes, ou farceurs, étoient fort répandus en France sous Charlemagne. Ce prince, dans l'article XLIV du premier capitulaire d'Aix-la-Chapelle, de l'année 789 [1], parle des histrions, comme de gens notés d'infamie, auxquels il refuse le droit de pouvoir accuser; et il adopte en cela le quatre-vingt-seizième canon du conseil d'Afrique.

Par l'article XV [2] du troisième capitulaire de la même année, il est défendu aux évêques, abbés ou abbesses, d'avoir chez eux des joueurs, *joculatores*, ce que nous avons rendu, dans la suite en françois, par le mot de *jongleurs*.

Sous le même empereur, en 813, le neuvième canon du concile de Châlons, le dix-septième canon du second concile de Reims, le huitième canon du troisième concile de Tours, condamnèrent les jeux des histrions, et défendirent aux évêques, abbés et prêtres d'y assister [3]. Ces mêmes défenses

---

[1] Item in eodem (concilio Africano) præcipitur ut viles personæ non habeant potestatem accusandi..... omnes etiam infamiæ maculis aspersi, id est, histriones, ac turpitudinibus subjectæ personæ. CAPITUL. BALUZ., *tom.* I, *col.* 229.

[2] Ut episcopi, abbates et abbatissæ cupplas canum non habeant, nec falcones, nec accipitres, nec joculatores. ID., *tom.* I, *col.* 244.

[3] Histrionum, scurrarum, et turpium, seu obscenorum joco-

furent renouvelées par le concile de Paris, tenu en 829, sous Louis-le-Débonnaire.

Les histrions étoient admis dans les maisons les plus considérables, et se trouvoient même dans les festins publics, pour amuser le peuple. Agobard, archevêque de Lyon en 814, mort en 840, s'en plaint amèrement [1]; et Thégan en parle dans sa chronique.

Hérard, archevêque de Tours, tint en 858 un synode, dont le cent huitième chapitre défend aux prêtres et à tous les ecclésiastiques d'assister aux représentations des histrions [2]. Malgré ces défenses, les évêques en avoient à leur service; les prêtres et les moines en faisoient eux-mêmes le métier [3].

Tels furent les jeux qui régnèrent en France jus-

rum insolentiam non solùm ipsi respuant (sacerdotes); verumetiam fidelibus respuenda persuadeant. CONC. CABILLON., can. 9.
Ut episcopi et abbates ante se joca turpia fieri non permittant. CONC. REM. II, can. 17. Sacerdotibus non expedit secularibus et quibuslibet interesse jocis. CONCIL. TURON. III, can. 8.

[1] Quanto majori malo suo.... satiat præterea et inebriat histriones, mimos, turpissimosque et vanissimos joculatores, cùm pauperes ecclesiæ fame discrutiati intereant. *Agob. de Disp. eccl. rerum parag.* XXX, p. 299. Tom. I, edit. Baluz. Theg. de gestis Lud. Pii. DU CHESNE, tom. II, p. 279.

[2] Ut presbyteri et clerici ante se joca turpia fieri non permittant. CONCIL. GALL., tom. III, p. 115.

[3] Turpis verbi vel facti joculatorem esse vel jocum secularem diligere.... ministris altaris Domini, nec non et monachis omninò contradicimus. BALUZ. CAPITUL., tom. I, col. 1202. On lit de même, col. 1207 : Clericos scurriles et verbis turpibus, joculares ab officio detrahendos.

qu'à la fin du dixième siècle; mais vers l'an 1000, Robert, fils de Hugues Capet, ayant épousé Constance, fille de Guillaume, comte d'Arles et de Provence selon quelques écrivains, comte de Toulouse selon d'autres, cette princesse fut suivie de plusieurs gentilshommes, qui introduisirent la poésie en France.

Les histrions, très différents des troubadours, voyant en quelle estime étoient les vers, voulurent en insérer dans leurs jeux, qui, auparavant, ne consistoient qu'en danses et en gesticulations au son des instruments. Ils cherchèrent à composer des sujets, à l'imitation des troubadours; et c'est ce qui a donné occasion au commissaire La Mare de confondre les uns et les autres, sous le nom de troubadours [1].

Si les jeux des histrions ne gagnèrent rien du côté des mœurs, et s'ils ne perdirent pas toute leur grossièreté, ils devinrent un peu plus ingénieux, lorsqu'ils roulèrent sur une action composée.

Jean de Salisburi, évêque de Chartres, en 1176, sous Louis VII, nous donne dans son livre des *Vains Amusements de la Cour*, une idée des jeux qui étoient en règne de son temps [2]. Il dit que la dou-

[1] *Traité de la Police*, par le commissaire La Mare, tome I, p. 436, chap. II, liv. III, tit. III.

[2] Nostra ætas prolapsa ad fabulas et quævis inania, non modo aures et cor prostituit vanitati, sed oculorum et aurium voluptate

ceur des instruments, et l'harmonie des voix étoient jointes à la gaieté des chanteurs et à la grace des acteurs. Il nous donne aussi une énumération des différentes espèces de joueurs connus sous le nom général de *tota joculatorum scena*; et il ajoute qu'on les admettoit dans les maisons les plus considérables.

Le père Le Brun conclut de ce passage que tous ces divertissements ne se faisoient que dans des maisons particulières; mais il pourroit se tromper. Ce goût pour des jeux particuliers vient et fait souvent preuve d'un usage public. Il est vrai qu'on ne connoissoit point alors de tragédies ni de comédies; mais on représentoit des farces, et, quoiqu'elles ne fussent pas faites sur les régles de l'art, et ne pussent mériter le nom de vraie comédie, elles tenoient un peu de ce dernier genre. Elles étoient enfantées

---

suam mulcet desidiam, luxuriam accendit, conquirens undique fomenta vitiorum. Nonne piger desidiam instruit et somnos provocat instrumentorum suavitate aut vocum modulis, hilaritate canentium aut fabulantium gratiâ?.... Admissa sunt ergo spectacula et infinita tirocinia vanitatis, quibus qui omninò otiari non possunt, perniciosiùs occupentur. Satiùs enim fuerit otiari quam turpiter occupari. Hinc mimi, salii vel saliares, balatrones, æmiliani, gladiatores, palæstritæ, præstigiatores, malefici quoque multi et tota joculatorum scena procedit; quoque adeò error invaluit, ut à præclaris domibus non arceantur, etiam illi qui obscenis partibus corporis oculis omnium eam ingerunt turpitudinem, quam erubescat videre vel cynicus. *De Nugis Curialium*, lib. I, cap. VIII.

par la gaieté et soutenues par la licence, sans autres
règles que celles d'amuser le peuple. Nous voyons,
par le même passage, qu'il y avoit autre chose que
des sauts, des postures, et même de simples dialogues : *nostra ætas prolapsa ad fabulas*, dit Jean de Salisburi. *Fabula* signifie proprement la composition
et l'arrangement des choses qui forment une action.
Cette *fable* étoit, sans doute, très imparfaite, sans
goût et sans art; mais elle pouvoit ressembler à ces
farces appelées *satires* ou *exodes* chez les Romains,
et qui faisoient partie des atellanes. Les exhortations
de l'évêque que nous venons de citer, ne produisi-
rent pas un grand effet : il prêchoit, et les farceurs
jouoient.

Vers ce même temps, des moines qui faisoient
vendre leurs vins dans l'enceinte de leur monastère,
y laissoient entrer des jongleurs, des histrions et des
femmes de mauvaise vie, dont ils retiroient une
rétribution [1].

Sous le règne de saint Louis, les jongleurs étoient
en assez grand nombre pour mériter un article par-

[1] De his quæ vidimus et audivimus testimonium perhibemus;
scilicet quod quidam monachi et maximè exempti, intra fines
nostræ legationis, occasione cujusdam libertatis, infrà ambitum
monasterii certis temporibus anni vendere faciunt vina sua, et
pro modico quæstu introducunt vel introduci permittunt perso-
nas turpes, inhonestas, videlicet joculatores, histriones, talo-
rum lusores et publicas meretrices; quod... arctiùs prohibemus.
Raym. comitis Tolos. et legati papæ statuta anno 1233. (Voyez
Du Chesne, tome V, p. 819.)

ticulier dans un tarif que ce prince fit faire pour régler les droits de péage à l'entrée de Paris.

Les jongleurs, qu'on nomma aussi *ménestrels* ou *ménestriers*, étoient rassemblés dans le même quartier et donnèrent leur nom à l'église de Saint-Julien, dont Jacques Grure et Hugues-le-Lorrain, tous deux jongleurs ou ménétriers, furent les fondateurs, en 1331.

La police avoit inspection sur les jongleurs, dont elle étoit souvent obligée de réprimer la licence. Pour les mieux contenir, on leur donna un chef, qu'on appeloit le *Prince des Saults*, parceque les sauts et la danse étoient leurs principaux exercices. On dit ensuite par corruption *Prince des sots*, et de là leurs farces furent nommées *soties* ou *sotises*.

Ces jeux, qui consistoient en sauts, tours d'adresse, chants, danses et récits dialogués, étoient les seuls en vogue, lorsqu'en 1398, sous le règne de Charles VI, quelques bourgeois s'avisèrent d'élever un théâtre dans le bourg de Saint-Maur, et d'y représenter par personnages la Passion de Jésus-Christ. Cette nouveauté eut un tel succès, que le roi permit à ces bourgeois, par lettres patentes du 4 décembre 1402, de transporter leur théâtre à Paris, et d'y jouer, exclusivement à tous les autres, sous le titre de *Confrères de la Passion*.

Plusieurs représentations pareilles, sous le nom de *Mystères*, inspirèrent l'émulation aux jongleurs et aux clercs du palais. Ceux-ci, connus sous le nom collectif de la *Bazoche*, n'ayant pas le droit de représenter des mystères, inventèrent un genre où tous les êtres moraux et abstraits étoient personifiés. Ces allégories bizarres, ce mélange obscur du propre et du figuré, marquent la naissance de l'esprit, la foiblesse du talent, et la confusion des idées. Les piéces des bazochiens, intitulées *Moralités*, avoient pour base la satire. D'un autre côté, les *Enfants sans soucis*, sujets du prince des sots, et qui, vraisemblablement, étoient ceux des jongleurs qui étoient chargés des récits dialogués, perfectionnèrent leurs farces. Les moralités des bazochiens et les soties des jongleurs eurent la vogue, et le piquant de la satire l'emporta bientôt sur la dévotion. Les confrères de la passion se virent obligés de jouer des sujets profanes, toujours sous le nom de *Mystères*, qui devint un terme générique : de sorte qu'on disoit également *le mystère de la Passion*, *le mystère de sainte Catherine*, *le mystère d'Hercule*. Et comme la simplicité s'altère, sans que le goût se perfectionne, on entreprit d'égayer les mystères sacrés. Il auroit fallu un siécle plus éclairé pour conserver leur dignité ; et dans un siécle éclairé on ne les auroit pas choisis. On mêloit aux sujets les plus respectables les plaisanteries les plus licencieuses, et que l'intention seule empêchoit d'être impies ; car les auteurs, ni les spectateurs, ne faisoient pas une attention bien distincte à ce mélange monstrueux, et se persuadoient que la sainteté du sujet couvroit la licence des détails. D'ailleurs, ce qui nous paroîtroit aujourd'hui le comble du ridicule, ne faisoit pas alors la même impression : chaque siècle a son caractère particulier. La valeur, la galanterie, l'ignorance, et la dévotion étoient alors le fond du caractère national. Un chevalier prêt à combattre adressoit sa prière à Dieu, son invocation à sa dame, et marchoit à l'ennemi.

Je ne parlerai point ici des représentations muettes, où l'on n'employoit que des décorations et des machines, et qui se faisoient au couronnement ou à l'entrée des rois et des reines. Telles étoient encore les représentations mélées de musique et de jeux, qu'on donnoit dans les banquets royaux, et que par cette raison on nommoit *entremets*[1].

Je finirai par une observation sur *la Fête des Fous*, que dom Fabien confond avec la *Sotise*. La Fête des Fous étoit bien différente ; c'étoit un reste du paganisme, une imitation des Saturnales, et qui duroit depuis Noël jusqu'à l'Épiphanie. Les puérilités qui sont encore en usage dans quelques églises, le jour des Innocents, sont des vestiges de la Fête des Fous, qui est assez détaillée dans la lettre circulaire du

---

[1] Je supprime beaucoup de détails qui sont imprimés aujourd'hui, et dans lesquels j'étois entré autrefois, par la nouveauté de la matière, lorsque je lus ce mémoire, en 1742.

12 mars 1444, adressée au clergé du royaume par la faculté de théologie. On la trouve à la suite des ouvrages de Pierre de Blois, et Sauval en donne un extrait qui suffit pour faire connoître cette fête [1].

[1] Cette lettre porte que pendant l'office divin, les prêtres et les clercs étoient vêtus, les uns comme des bouffons, les autres en habits de femme, ou masqués d'une façon monstrueuse. Non contents de chanter dans le chœur des chansons déshonnêtes, ils mangeoient et jouoient aux dés sur l'autel, à côté du prêtre qui célébroit la messe, ils mettoient des ordures dans les encensoirs, et couroient autour de l'église, sautant, riant, proférant des paroles sales, et faisant mille postures indécentes. Ils alloient ensuite par toute la ville se faire voir sur des chariots. Quelquefois ils élisoient et sacroient un évêque ou un pape des fous qui célébroit l'office, et revêtu d'habits pontificaux, donnoit la bénédiction au peuple. Enfin, telles folies leur plaisoient tant, et paroissoient à leurs yeux si bien pensées et si chrétiennes, qu'ils regardoient comme excommuniés ceux qui vouloient les défendre. *Sauv.*, tom. I, p. 624.

FIN DU MÉMOIRE SUR LES JEUX SCÉNIQUES.

MÉMOIRE

SUR

L'ART DE PARTAGER

L'ACTION THÉATRALE,

ET SUR CELUI DE NOTER LA DÉCLAMATION QU'ON PRÉTEND
AVOIR ÉTÉ EN USAGE CHEZ LES ROMAINS.

Après avoir parlé du théâtre des anciens et de la nature de nos premiers jeux scéniques, j'ai cru que l'opinion sur l'action partagée et la déclamation notée méritoit un examen particulier.

Il seroit difficile de ne pas reconnoître la supériorité de nos ouvrages dramatiques sur ceux mêmes qui nous ont servi de modèles; mais comme on ne donne pas volontiers à ses contemporains des éloges sans restriction, l'on prétend que les anciens ont eu des arts que nous ignorons, et qui contribuoient beaucoup à la perfection du genre dramatique. Tel étoit, dit-on, l'art de partager l'action théâtrale entre deux acteurs, de manière que l'un faisoit les gestes dans le temps que l'autre récitoit. Tel étoit encore l'art de noter la déclamation.

Fixons l'état de la question, tâchons de l'éclaircir : c'est le moyen de la décider ; et commençons par ce qui concerne le partage de l'action.

L'action comprend la récitation et le geste ; mais cette seconde partie est si naturellement liée à la première, qu'il seroit difficile de trouver un acteur qui, avec de l'intelligence et du sentiment, eût le geste faux. Les auteurs les plus attentifs au succès de leurs ouvrages s'attachent à donner à leurs acteurs, les tons, les inflexions, et ce qu'on appelle l'esprit du rôle. Si l'acteur est encore capable de s'affecter, de se pénétrer de la situation où il se trouve, c'est-à-dire, s'il a des entrailles, il est alors inutile qu'il s'occupe du geste, qui suivra infailliblement. Il seroit même dangereux qu'il y donnât une attention qui pourroit le distraire et le jeter dans l'affectation. Les acteurs qui gesticulent le moins, sont parmi nous ceux qui ont le geste le plus naturel. Les anciens pouvoient, à la vérité, avoir plus de vivacité et de variété dans le geste que nous n'en avons, comme on en remarque plus aux Italiens qu'à nous ; mais il n'est pas moins vrai que ce geste vif et marqué leur étant naturel, il n'exigeoit pas de leur part plus d'attention que nous n'en donnons au nôtre. On ne voit donc pas qu'il ait jamais été nécessaire d'en faire un art particulier, et il eût été bizarre de le séparer de la récitation, qui peut seule le guider et le rendre convenable à l'action.

J'avoue que nous sommes souvent si prévenus en faveur de nos usages, si asservis à l'habitude, que nous regardons comme déraisonnables les mœurs et les usages opposés aux nôtres; mais nous avons un moyen d'éviter l'erreur à cet égard, c'est de distinguer les usages purement arbitraires, d'avec ceux qui sont fondés sur la nature. Or, il est constant que la représentation dramatique doit en être l'image : ce seroit donc une bizarrerie de séparer, dans l'imitation, ce qui est essentiellement uni dans les choses qui nous servent de modèle. Si dans quelque circonstance singulière nous sommes amusés par un spectacle ridicule, notre plaisir naît de la surprise; le froid et le dégoût nous ramènent bientôt au vrai que nous cherchons jusque dans nos plaisirs. Le partage de l'action n'eût donc été qu'un spectacle puéril du genre de nos marionnettes.

Mais cet usage a-t-il existé? Ceux qui soutiennent cette opinion se fondent sur un passage de Tite-Live, dont j'ai déjà cité le commencement dans un mémoire, et dont je promis alors d'examiner la suite.

Nous avons déjà vu comment la superstition donna naissance au théâtre de Rome, et quels furent les progrès des jeux scéniques; Tite-Live ajoute que Livius Andronicus osa le premier substituer aux satires une fable dramatique[1], *ab satiris ausus est primus argumento fabulam serere;* d'autres éditions portent *argumenta fabularum*, expressions qui ne présentent pas un sens net. Cicéron dit, plus simplement et plus clairement, *primus fabulam docuit.*

Les pièces d'Andronicus étoient des imitations des pièces grecques, *non verba sed vim græcorum expresserunt poëtarum*, dit Cicéron. Cet orateur ne faisoit pas beaucoup de cas des pièces d'Andronicus, et il prétend qu'elles ne méritoient pas qu'on les relût, *Livianæ fabulæ non satis dignæ ut iterùm legantur.* Horace parle de ceux qui les estimoient plus qu'elles ne méritoient, pour quelques mots heureux qu'on y rencontroit quelquefois. Andronicus avoit fait encore une traduction de l'Odyssée, que Cicéron compare aux statues attribuées à Dédale, dont l'ancienneté faisoit tout le mérite.

Il paroît cependant qu'Andronicus avoit eu autrefois beaucoup de réputation, puisqu'il avoit été chargé dans sa vieillesse[2] de composer les paroles et la musique d'un hymne que vingt-sept jeunes filles chantèrent dans une procession solennelle en l'honneur de Junon. Mais il est particulièrement cé-

---

[1] Deux cent quarante ans avant Jésus-Christ, et cent vingt-quatre depuis l'arrivée des farceurs étrusques.

[2] Deux cent sept ans avant Jésus-Christ.

lèbre par une nouveauté au théâtre, dont il fut l'auteur ou l'occasion. Tite-Live dit qu'Andronicus, qui, suivant l'usage de ces temps-là, jouoit lui-même dans ses pièces, s'étant enroué à force de répéter un morceau qu'on redemandoit, obtint la permission de faire chanter ces paroles par un jeune comédien, et qu'alors il représenta ce qui se chantoit avec un mouvement ou un geste d'autant plus vif, qu'il n'étoit plus occupé du chant : *Canticum egisse aliquando magis vigenti motu, quia nihil vocis usus impediebat.*

Le point de la difficulté est dans ce que Tite-Live ajoute : De là, dit-il, vint la coutume de chanter suivant le geste des comédiens, et de réserver leur voix pour le dialogue. *Indè ad manum cantari histrionibus cœptum, diverbiaque tantùm ipsorum voci relicta.*

Comme le mot *canticum* signifie quelquefois un monologue, des commentateurs en ont conclu qu'il ne se prenoit que dans cette acception ; et que depuis Andronicus, la récitation et le geste des monologues se partageoient toujours entre deux acteurs.

Mais le passage de Tite-Live dont on veut s'appuyer, ne présente pas un sens bien déterminé. Je vis, lorsque je le discutai dans une de nos assemblées, combien il reçut d'interprétations différentes de la part de ceux à qui les anciens auteurs sont le plus familiers. Celle que je vais proposer fut adoptée par plusieurs, et M. Fréret allégua, pour la confirmer, des autorités dont j'ai fait usage.

Le *canticum* d'Andronicus est un composé de chant et de danse. On pourroit entendre, par ces termes *canticum egisse*, etc., que cet auteur, qui d'abord chantoit son cantique, ou, si l'on veut, sa cantate, et qui exécutoit alternativement les intermèdes de danses, ayant altéré sa voix, chargea un autre acteur de la partie du chant, pour danser avec plus de liberté et de force, et que de là vint l'usage de partager entre différents acteurs la partie du chant et celle de la danse.

Cette explication me paroît plus naturelle que le système du partage de la récitation et du geste : elle est même confirmée par un passage de Valère Maxime, qui, en parlant de l'aventure d'Andronicus, dit : *Tacitus gesticulationem peregit;* et *gesticulatio* est communément pris pour la danse chez les anciens.

Lucien dit aussi : « Autrefois le même acteur chan-« toit et dansoit ; mais comme on observa que les « mouvements de la danse nuisoient à la voix et « empêchoient la respiration, on jugea plus conve-« nable de partager le chant et la danse. »

Quand on admettroit que le jeu muet d'Andronicus fût une simple gesticulation plutôt qu'une danse, on en pourroit conclure encore que l'accident qui restreignit Andronicus à ne faire que les gestes, auroit donné l'idée de l'art des pantomimes. Il seroit plus naturel d'adopter cette interprétation, que de croire qu'on eût, par une bizarrerie froide, consacré une irrégularité que la nécessité seule eut pu faire excuser dans cette circonstance. Si l'on rapporte communément l'art des pantomimes au siècle d'Auguste, cela doit s'entendre de sa perfection, et non pas de son origine.

En effet, les danses des anciens étoient presque toujours des tableaux d'une action connue, ou dont le sujet étoit indiqué par des paroles explicatives. Les danses des peuples de l'Orient, décrites dans Pietro della Valle et dans Chardin, sont encore dans ce genre; au lieu que les nôtres ne consistent guère qu'à montrer de la légèreté ou présenter des attitudes agréables. Ces pantomimes avoient un accompagnement de musique d'autant plus nécessaire, qu'un spectacle qui ne frappe que les yeux, ne soutiendroit pas long-temps l'attention. L'habitude où nous sommes d'entendre un dialogue, lorsque nous voyons des hommes agir de concert, fait qu'au lieu du discours que notre oreille attend machinalement, il faut du moins l'occuper par des sons musicaux convenables au sujet.

Si l'usage dont parle Tite-Live devoit s'entendre du partage de la récitation et du geste, il seroit bien étonnant que Cicéron ni Quintilien n'en eussent pas parlé; il est probable qu'Horace en auroit fait mention.

Donat dit simplement que les mesures des cantiques, ou, si l'on veut, des monologues, ne dépendoient pas des acteurs, mais qu'elles étoient réglées par un habile compositeur. *Diverbia histriones pronuntiabant, cantica verò temperabantur modis, non à poëta, sed à perito artis musices factis.* Ce passage ne prouveroit autre chose, sinon que les monologues étoient des morceaux de chant; mais il n'a aucun rapport au partage de l'action.

Je ne m'étendrai pas davantage sur cet article, et je passe au second, qui demandera beaucoup plus de discussion.

L'éclaircissement de cette question dépend de l'examen de plusieurs points; et pour y procéder avec plus de méthode et de clarté, il est nécessaire de définir et d'analyser tout ce qui peut y avoir rapport.

La déclamation théâtrale étant une imitation de la déclamation naturelle, je commence par définir celle-ci. C'est une affection ou modification que la voix reçoit lorsque nous sommes émus de quelque passion, et qui annonce cette émotion à ceux qui nous écoutent, de la même manière que la disposition des traits de notre visage l'annonce à ceux qui nous regardent.

Cette expression de nos sentiments est de toutes

les langues; et pour tâcher d'en connoître la nature, il faut, pour ainsi dire, décomposer la voix humaine, et la considérer sous divers aspects.

1° Comme un simple son, tel que le cri des enfants; 2° comme son articulé, tel qu'il est dans la parole; 3° dans le chant, qui ajoute à la parole la modulation et la variété des tons; 4° dans la déclamation, qui paroît dépendre d'une nouvelle modification dans le son et dans la substance même de la voix, modification différente de celle du chant et de celle de la parole, puisqu'elle peut s'unir à l'une et à l'autre, ou en être retranchée.

La voix considérée comme un son simple, est produite par l'air chassé des poumons, et qui sort du larynx par la fente de la glotte. Le son est encore augmenté par les vibrations des fibres qui tapissent l'intérieur de la bouche, et le canal du nez.

La voix qui ne seroit qu'un simple cri, reçoit, en sortant de la bouche, deux espèces de modifications qui la rendent articulée, et font ce qu'on nomme la parole.

Les modifications de la première espèce produisent les voyelles qui, dans la prononciation, dépendent d'une disposition fixe et permanente de la langue, des lèvres et des dents. Ces organes modifient, par leur position, l'air sonore qui sort de la bouche, et sans diminuer sa vitesse, changent la nature du son. Comme cette situation des organes de la bouche, propre à former les voyelles, est permanente, les sons voyelles sont susceptibles d'une durée plus ou moins longue, et peuvent recevoir tous les degrés d'élévation et d'abaissement possibles; ils sont même les seuls qui les reçoivent, et toutes les variétés, soit d'accents dans la prononciation simple, soit d'intonation musicale dans le chant, ne peuvent tomber que sur les voyelles.

Les modifications de la seconde espèce sont celles que reçoivent les voyelles par le mouvement subit et instantané des organes mobiles de la voix, c'est-à-dire, de la langue vers le palais ou vers les dents, et par celui des lèvres. Ces mouvements produisent les consonnes, qui ne sont que de simples modifications de voyelles, et toujours en les précédant.

C'est l'assemblage des voyelles et des consonnes mélées suivant un certain ordre, qui constitue la parole ou la voix articulée.

La parole est susceptible d'une nouvelle modification qui en fait la voix de chant; celle-ci dépend de quelque chose de différent, du plus ou du moins de vitesse, et du plus ou du moins de force de l'air, qui sort de la glotte et passe par la bouche. On ne doit pas non plus confondre la voix de chant avec le plus ou le moins d'élévation des tons, puisque cette variété se remarque dans les accents de la prononciation du discours ordinaire. Ces différents tons ou accents dépendent uniquement de l'ouverture plus ou moins grande de la glotte[1].

En quoi consiste donc la différence qui se trouve entre la parole simple et la voix de chant?

Les anciens musiciens ont établi, d'après Aristoxène : 1° que la voix de chant passe d'un degré d'élévation ou d'abaissement à un autre degré, c'est-à-dire, d'un ton à l'autre, par *saut*, sans parcourir l'intervalle qui les sépare, au lieu que celle du discours s'élève et s'abaisse par un mouvement continu ; 2° que la voix de chant se soutient sur le même ton, considéré comme un point indivisible, ce qui n'arrive pas dans la simple prononciation.

Cette marche par saut et avec des repos, est en effet celle de la voix de chant; mais n'y a-t-il rien de plus dans le chant? Il y a eu une déclamation tragique, qui admettoit le passage par saut d'un ton à l'autre, et le repos sur un ton. On remarque la même chose dans certains orateurs : cependant cette déclamation est encore différente de la voix du chant. M. Dodart, qui joignoit à l'esprit de discussion et de recherche, la plus grande connoissance de la physique, de l'anatomie et du jeu mécanique des parties du corps, avoit particulièrement porté son

---

[1] Cette ouverture est ovale; sa longueur est depuis quatre jusqu'à huit lignes ; sa largeur ne va guère qu'à une ligne dans les voix de basse-taille. Plus elle est resserrée, plus les sons deviennent aigus ; et plus elle est ouverte, plus le son est grave, et plus il se porte loin.

attention sur les organes de la voix. Il observe, 1° que tel homme dont la voix de parole est déplaisante, a le chant très agréable, ou au contraire; 2° que si nous n'avons pas entendu chanter quelqu'un, quelque connoissance que nous ayons de sa voix de parole, nous ne le reconnoîtrons pas à sa voix de chant.

M. Dodart, continuant ses recherches, découvrit que, dans la voix de chant, il y a, de plus que dans celle de la parole, un mouvement de tout le larynx, c'est-à-dire de cette partie de la trachée-artère qui forme comme un nouveau canal qui se termine à la glotte, qui en enveloppe et qui en soutient les muscles. La différence entre les deux voix vient donc de celle qu'il y a entre le larynx assis et en repos sur ses attaches dans la parole, et ce même larynx suspendu sur ces attaches, en action et mu par un balancement de haut en bas et de bas en haut. Ce balancement peut se comparer au mouvement de oiseaux qui planent, ou des poissons qui se soutiennent à la même place contre le fil de l'eau. Quoique les ailes des uns et les nageoires des autres paroissent immobiles à l'œil, elles font de continuelles vibrations, mais si courtes et si promptes qu'elles sont imperceptibles.

Le balancement du larynx produit dans la voix de chant une espèce d'ondulation qui n'est pas dans la simple parole. L'ondulation, soutenue et modérée dans les belles voix, se fait trop sentir dans les voix chevrotantes ou foibles. Cette ondulation ne doit pas se confondre avec les cadences et les roulements qui se font par des changements très prompts et très délicats de l'ouverture de la glotte, et qui sont composés de l'intervalle d'un ton ou d'un demi-ton.

La voix, soit du chant, soit de la parole, vient tout entière de la glotte pour le son et pour le ton; mais l'ondulation vient entièrement du balancement de tout le larynx : elle ne fait point partie de la voix, mais elle en affecte la totalité.

Il résulte de ce qui vient d'être exposé, que la voix de chant consiste dans la marche par saut d'un ton à un autre, dans le séjour sur les tons, et dans cette ondulation du larynx qui affecte la totalité de la voix et la substance même du son.

Après avoir considéré la voix dans le simple cri, dans la parole et dans le chant, il reste à l'examiner par rapport à la déclamation naturelle, qui doit être le modèle de la déclamation artificielle, soit théâtrale, soit oratoire.

La déclamation est, comme nous l'avons déja dit, une affection ou modification qui arrive à notre voix, lorsque, passant d'un état tranquille à un état agité, notre ame est émue de quelque passion ou de quelque sentiment vif. Ces changements de la voix sont involontaires, c'est-à-dire qu'ils accompagnent nécessairement les émotions naturelles, et celles que nous venons à nous procurer par l'art, en nous pénétrant d'une situation par la force de l'imagination seule.

La question se réduit donc actuellement à savoir 1° si ces changements de voix expressifs des passions consistent seulement dans les différents degrés d'élévation et d'abaissement de la voix ; et si, en passant d'un ton à l'autre, elle marche par une progression successive et continue, comme dans les accents ou intonations prosodiques du discours ordinaire, ou si elle marche par sauts, comme dans le chant.

2° S'il seroit possible d'exprimer, par des signes ou notes, ces changements expressifs des passions.

L'opinion commune de ceux qui ont parlé de la déclamation, suppose que ces inflexions sont du genre des intonations musicales, dans lesquelles la voix procède par des intervalles harmoniques, et qu'il est très possible de les exprimer par les notes ordinaires de la musique, dont il faudroit tout au plus changer la valeur, mais dont on conserveroit la proportion et le rapport. C'est le sentiment de l'abbé Dubos, qui a traité cette question avec plus d'étendue que de précision. Il suppose que la déclamation naturelle a des tons fixes et suit une marche déterminée ; mais, si elle consistoit dans des intonations musicales et harmoniques, elle seroit fixée et déterminée par le chant même du récitatif : cependant l'expérience nous montre que de deux acteurs qui chantent les mêmes morceaux avec la même justesse, l'un nous laisse froids et tranquilles, tandis que l'autre, avec une voix moins belle et moins sonore, nous émeut et nous transporte : les exemples n'en sont pas rares. Il est encore à propos d'observer que la déclamation se marie plus difficilement avec la voix de chant qu'avec celle de la parole. On en doit conclure que l'expression dans le chant est quelque chose de différent du chant même et des intonations harmoniques, et que, sans manquer à ce qui constitue le chant, l'acteur peut ajouter l'expression ou y manquer.

Il ne faut pas conclure de là que toute sorte de chant soit également susceptible de toutes sortes d'expressions. Les acteurs intelligents n'éprouvent que trop qu'il y a des chants très beaux en eux-mêmes, qu'il est presque impossible d'employer à une déclamation convenable aux paroles.

Nous pouvons encore remarquer que, dans la simple déclamation tragique, deux acteurs jouent le même morceau d'une manière différente, et nous affectent également. Le même acteur joue le même morceau différemment avec le même succès, à moins que le caractère propre du personnage ne soit fixé par l'histoire, ou dans l'exposition de la pièce.

Si les inflexions expressives de la déclamation ne

sont pas les mêmes que les intonations harmoniques du chant ; si elles ne consistent ni dans l'élévation, ni dans l'abaissement de la voix, ni dans son renflement et sa diminution, ni dans sa lenteur et sa rapidité, non plus que dans le repos et dans les silences; enfin, si la déclamation ne résulte pas de l'assemblage de toutes ces choses, quoique la plupart l'accompagnent, il faut donc que cette expression dépende de quelqu'autre chose qui, affectant le son même de la voix, la mette en état d'émouvoir et de transporter notre ame.

Les langues ne sont que des institutions arbitraires, qui ne sont que de vains sons pour ceux qui ne les ont pas apprises. Il n'en est pas ainsi des inflexions expressives des passions, ni des changements dans la disposition des traits du visage. Ces signes peuvent être plus ou moins forts, plus ou moins marqués ; mais ils forment une langue universelle pour toutes les nations. L'intelligence en est dans le cœur, dans l'organisation de tous les hommes. Les mêmes signes du sentiment de la passion ont souvent des nuances distinctives, qui marquent des affections différentes ou opposées. On ne s'y méprend point, on distingue les larmes que la joie fait répandre, de celles qui sont arrachées par la douleur.

Si nous ne connoissons pas encore la nature de cette modification expressive des passions qui constitue la déclamation, son existence n'en est pas moins constante : peut-être en découvrira-t-on le mécanisme.

Avant M. Dodart, on n'avoit jamais pensé au mouvement du larynx dans le chant, à cette ondulation du corps même de la voix. La découverte que M. Ferrein a faite depuis des rubans membraneux dans la production du son et des tons, fait voir qu'il reste des choses à trouver sur les sujets qui semblent épuisés. Sans sortir de la question présente, y a-t-il un fait plus sensible et dont le principe soit moins connu, que la différence de la voix d'un homme et de celle d'un autre? différence si frappante, qu'il est aussi facile de les distinguer que les physionomies.

L'examen dans lequel je suis entré fait assez voir que la déclamation est une modification de la voix, distincte du son simple de la parole et du chant, et que ces différentes modifications se réunissent sans s'altérer. Il reste à examiner s'il seroit possible d'exprimer par des signes ou notes les inflexions expressives des passions.

Quand on supposeroit, avec l'abbé Dubos, que ces inflexions consistent dans les différents degrés d'élévation et d'abaissement de la voix, dans son renflement et sa diminution, dans sa rapidité et sa lenteur, enfin, dans les repos placés entre les membres des phrases, on ne pourroit pas encore se servir des notes musicales.

La facilité qu'on a trouvée à noter le chant, vient de ce qu'entre toutes les divisions de l'octave, on s'est borné à six tons fixes et déterminés, ou douze semi tons qui, en parcourant plusieurs octaves, se répètent toujours dans le même rapport, malgré leurs combinaisons infinies [1]; mais il n'y a rien de pareil dans la voix du discours, soit tranquille, soit passionné. Elle marche continuellement dans des intervalles incommensurables, et presque toujours hors des modes harmoniques; car je ne prétends pas qu'il ne puisse quelquefois se trouver dans une déclamation chantante et vicieuse, et peut-être même dans le discours ordinaire, quelques inflexions qui feroient des tons harmoniques; mais ce sont des inflexions rares, qui ne rendroient pas la continuité du discours susceptible d'être notée.

L'abbé Dubos dit avoir consulté des musiciens, qui l'ont assuré que rien n'étoit plus facile que d'exprimer les inflexions de la déclamation, avec les notes actuelles de la musique; qu'il suffiroit de leur donner la moitié de la valeur qu'elles ont dans le

[1] M. Burette a montré que les anciens employoient pour marquer les tons du chant, jusqu'à mille six cent vingt caractères, auxquels Gui d'Arezzo a substitué un très petit nombre de notes qui, par leur seule position sur une espèce d'échelle, deviennent susceptibles d'une infinité de combinaisons. Il seroit encore très possible de substituer à la méthode d'aujourd'hui une méthode plus simple, si le préjugé d'un ancien usage pouvoit céder à la raison. Ce seroient les musiciens qui auroient le plus de peine à l'admettre, et peut-être à la comprendre.

chant, et de faire la même réduction à l'égard des mesures. Je crois que l'abbé Dubos et ses musiciens n'avoient pas une idée nette et précise de la question : 1° Il y a plusieurs tons qui ne peuvent être coupés en deux parties égales; 2° on doit faire une grande distinction entre des changements d'inflexions sensibles et des changements appréciables. Tout ce qui est sensible n'est pas appréciable, et il n'y a que les tons fixes et déterminés qui puissent avoir leurs signes. Tels sont les tons harmoniques, telle est à l'égard du son simple l'articulation de la parole.

Lorsque je communiquai mon idée à l'académie, M. Fréret l'appuya d'un fait qui mérite d'être remarqué. Arcadio Hoangh, Chinois de naissance, et très instruit de sa langue, étant à Paris, un habile musicien, qui sentit que cette langue est chantante, parcequ'elle est remplie de monosyllabes, dont les accents sont très marqués pour en varier et déterminer la signification, examina ces intonations en les comparant au son fixe d'un instrument; cependant il ne put jamais venir à bout de déterminer le degré d'élévation ou d'abaissement des inflexions chinoises. Les plus petites divisions du ton, telles que l'eptaméride de M. Sauveur, ou la différence de la quinte juste à la quinte tempérée pour l'accord du clavecin, étoient encore trop grandes, quoique cette eptaméride soit la quarante-neuvième partie du ton et la septième du comma. De plus, la quantité des intonations chinoises varioit presqu'à chaque fois que Hoangh les répétoit, ce qui prouve qu'il peut y avoir encore une latitude sensible entre des inflexions très délicates, et qui cependant sont assez distinctes pour exprimer des idées différentes.

S'il n'est pas possible de trouver dans la proportion harmonique des subdivisions capables d'exprimer les intonations d'une langue telle que la chinoise, qui nous paroît très chantante, où trouveroit-on des subdivisions pour une langue presque monotone comme la nôtre?

La comparaison qu'on fait des prétendues notes de la déclamation, avec celles de la chorégraphie d'aujourd'hui, n'a aucune exactitude, et appuie même mon sentiment. Toutes nos danses sont composées d'un nombre de pas assez borné, qui ont chacun leur nom, et dont la nature est déterminée. Les notes chorégraphiques montrent au danseur quels pas il doit faire et quelle ligne il doit décrire sur le terrain; mais c'est la moindre partie du danseur. Ces notes ne lui apprendront jamais à faire les pas avec grace, à régler les mouvements du corps, des bras, de la tête, en un mot, toutes les attitudes convenables à sa taille, à sa figure et au caractère de sa danse.

Les notes déclamatoires n'auroient pas même l'utilité médiocre qu'ont les notes chorégraphiques.

Quand on accorderoit que les tons de la déclamation seroient déterminés, et qu'ils pourroient être déterminés par des signes, ces signes formeroient un dictionnaire si étendu, qu'il exigeroit une étude de plusieurs années. La déclamation deviendroit un art encore plus difficile que la musique des anciens, qui avoit mille six cent vingt notes. Aussi Platon veut-il que les jeunes gens qui ne doivent pas faire leur profession de la musique, n'y sacrifient que trois ans.

Enfin cet art, s'il étoit possible, ne serviroit qu'à former des acteurs froids, qui, par leur affectation et une attention servile, défigureroient l'expression que le sentiment seul peut inspirer. Ces notes ne donneroient ni la finesse, ni la délicatesse, ni la grace, ni la chaleur qui font le mérite des acteurs et le plaisir des spectateurs.

De ce que je viens d'exposer, il résulte deux choses : l'une est l'impossibilité de noter les tons déclamatoires comme ceux du chant musical, soit parcequ'ils ne sont pas fixes et déterminés, soit parcequ'ils ne suivent pas les proportions harmoniques, soit enfin parceque le nombre en seroit infini ; la seconde est l'inutilité dont seroient ces notes, qui serviroient tout au plus à conduire des acteurs médiocres, en les rendant plus froids qu'ils ne le seroient en suivant la nature.

Il reste une question de fait à examiner ; savoir,

si les anciens ont eu des notes pour la déclamation. Aristoxène dit qu'il y a un chant du discours qui naît de la différence des accents; et Denys d'Halicarnasse nous apprend que, chez les Grecs, l'élévation de la voix dans l'accent aigu, et son abaissement dans le grave, étoient d'une quinte entière, et que dans l'accent circonflexe, composé des deux autres, la voix parcouroit deux fois la même quinte, en montant et en descendant sur la même syllabe.

Comme il n'y avoit dans la langue grecque aucun mot qui n'eût son accent, ces élévations et abaissements continuels d'une quinte devoient rendre la prononciation grecque assez chantante. Les Latins avoient, ainsi que les Grecs, les accents aigu, grave et circonflexe, et ils y joignoient encore d'autres signes propres à marquer les longues, les brèves, les repos, les suspensions, l'accélération, etc. Ce sont ces notes de la prononciation dont parlent les grammairiens des siècles postérieurs, qu'on a prises pour celles de la déclamation.

Cicéron, en parlant des accents, emploie le terme général de *sonus*, qu'il prend encore dans d'autres acceptions.

On ignore quelle étoit la valeur des accents chez les Latins; mais on sait qu'ils étoient, comme les Grecs, fort sensibles à l'harmonie du discours. Ils avoient des longues et des brèves, les premières en général doubles des secondes dans leur durée; et ils en avoient aussi d'indéterminées, *irrationales*; mais nous ignorons la valeur de ces durées, et nous ne savons pas davantage si dans les accents on partoit d'un ton fixe et déterminé.

Comme l'imagination ne peut jamais suppléer au défaut des impressions reçues par les sens, on n'est pas plus en état de se représenter des sons qui n'ont pas frappé l'oreille, que des couleurs qu'on n'a pas vues, ou des odeurs et des saveurs qu'on n'a pas éprouvées. Ainsi, je doute fort que les critiques qui sont le plus enflammés sur le mérite de l'harmonie des langues grecque et latine, aient jamais eu une idée bien ressemblante des choses dont ils parlent avec tant de chaleur. Nous savons qu'elles avoient une harmonie; mais nous devons avouer qu'elles n'ont plus rien de semblable, puisque nous les prononçons avec les intonations et les inflexions de notre langue naturelle, qui sont très différentes.

Je suis persuadé que nous serions fort choqués de la véritable prosodie des anciens : mais comme, en fait de sensations, l'agrément et le désagrément dépendent de l'habitude des organes, les Grecs et les Romains pouvoient trouver de grandes beautés dans ce qui nous déplairoit beaucoup.

Cicéron dit que la déclamation met encore une nouvelle modification dans la voix, dont les inflexions suivoient les mouvements de l'ame. *Vocis mutationes totidem sunt, quot animorum qui maximè voce moventur;* et il ajoute qu'il y a une espéce de chant dans la récitation animée du simple discours : *est etiam in dicendo cantus obscurior.*

Mais cette prosodie, qui avoit quelques caractères du chant, n'en étoit pas un véritable, quoiqu'il eût des accompagnements de flûtes ; sans quoi il faudroit dire que Caïus Gracchus haranguoit en chantant, puisqu'il avoit derrière lui un esclave qui régloit ses tons avec une flûte. Il est vrai que la déclamation du théâtre, *modulatio scenica*, avoit pénétré dans la tribune ; et c'étoit un vice que Cicéron, et Quintilien après lui, recommandoient d'éviter. Cependant on ne doit pas s'imaginer que Gracchus eût dans ses harangues un accompagnement suivi; la flûte ou le *tonarion* de l'esclave ne servoit qu'à ramener l'orateur à un ton modéré, lorsque sa voix montoit trop haut ou descendoit trop bas. Ce fluteur, qui étoit caché derrière Gracchus, *qui staret occultè post ipsum*, n'étoit vraisemblablement entendu que de lui, lorsqu'il falloit donner ou rétablir le ton. Cicéron, Quintilien, et Plutarque ne nous donnent pas une autre idée de l'usage du *tonarion*[1] ; il paroît que c'est le diapason d'aujourd'hui.

---

[1] Quòd illum aut remissum excitaret, aut a contentione revocaret. CICER. lib. III, *de Oratore*.

Cui concionanti consistens post cum musicis, fistulâ quam *tonarion* vocant, modos quibus deberet intendi ministrabat. QUINT. liv. I, chap. x.

« Caïus Gracchus l'orateur, qui étoit de nature homme âpre,

Les flûtes du théâtre pouvoient faire une sorte d'accompagnement suivi, sans que la récitation fût un véritable chant; il suffisoit qu'elle en eût quelques caractères. Je crois qu'on pourroit prendre un parti moyen entre ceux qui regardent la déclamation des anciens comme un chant semblable à nos opéra, et ceux qui croient qu'elle étoit du même genre que celle de notre théâtre.

Après tout ce que je viens d'exposer, je ne serois pas éloigné de penser que les Romains avoient un art de noter la prononciation plus exactement que nous ne la marquons aujourd'hui; peut-être même y avoit-il des notes pour indiquer aux acteurs commençants les tons qu'ils devoient employer dans certaines impressions, parceque leur déclamation étoit accompagnée d'une basse de flûtes, et qu'elle étoit d'un genre absolument différent de la nôtre: l'acteur pouvoit ne mettre guère plus de sa part dans la récitation que nos acteurs n'en mettent dans le récitatif de nos opéra.

« véhément et violent en sa façon de dire, avoit une petite flûte
« bien accommodée, avec laquelle les musiciens ont accoutumé de
« conduire tout doucement la voix du haut en bas et du bas en
« haut par toutes les notes, pour enseigner à entonner; et ainsi,
« comme il haranguoit, il y avoit l'un de ses serviteurs qui, étant
« debout derrière lui, comme il sortoit un petit de ton en par-
« lant, lui entonnoit un ton plus doux et plus gracieux, en le ti-
« rant de son exclamation, et lui ôtant l'âpreté et l'accent colé-
« rique de sa voix. » PLUTARQUE, dans le traité *Comment il faut retenir la colère*, traduction d'Amyot.

Ce qui me donne cette idée (car ce n'est pas un fait prouvé) c'est l'état même des acteurs à Rome. Ils n'étoient pas, comme chez les Grecs, des hommes libres qui se destinoient à une profession qui, chez eux, n'avoit rien de bas dans l'opinion publique, et qui n'empêchoit pas celui qui l'exerçoit de remplir des emplois honorables. A Rome, ces acteurs étoient ordinairement des esclaves étrangers, ou nés dans l'esclavage; ce ne fut que l'état vil de la personne qui avilit la profession. Le latin n'étoit pas leur langue maternelle, et ceux même qui étoient nés à Rome ne devoient parler qu'un latin altéré par la langue de leurs pères et de leurs camarades. Il falloit donc que leurs maîtres, qui les dressoient pour le théâtre, commençassent par leur donner la vraie prononciation, soit par rapport à la durée des mesures, soit par rapport à l'intonation des accents; et il est probable que dans les leçons qu'ils leur donnoient à étudier, ils se servoient des notes dont les grammairiens postérieurs ont parlé. Nous serions obligés d'user des mêmes moyens, si nous avions à former pour notre théâtre un acteur normand ou provençal, quelque intelligence qu'il eût d'ailleurs. Si de pareils soins seroient nécessaires pour une prosodie aussi simple que la nôtre, combien en devoit-on prendre avec des étrangers pour une prosodie qui avoit quelques uns des caractères du chant! Il est assez vraisemblable qu'outre les marques de la prononciation régulière, on devoit employer, pour une déclamation théâtrale qui avoit besoin d'un accompagnement, des notes pour les élévations et les abaissements de voix d'une quantité déterminée, pour la valeur précise des mesures, pour presser ou ralentir la prononciation, l'interrompre, l'entrecouper, augmenter ou diminuer la force de la voix, etc.

Voilà quelle devoit être la fonction de ceux que Quintilien nomme *artifices pronunciandi*; mais tous ces secours n'ont encore rien de commun avec la déclamation considérée comme étant l'expression des sentiments et de l'agitation de l'ame. Cette expression est si peu du ressort de la note, que dans plusieurs morceaux de musique, les compositeurs sont obligés d'écrire en marge dans quel caractère ces morceaux doivent être exécutés; la parole s'écrit, le chant se note; mais la déclamation expressive de l'ame ne se prescrit point; nous n'y sommes conduits que par l'émotion qu'excitent en nous les passions qui nous agitent; les acteurs ne mettent de vérité dans leur jeu, qu'autant qu'ils excitent en nous une partie de ces émotions : *si vis me flere, dolendum est*.

A l'égard de la simple récitation, celle des Romains étoit si différente de la nôtre que ce qui pouvoit être d'usage alors, ne pourroit s'employer aujourd'hui; ce n'est pas que nous n'ayons une prosodie à laquelle nous ne pourrions manquer sans choquer sensiblement l'oreille. Un acteur ou un orateur qui emploieroit un *é* fermé bref, au lieu d'un *è* ouvert long, révolteroit un auditoire, et paroîtroit étranger au plus ignorant des auditeurs instruits par le simple usage ; car l'usage est le grand maître de la prononciation, sans quoi les règles surchargeroient inutilement la mémoire.

Je crois avoir montré à quoi pouvoient se réduire les prétendues notes déclamatoires des anciens, et la vanité du système proposé à notre égard. En reconnoissant les anciens pour nos maîtres et pour nos modèles, ne leur donnons pas une supériorité imaginaire ; le plus grand obstacle pour les égaler, est de les regarder comme inimitables. Tâchons de nous préserver également de l'ingratitude envers eux, et de la superstition littéraire.

Nos qui sequimur probabilia, nec ultra id quod verisimile occurrit progredi possumus ; et refellere sine pertinaciâ, et refelli sine iracundiâ, parati sumus. Cicer. Tuscul. II.

FIN DU MÉMOIRE SUR L'ACTION THÉATRALE.

HISTOIRE
DE
L'ACADÉMIE FRANÇOISE.

TROISIÈME PARTIE.

L'histoire de l'académie françoise depuis son origine jusqu'à l'année 1652, par Pelisson, a été continuée par l'abbé d'Olivet, jusqu'en 1700. L'académie m'ayant nommé secrétaire, j'ai regardé comme un de mes devoirs le soin d'écrire ce qui s'est passé depuis le commencement du siècle jusque aujourd'hui.

Rien ne prouve mieux la sagesse d'un établissement que le peu de changement qu'il éprouve durant une longue suite d'années. L'académie s'est toujours conduite d'après les principes qui lui ont été donnés par son fondateur. Aussi n'a-t-elle point essuyé de révolutions; et les états les plus heureux seront toujours ceux qui fourniront le moins d'événements à l'histoire. Celle d'une société littéraire ne doit présenter d'autres faits que les ouvrages de ceux qui la composent. Le bonheur et la gloire de l'académie viennent de ce qu'elle est aujourd'hui ce qu'elle a été dans son origine. Ce n'est pas que des particuliers peu faits pour sentir l'honneur d'y avoir été admis, n'aient entrepris d'en altérer la constitution ; mais leurs efforts n'ont servi qu'à prouver la solidité des fondements qu'ils vouloient détruire.

Dans les premières années de ce siécle, deux ou trois académiciens, dont la postérité ne connoîtra le nom que par la liste, ne se trouvant pas assez honorés d'être associés à une compagnie illustre, tâchèrent d'y introduire une classe d'académiciens honoraires. On croira facilement que cette fantaisie ne vint pas à des hommes fort distingués par le rang, la naissance ou les talents. En effet, il falloit qu'ils ne fussent pas trop faits pour le titre d'honoraires, puisqu'ils en avoient tant de besoin ; et ils ne paroissoient pas plus dignes du titre d'académiciens, puisqu'il ne leur suffisoit pas.

Ils tâchèrent d'abord, mais en vain, de séduire quelques gens de lettres par l'espoir des pensions. Ils essayèrent en même temps de gagner les académiciens qui, par l'éclat de leur nom, devoient être à la tête de la classe qu'on se proposoit d'établir. Il fallut donc faire part du projet à MM. de Dangeau, qui, à tous égards, ne pouvoient pas éviter d'être du nombre des honoraires, si l'on en faisoit. Mais comme ils étoient d'excellents académiciens, ils furent révoltés d'une proposition qui paroissoit leur faire perdre le titre d'hommes de lettres. Ils opposèrent à une entreprise sourde la seule conduite qui leur convînt : ils s'adressèrent directement au roi, exposèrent simplement le fait, et firent rejeter ce projet bourgeois.

Il n'y a pas d'apparence que cette idée ridicule entre désormais dans la tête de qui que ce soit. L'académie conservera sa liberté, et l'honneur inestimable de ne recevoir d'ordres que du roi seul, tant qu'elle n'aura point de pensions, et je l'y vois fort opposée : c'est toujours par l'intérêt qu'on est asservi. L'académie n'a heureusement que de légers droits de présence, qui ne peuvent exciter la cupidité de personne. Je puis avancer, sans craindre d'être contredit, que parmi les académiciens attachés à d'autres compagnies, et s'en trouvant très honorés, il n'y en a aucun qui, s'il étoit obligé d'opter, ne préférât aux pensions les prérogatives de l'académie françoise. Madame la princesse de Rohan, qui s'intéressoit plus que personne à la gloire de MM. de Dangeau, puisque l'un étoit son aïeul, et l'autre son grand-oncle, exigea de moi, il y a quelques années, de ne pas laisser dans l'oubli leur procédé à l'égard de l'académie. Je m'acquitte ici de la parole que j'ai donnée, et du devoir d'historien [1].

Il semble que le destin de l'académie soit que les circonstances qui pourroient donner atteinte à ses priviléges, finissent par lui en procurer de nouveaux. Il n'y avoit anciennement dans l'académie qu'un fauteuil, qui étoit la place du directeur. Tous les autres académiciens, de quelque rang qu'ils fussent, n'avoient que des chaises. Le cardinal d'Estrées étant devenu très infirme, chercha un adoucissement à son état, dans l'assiduité à nos as-

[1] J'ai déjà consigné, dans un ouvrage célèbre, ce qui concerne MM. de Dangeau, dans un temps où je ne prévoyois pas que je dusse continuer l'Histoire de l'académie. *Voyez* l'Encyclopédie, article *honoraire*.

HONORAIRE. Il y a dans les académies qui se sont formées depuis l'établissement de l'académie françoise, une classe d'académiciens *honoraires*. Elle est la première pour le rang, sans être obligée de concourir au travail. Cependant il y en a toujours plusieurs qui seroient dignes d'être académiciens ordinaires, si, par un usage que l'habitude seule empêche de trouver ridicule, leur naissance, leurs charges, ou leurs dignités ne les en excluoient pas. C'est pourquoi l'on voit des savants qui, étant égaux en mérite aux académiciens ordinaires, et supérieurs par le rang et la naissance à quelques uns des *honoraires*, ont la délicatesse de vouloir être distingués de ceux-ci, et la modestie de ne se pas compter parmi les autres. Ils recherchent les places d'académiciens libres. Il y a apparence que cette classe absorbera insensiblement celle des *honoraires*. Fontenelle, qui entendoit mieux que personne les véritables intérêts de sa gloire, répondit au duc d'Orléans, régent, qui lui offroit de le faire président perpétuel de l'académie des sciences : « Eh ! monseigneur, pourquoi voulez-« vous m'empêcher de vivre avec mes pareils ? »

semblées. Nous voyons souvent ceux que l'âge, les disgraces, ou le dégoût des grandeurs forcent à y renoncer, venir parmi nous se consoler ou se désabuser. Le cardinal demanda qu'il lui fût permis de faire apporter un siége plus commode qu'une chaise. On en rendit compte au roi, qui, prévoyant les conséquences d'une pareille distinction, ordonna à l'intendant du garde-meuble de faire porter quarante fauteuils à l'académie, et confirma par là et pour toujours l'égalité académique. La compagnie ne pouvoit moins attendre d'un roi qui avoit voulu s'en déclarer le protecteur.

Il n'y a point d'*honoraires* dans l'académie françoise; il paroit même qu'elle ne reconnoît pas pour être de la langue l'acception dont il s'agit ici; car on ne la trouve pas dans son Dictionnaire. Quelques membres de cette compagnie firent autrefois une tentative pour y introduire une classe d'*honoraires*. Le marquis et l'abbé de Dangeau, qui, à tous égards, devoient être du nombre des *honoraires*, si l'on en faisoit, eurent assez d'amour-propre pour s'y opposer. Ils s'adressèrent directement au roi, qui approuva leurs raisons, et rejeta ce projet. Si l'on continue l'Histoire de l'académie, ce fait n'y sera vraisemblablement pas oublié. La personne qui, par sa naissance et par ses sentiments, s'intéressoit le plus à la mémoire de MM. de Dangeau, m'a demandé de faire mention de leur procédé pour l'académie, si j'en avois l'occasion : je m'acquitte ici de la parole que j'ai donnée. Charlemagne, ayant formé dans son palais une société littéraire dont il étoit membre, voulut que dans les assemblées chacun prît un nom académique; et lui-même en adopta un, pour faire disparoître tous les titres étrangers. Charles IX, qui forma aussi une académie, dit, dans les lettres patentes : « A ce que ladite académie soit suivie et honorée « des plus grands, nous avons libéralement accepté et acceptons « le surnom de protecteur et premier auditeur d'icelle. »

Après la mort de Louis XIV, l'académie fut mandée avec les compagnies supérieures par le ministre de la maison du roi, conduite par le grand-maître des cérémonies, pour faire compliment à son nouveau protecteur, et présentée par M. le duc d'Orléans, régent du royaume. Elle a continué depuis de rendre compte au roi directement des élections, et de tout ce qui la concerne. C'est toujours le directeur nommé par le sort, qui présente au roi le vœu de la compagnie; et alors il est introduit dans le cabinet par le premier gentilhomme de la chambre. Nous avons vu des occasions où S. M. ayant des ordres à donner à la compagnie, au lieu de se servir d'un secrétaire d'état, ou de quelqu'un des académiciens qui étoient à la cour, a mandé exprès le directeur.

Dès l'année 1718, le roi envoya son portrait à l'académie, et on y plaça aussi celui du régent. La compagnie alla remercier le roi de l'honneur qu'il venoit de lui faire, et le régent la remercia de celui qu'il disoit en avoir reçu: ce furent ses termes. L'année suivante le roi y vint en personne. Il n'y eut point de marques de bontés qu'il ne donnât à l'assemblée. Il entra dans les détails de la forme des élections, et se fit expliquer toute l'administration intérieure de la compagnie. Elle reçut bientôt de nouvelles preuves de la protection du roi, par la confirmation du droit de *committimus*. Ce privilège avoit essuyé quelques contrariétés à l'occasion des différentes déclarations qui avoient été rendues à ce sujet. Le roi, pour faire cesser toutes difficultés, donna, en 1720, un arrêt de son conseil avec des lettres patentes enregistrées au parlement. Aucun académicien ne peut aujourd'hui être troublé dans la possession d'un droit dont on peut dire, à l'honneur des gens de lettres, qu'il est presque sans exemple qu'ils soient dans le cas d'en faire usage.

Les marques de distinction dont le roi honoroit l'académie ne pouvoient qu'augmenter le desir d'y être admis. Il n'est même devenu que trop vif dans les hommes en place. L'académie appartient de droit aux gens de lettres, et l'on ne doit songer aux noms et aux dignités, que lorsque le public n'élève point la voix en faveur de quelque homme de lettres. Le titre d'académicien peut flatter quelque grand que ce puisse être ; mais, s'il n'a aucune des qualités qui le justifient, ce n'est pour lui qu'un ridicule, et un sujet de reproche pour ceux qui l'ont choisi. L'académie n'est pas chargée de faire connoître des noms, mais d'adopter des noms connus.

Personne n'a montré avec plus d'éclat que le cardinal Dubois, combien il se glorifioit du titre d'académicien. L'académie étant allée avec les compagnies supérieures complimenter le roi sur la mort de S. A. R. Madame, mère du régent, le cardinal qui occupoit, comme premier ministre, sa place

auprès du roi pendant les compliments des autres compagnies, la quitta pour revenir à l'audience de S. M., en son rang d'académicien. Le cardinal de Fleury tint la même conduite quelques années après, et il n'y a point de preuves d'attachement qu'il n'ait données pendant son ministère à l'académie. Il vouloit que tout ce qui peut intéresser le corps se fît avec la dignité qui lui convient. Il eut cette attention lorsqu'en 1732 les comédiens françois vinrent offrir à l'académie les entrées à leur spectacle. Quinault, l'aîné, accompagné de six autres députés de la comédie, se présenta à l'académie, et dit : « Messieurs, il y a long-temps que nous de-
« sirions faire la démarche que nous faisons. La
« crainte d'un refus nous a retenus jusqu'à présent :
« mais aujourd'hui que nous apprenons que vous ne
« dédaignerez pas d'accepter l'entrée de notre spec-
« tacle, nous venons vous l'offrir. En l'acceptant,
« vous nous honorerez infiniment. Il ne nous reste
« plus, messieurs, qu'à vous supplier de venir nous
« entendre le plus souvent qu'il vous sera possible,
« et de nous faire part de vos lumières, dans les oc-
« casions où nous aurons besoin des secours d'une
« compagnie aussi illustre et aussi respectable que
« la vôtre. »

Le secrétaire ayant écrit au cardinal de Fleury ce qui s'étoit passé à l'académie, le ministre en parla au roi, et répondit en ces termes au secrétaire :

« Le roi trouve bon, monsieur, que l'académie ac« cepte les entrées. » Ce ne fut qu'avec l'agrément du roi, notifié par le cardinal ministre, que les entrées furent acceptées[1].

C'est ainsi que les académiciens, qui par leurs places sont particulièrement attachés au service de l'état, ne pouvant être assidus aux assemblées ordinaires, se sont toujours fait un devoir de prouver leur zèle pour la compagnie. Il n'y en a point qui n'aient quelquefois contribué au travail académique, lorsqu'ils ont eu des doutes à proposer. Les différentes éditions du dictionnaire doivent donc être regardées comme l'ouvrage de tous les académiciens. Il y a même des exemples de l'honneur que le roi a fait à l'académie de la consulter, et où il a daigné concourir à la décision.

Ce n'est pas seulement de la part de ses membres que l'académie a éprouvé des marques d'attachement. Un particulier aussi ignoré que le sont ceux qui se bornent à remplir les devoirs de citoyen, M. Gaudron, légua, en 1746, à l'académie, une rente de trois cents livres, pour donner annuellement un prix.

[1] En 1759, M. le duc d'Aumont, premier gentilhomme de la chambre, ayant voulu contester les titres des entrées au spectacle, le secrétaire de l'académie montra celui dont on vient de parler. M. le duc d'Aumont dit qu'il étoit fâché de voir des entrées si bien établies, puisqu'il étoit privé par là du plaisir de les offrir à l'académie.

Il y avoit déja long-temps que, par les différentes révolutions arrivées dans les finances, les contrats de fondations des prix faites par M. Balzac et par l'évêque de Noyon (Clermont Tonnerre), étoient réduits à moins de la moitié de leur valeur. L'académie ne pouvoit plus donner qu'un prix chaque année, encore ajoutoit-elle un supplément pour qu'il fût de trois cents livres. Le legs fait par M. Gaudron la mit en état de donner deux prix tous les ans. L'académie jugeant ensuite que des médailles de trois cents livres étoient trop foibles, attendu l'augmentation de la valeur numéraire du marc des matières, elle résolut de réunir les trois fondations, qui ne forment aujourd'hui qu'un fonds propre à fournir, avec un supplément, une médaille de six cents livres, pour un prix annuel qui est alternativement d'éloquence et de poésie. L'agrément du roi étant nécessaire pour autoriser cet arrangement, S. A. S., M. le comte de Clermont, que le sort venoit de faire directeur, remplit les fonctions de cette place, et fit, auprès du roi, les démarches qu'elle exigeoit.

En parlant de ce prince, je ne puis me dispenser de rappeler les circonstances de son entrée à l'académie. Il fit communiquer le desir qu'il en avoit à dix d'entre nous, tous gens de lettres, du nombre desquels j'étois, en nous recommandant le plus grand secret à l'égard de ceux de la cour, jusqu'au moment où il conviendroit de rendre son vœu public. Le premier mouvement de mes confrères fut d'en marquer au prince leur joie et leur reconnoissance. Je partageai le second sentiment ; mais je les priai d'examiner si cet honneur seroit pour la compagnie un bien ou un mal ; s'il ne pouvoit pas devenir dangereux ; si l'égalité que le roi veut qui règne dans nos séances entre tous les académiciens, quelque différents qu'ils soient par leur état dans le monde, s'étendroit jusqu'à un prince du sang ; enfin si nous, gens de lettres, ne nous exposions pas à perdre nos prérogatives les plus précieuses, qui toucheroient peu les gens de la cour nos confrères, assez dédommagés de l'égalité académique par la supériorité qu'ils ont sur nous par-tout ailleurs. Peut-être même ne seroient-ils pas fâchés de l'usurper dans l'académie, en continuant de l'y reconnoître dans un prince à qui ils ne pouvoient la disputer nulle part. Je leur représentai que le projet dont M. le comte de Clermont nous faisoit part, n'étoit qu'une espèce de consultation, puisqu'il nous demandoit en même temps, de l'instruire des statuts et usages académiques.

Ces observations frappèrent mes confrères, qui m'engagèrent à rédiger sur-le-champ le mémoire sommaire qui suit, et qui fut remis le jour même à

M. le comte de Clermont. L'événement a prouvé depuis que nous avions pris une précaution sage et nécessaire.

MÉMOIRE.

« Les statuts de l'académie sont si simples qu'ils
« n'ont pas besoin de commentaires. Le seul privi-
« lége dont les gens de lettres, qui sont véritable-
« ment ceux qui constituent l'académie, soient ja-
« loux, c'est l'égalité extérieure qui règne dans nos
« assemblées. Le moindre des académiciens en for-
« tune ne renonceroit pas à ce privilége pour toutes
« les pensions du monde. Si S. A. S. fait à l'academie
« l'honneur d'y entrer, elle doit confirmer, par sa
« présence, le droit du corps, en ne prenant jamais
« place au-dessus de ses officiers. S. A. S. jouira
« d'un plaisir qu'elle trouve bien rarement, celui
« d'avoir des égaux, qui d'ailleurs ne sont que fictifs,
« et elle consacrera à jamais la gloire des lettres.
« Comme S. A. S. est digne qu'on lui parle avec vé-
« rité, j'ajouterai que, si elle en usoit autrement,
« l'académie perdroit de sa gloire, au lieu de la voir
« croître. Les cardinaux formeroient les mêmes
« prétentions, les gens titrés viendroient ensuite; et
« j'ai assez bonne opinion des gens de lettres pour
« croire qu'ils se retireroient. La liberté avec laquelle
« nous disons notre sentiment, est une des plus
« fortes preuves de notre respect pour le prince, et,

« qu'il nous permette ce terme, de notre estime
« pour sa personne. Il reste à observer que lorsque
« l'académie va complimenter le roi, les trois offi-
« ciers marchent à la tête, et tous les autres acadé-
« miciens, suivant la date de leur réception. Or,
« S. A. S. est trop supérieure à ceux qui composent
« l'académie, pour que la place ne lui soit pas in-
« différente. Elle peut se rappeler qu'au couron-
« nement du roi Stanislas, Charles XII se mit dans
« la foule. En effet, il n'y a point d'académicien qui,
« en précédant S. A. S., n'en fût honteux pour soi-
« même, s'il n'en étoit pas glorieux pour les lettres.
« On n'est donc entré dans ce détail que pour obéir
« à ses ordres. »

Le prince approuva nos observations, ou, si l'on veut, nos conditions; souscrivit à tout, et, aussitôt qu'il y eut une place vacante (ce fut celle de M. de Boze), en parla au roi, qui donna son agrément, et promit le secret. De notre côté, nous le gardâmes très exactement à l'égard des académiciens de cour, qui ne l'apprirent qu'à l'assemblée du jour indiqué pour l'élection. La rumeur fut grande parmi eux, sur-tout de la part des gens titrés, qui craignirent de se voir subordonnés à un confrère d'un rang si supérieur. Cachant leur vrai motif sous le voile du zèle et du respect, ils se plaignirent, avec une ai-greur qui les déceloit, qu'on leur eût fait mystère d'un dessein si glorieux pour la compagnie. On leur répondit que le roi ayant promis, ou plutôt offert le secret, avoit par là imposé silence à ceux qui étoient instruits du projet; qu'au surplus chacun étoit encore en état de témoigner, par son suffrage, le desir de plaire à M. le comte de Clermont, puisque tous étoient en droit de donner librement leur voix. Quelques courtisans objectèrent que, dans une telle occasion, la liberté des suffrages étoit une chimère, parcequ'on ne pouvoit, dirent-ils, nommer un prince du sang que par acclamation. Les gens de lettres s'y opposèrent formellement, réclamèrent l'observation des statuts, et demandèrent le scrutin ordinaire. On ne doute pas que les suffrages et les boules n'aient été favorables au candidat. Le registre ne porte cependant que la pluralité, et non l'unanimité des voix.

Dans le premier moment, le public applaudit à l'élection; les gens de lettres en recevoient et s'en faisoient réciproquement des compliments, lorsqu'il s'éleva un orage qui pensa tout renverser. M. le comte de Charolois, frère de M. le comte de Clermont, les princesses leurs sœurs, et quelques officiers de leurs maisons prétendirent qu'il ne convenoit pas à un prince du sang d'entrer dans aucun corps sans y avoir un rang distingué, une préséance marquée. Ils firent composer, à ce sujet, un mémoire fort étendu; et, comme j'avois été un des agents de l'élection, on me l'adressa, en me demandant une réponse. On la vouloit prompte, et, ne me trouvant pas chez moi, on m'apporta le mémoire dans une maison où je dînois ce jour-là. Ce n'en étoit pas un d'académie; je ne pouvois ni consulter mes confrères, ni concerter avec eux ma réponse; je pris donc sur moi de la faire telle que la voici, quel qu'en pût être le succès, et au hasard d'être avoué ou désavoué par le corps au nom duquel je répondois.

RÉPONSE

Au Mémoire de S. A. S. M. le comte de Clermont.

« Nous ne pouvons nous imaginer que le mé-
« moire que nous venons de lire soit adopté par
« S. A. S., sans quoi nous serions dans la plus cruelle
« situation. Nous aurions à déplaire à un prince
« pour qui nous avons le plus grand respect, ou à
« trahir la vérité, que nous respectons plus que tout
« au monde.

« M. le comte de Clermont a été élu par l'acadé-
« mie. Si ce prince n'y entre pas avec tous les de-
« hors de l'égalité, la gloire de l'académie est perdue.
« Si le prince entroit dans celles des belles-lettres
« ou des sciences, il seroit nécessaire qu'il y eût une
« préséance marquée, parcequ'il y a des distinctions
« entre les membres qui forment ces compagnies.

« C'est pourquoi il fallut en donner au czar dans
« celle des sciences, en plaçant son nom à la tête
« des honoraires.

« Mais depuis qu'à la mort du chancelier Seguier,
« Louis XIV eut pris l'académie sous sa protection
« personnelle et immédiate, sans intervention de
« ministre, honneur inestimable que nous a con-
« servé et assuré l'auguste successeur de Louis-le-
« Grand, jamais il n'y eut de distinction entre les
« académiciens, malgré la différence d'état de ceux
« qui composent l'académie. Si S. A. S. en avoit
« d'autres que celles du respect et de l'amour des
« gens de lettres, les académiciens qui ont quelque
« supériorité d'état sur leurs confrères, préten-
« droient à des distinctions, parviendroient peut-
« être à en obtenir d'intermédiaires entre les princes
« du sang et les gens de lettres. Ceux-ci n'en se-
« roient que plus éloignés du roi ; rien ne pourroit
« les en consoler ; et l'académie, jusqu'ici l'objet de
« l'ambition des gens de lettres, le seroit de la dou-
« leur de tous ceux qui les cultivent noblement.
« L'époque du plus haut degré de gloire de l'acadé-
« mie si les règles subsistent, seroit celle de sa dé-
« gradation, si l'on s'écarte des statuts.

« En effet, en supposant même qu'il n'y eût ja-
« mais de distinction que pour les princes du sang,
« l'académie n'en seroit pas moins dégradée de ce
« qu'elle est aujourd'hui. Elle ne voit personne entre

« le roi et elle, que des officiers nommés par le sort.
« Chaque académicien n'est, en cette qualité, su-
« bordonné qu'à des places où le sort peut toujours
« l'élever.

« M. le comte de Clermont est respecté comme un
« grand prince; et, qui plus est, aimé et estimé
« comme un honnête homme. Il a trop de gloire vraie
« et personnelle pour en vouloir une imaginaire : il
« n'a besoin que de continuer d'être aimé. Voilà l'a-
« panage que le public seul peut donner, et qui dé-
« pend toujours d'un suffrage libre.

« Il n'étoit pas difficile de prévoir qu'après les
« transports de joie que la république des lettres a
« fait éclater, l'envie agiroit, sous le masque d'un
« faux zéle pour le prince.

« Si le czar eût écouté les gens frivoles d'ici, il ne
« se seroit pas fait inscrire sur la liste de l'académie
« des sciences, la seule qui convînt au genre de ses
« études. Cependant cela n'a pas peu servi à intéres-
« ser à sa renommée la république des lettres.

« Lorsque M. le comte de Clermont fit annoncer
« son dessein à plusieurs académiciens, leur pre-
« mier soin fut de lui exposer par écrit la seule pré-
« rogative dont leur amour et leur reconnoissance
« pour le roi les rendent jaloux. Ils eurent la satis-
« faction d'apprendre que S. A. S. approuvoit leurs
« sentiments. Ils ne se persuaderont jamais qu'ils
« aient eu tort de compter sur sa parole. Nous osons

« le dire, et le prince ne peut que nous en estimer
« davantage, nous ne lui aurions jamais donné nos
« voix, si nous avions pu supposer que nous nous
« prêtions à notre dégradation. Il est bien étonnant
« qu'on vienne dans un mémoire établir les droits
« des princes du sang, comme s'il s'agissoit de les
« soutenir dans un congrès de l'Europe ; qu'on
« vienne les étaler dans une compagnie dont le de-
« voir est de les connoître, de les publier, et de les
« défendre s'il en étoit besoin.

« Les princes sont faits pour des honneurs de tout
« autre genre que des distinctions littéraires. Vou-
« droit-on en dépouiller des hommes dont elles font
« la fortune et l'unique existence ? Les hommes con-
« stitués en dignités auroient-ils assez peu d'amour-
« propre pour n'être pas flattés eux-mêmes que le
« desir de leur être associés en un seul point, soit
« un objet d'ambition et d'émulation dans la litté-
« rature ?

« L'académie ne veut point avoir de discussion
« avec M. le comte de Clermont ; il ne doit pas en-
« trer en jugement avec elle. Elle obéiroit en gé-
« missant à des ordres du roi ; mais elle ne verroit
« plus que son oppresseur dans un prince qu'elle
« réclame pour juge. Elle l'aime ; elle voudroit lui
« conserver les mêmes sentiments. Voici ce qu'elle
« lui adresse par ma voix :

« Monseigneur, si vous confirmez par votre exem-

« ple respectable et décisif une égalité, qui d'ailleurs
« n'est que fictive, vous faites à l'académie le plus
« grand honneur qu'elle ait jamais reçu. Vous ne per-
« dez rien de votre rang, et j'ose dire que vous ajoutez
« à votre gloire en élevant la nôtre. La chute ou l'é-
« lévation, le sort enfin de l'académie est entre vos
« mains. Si vous ne l'élevez pas jusqu'à vous, elle
« tombe au-dessous de ce qu'elle étoit. Nous per-
« dons tout, et le prince n'acquiert rien qui puisse
« le consoler de notre douleur. La verroit-on suc-
« céder à une joie si glorieuse pour les lettres et
« pour vous-même? Ce sont les gens de lettres qui
« vous sont le plus tendrement attachés. Seroit-ce
« d'un prince, leur ami dès l'enfance, qu'elles au-
« roient seules à se plaindre? Notre profond respect
« sera toujours le même pour vous, monseigneur;
« mais l'amour, qui n'est qu'un tribut de la recon-
« noissance, s'éteindra dans tous les cœurs qui sont
« dignes de vous aimer et d'être estimés de vous. »

Le prince, frappé des observations qu'on vient de lire, ne balança pas à se décider en notre faveur; et il me fit dire qu'il ne tarderoit pas à venir à l'académie, et qu'il vouloit y entrer comme simple académicien.

En effet, quelques jours après, il vint à l'assemblée sans s'être fait annoncer; combla de politesses et même de témoignages d'amitié tous ses nouveaux confrères, ne les nommant jamais autrement; les invita à vivre avec lui; opina très bien sur les questions qui furent agitées pendant la séance; reçut ses jetons de droit de présence, se trouvant, dit-il, honoré du partage; et tout se passa à la plus grande satisfaction du prince et de la compagnie. Quand un prince du sang veut bien adopter le titre de confrère, on n'imaginera pas qu'il se trouve quelqu'un d'assez sottement présomptueux, pour n'en être pas satisfait.

En parlant de cette confraternité, dont nous ne sommes jaloux que par respect pour le roi qui l'a ordonnée, j'observerai qu'il y a toujours quelque phrase à la mode que des sots imaginent, et que d'autres sots répètent. Tel est le prétendu système de l'égalité des conditions dont ils voudroient soupçonner des gens de lettres. Mais à qui ces petits ou grands messieurs persuaderont-ils que des hommes instruits ignorent que, sans inégalité des conditions, il n'y auroit aucune société. Ceux qui en occupent les classes les moins élevées, mais qui sentent aussi la dignité de leur ame, sont ceux qui rendent le plus volontiers ce qui est dû au rang et à la naissance : moins on veut se laisser obérer, plus on est exact à payer ses dettes.

Quelque temps après, le sort ayant fait M. le comte de Clermont directeur, il en remplit les devoirs, au sujet du nouvel arrangement à l'égard du prix, en allant présenter au roi le vœu de la compagnie. S. M. l'agréa, et approuva qu'un prince du sang fît fonction d'académicien.

La liaison des faits que je viens de rapporter, m'en a fait omettre quelques uns que je ne dois pas laisser dans l'oubli. Le premier regarde l'abbé de Saint-Pierre, et n'arriveroit certainement pas aujourd'hui. Cet honnête écrivain n'avoit jamais la tête occupée que du bien public, ce qui a fait dire, plus injurieusement pour les princes que pour lui, que ses projets étoient les rêves d'un homme de bien. Il seroit à desirer que des souverains pensassent comme l'abbé rêvoit; ils réaliseroient beaucoup de ses rêves, et leurs sujets s'en trouveroient bien. L'abbé donna pendant la régence un ouvrage intitulé la Polysynodie, ou, de la Pluralité des Conseils. C'étoit à-peu-près le plan de gouvernement que le duc de Bourgogne, père du roi, s'étoit proposé, pour en faire un préservatif contre l'ignorance, les caprices, les usurpations ou le despotisme qu'on a quelquefois à craindre de certains ministres; ce qui n'étoit pas sans exemple sous le dernier règne, et pouvoit encore se retrouver. Le duc d'Orléans, en entrant dans la régence, avoit feint d'adopter les vues du duc de Bourgogne; et quoiqu'il s'en fût autant écarté dans l'esprit qu'il en avoit affecté les apparences, les académiciens de la vieille cour crurent, ou voulurent voir dans l'ouvrage de l'abbé de Saint-Pierre, un panégyrique du régent qu'ils haïssoient, et une satire contre le feu roi qu'ils se piquoient d'admirer en tout. D'ailleurs l'abbé de Saint-Pierre étoit personnellement attaché à la maison d'Orléans. Les vieux courtisans, n'osant manifester leur fiel contre le maître, s'attaquèrent au serviteur. Les plus décorés d'entre eux firent le plus grand éclat, vinrent à l'académie, attestèrent, invoquèrent les mânes du feu roi, et demandèrent la destitution d'un académicien indigne, disoient-ils, de reparoître dans un temple si long-temps consacré au culte de Louis XIV. Les gens de lettres trouvoient la proposition trop violente, et cherchoient des tempéraments; mais il n'y eut pas moyen. La complaisance que la plupart d'entre eux ont de s'en laisser imposer par les titres et les dignités, les fit céder à cette impulsion étrangère. On alla au scrutin, et l'abbé de Saint-Pierre fut exclus. Il n'y eut qu'une seule boule en sa faveur; encore les zélés trouvèrent-ils mauvais que l'exclusion n'eût pas été d'une voix unanime, et s'en expliquèrent d'un ton qui tenoit de la menace contre le dissident, s'ils venoient à le connoître. Fontenelle, qui avoit donné cette unique boule blanche, voyant que les soupçons se portoient sur un ami connu de l'abbé de Saint-Pierre, et craignant de l'exposer au ressentiment, se déclara l'auteur du méfait, et n'en fut que plus estimé du public. Il auroit aujourd'hui bien des complices. Les exclusions, comme les élections, doivent être autorisées de l'approbation du roi. On alla donc porter la délibération au régent, qui, ne voulant pas soutenir un homme qu'on accusoit d'avoir outragé la mémoire du feu roi, consentit à l'exclusion, mais ne permit pas de nommer à la place, qui ne seroit réellement jugée vacante qu'à la mort de l'abbé de Saint-Pierre.

Cette exclusion ne donna pas la moindre atteinte à la réputation de l'abbé de Saint-Pierre. Je ne veux pas examiner s'il en fut ainsi de celle des académiciens de ce temps-là. J'observerai seulement que celui qui le remplaça à sa mort, en 1743, n'en parla point, pour ne pas rappeler l'affaire, et par ménagement pour l'honneur de l'ancienne académie.

On fit, en 1749, un arrangement pour la place de secrétaire, que M. de Mirabeau remplissoit, depuis 1742, avec le plus grand désintéressement

Il est quelquefois difficile de trouver dans une compagnie littéraire quelqu'un qui convienne à cette place, et à qui elle convienne. Celui qui veut bien l'accepter ne cède qu'aux sollicitations de ses confrères; car il est encore sans exemple qu'elle ait été accordée à aucun de ceux qui l'ont demandée.

Comme il n'y avoit point d'honoraire attaché au secrétariat, l'académie étoit dans l'usage de donner un double droit de présence à celui qui l'exerçoit. Lorsque M. de Mirabeau voulut bien s'en charger, il exigea absolument la suppression de ce double droit. L'académie, n'ayant pu lui faire accepter autrement le secrétariat, chercha les moyens de l'en dédommager.

Depuis plusieurs années il étoit dû à la compagnie pour trente-trois mille livres de jetons, dont la distribution avoit été suspendue dans des temps malheureux. On proposa au ministre de convertir ce fonds en une pension de 1200 liv. attachée au secrétariat, ce qui fut accepté en 1749. M. le comte, depuis cardinal de Bernis, employa de plus son crédit pour faire assigner au secrétaire un logement dans le Louvre. C'est le second article du réglement que le roi donna le 30 mai 1752, réglement uniquement signé de la main du roi, sans le contre-seing d'un secrétaire d'état, attendu que S. M. s'est réservé à elle seule l'administration de l'académie.

Quoique les corps ne doivent faire de changements dans leurs usages qu'avec la plus grande circonspection, il y en a que le temps rend nécessaires. La plupart des sujets proposés pour le prix d'éloquence étoient de morale, et la chaire offre assez de modèles et d'occasions de s'exercer sur cette matière. L'académie crut devoir proposer des sujets d'un genre plus neuf. A l'égard du prix de poésie, les louanges de Louis XIV en faisoient depuis long-temps la matière, et, quelque soit le mérite d'un prince, ce sujet n'est pas inépuisable. Ces considérations firent naître l'idée de proposer pour prix d'éloquence, les éloges des hommes illustres de la nation dans tous les genres, sans acception de rang, de titres, ni de naissance. Rois, guerriers, magistrats, philosophes, hommes de génie, tous ont les mêmes droits à notre hommage. L'académie n'envisage que la supériorité personnelle de chacun sur ses rivaux, qui n'est jamais mieux décidée qu'après la mort.

Le public a hautement applaudi au parti que nous prenions. Il continue d'applaudir au choix des sujets, et a témoigné son estime pour l'auteur qui remporta les premiers prix, et a fourni des modèles à ceux qui couroient la même carrière. Les autres académies ont adopté notre plan. Le public n'a pas moins approuvé la liberté que nous laissons aux poëtes de traiter les sujets que le génie leur inspire.

Les pièces des concours ont été depuis, dans les deux genres, supérieures à ce qu'elles étoient communément autrefois. Tel qui n'obtient aujourd'hui qu'un accessit, l'emporte sur des ouvrages qui ont été couronnés, et nous fait quelquefois regretter de n'avoir qu'un prix à donner.

L'académie étant obligée de donner une nouvelle édition de son dictionnaire, lorsque la précédente est épuisée, ne peut se dispenser de faire les additions et les changements qu'exige nécessairement toute langue vivante : c'est une attention qu'elle a eue dans le dictionnaire qu'elle a présenté au roi en 1762[1].

L'étude des sciences exactes et des différentes parties de la physique s'est tellement étendue depuis quelques années, qu'il falloit ajouter au vocabulaire les termes qui sont propres aux sciences et aux arts, dont on s'occupe plus communément qu'on ne faisoit autrefois. On a admis donc dans la nouvelle édition les termes élémentaires des sciences, des arts, et même des métiers, qu'un homme de lettres et tout homme du monde peuvent trouver dans des ouvrages où l'on ne traite pas expressément des matières auxquelles ces termes appartiennent. Aussi le dictionnaire de l'académie a-t-il toujours fait loi dans les questions qui s'élèvent sur la propriété d'un mot, d'un terme ou d'une expression.

L'éclat de la littérature françoise est tel, que tous les étrangers distingués regardent comme le principal objet de leur voyage en France, celui d'y connoître personnellement les écrivains dont ils ont lu les ouvrages. Le prince héréditaire de Brunswick, qui reçut à la cour le plus grand accueil, en fit un pareil aux gens de lettres, et demanda l'entrée à une de nos séances. Il y fut placé au milieu de nous, et participa au droit de présence. Deux ans après, l'académie vit encore dans son assemblée un prince d'un rang supérieur, le roi de Danemarck. On lui

---

[1] 10 janvier.

donna la place de directeur, et tous les académiciens prirent leurs fauteuils suivant l'ordre de réception.

Lorsque le prince Charles, second fils du roi de Suède, vint depuis à une de nos assemblées publiques, il n'y fut placé qu'après les trois officiers. L'année suivante, ses deux augustes frères, dont l'aîné venoit d'être proclamé roi, vinrent dans notre assemblée particulière. Le roi même voulut y être traité en académicien, et il en avoit le droit, puisqu'il seroit un membre distingué de la littérature, s'il n'étoit pas né pour en être un des protecteurs.

Comme tout ce qui nous vient du roi nous est cher, je dois parler d'une faveur que S. M. nous a faite, ou plutôt confirmée. On peut se rappeler que Louis XIV avoit voulu que des députés de l'académie assistassent aux fêtes qui se donnèrent à la cour. Son auguste successeur a eu la même bonté, à celles qui se sont données au mariage de M. le Dauphin, et a signé de sa main l'ordre d'y placer les trois officiers de l'académie. Ils ont donc été admis à tous les spectacles de la cour, et aux fêtes de l'appartement, où ils ont été représentés par trois autres académiciens, gens de lettres.

Après avoir rapporté ce qui s'est passé dans l'académie depuis le commencement du siècle jusque aujourd'hui, je répondrai à une espèce de reproche au sujet des gens de la cour qui occupent des places parmi nous, et dont le public paroît trouver le nombre trop considérable. Il est glorieux, sans doute, pour les lettres que des gens recommandables par la naissance et les dignités ambitionnent le titre d'académicien ; mais le public n'a pas tort sur le nombre. 1° Ils occupent des places qui seroient plus utilement remplies par ceux dont ces places excitent l'émulation, doivent être la récompense, et font le patrimoine. 2° Ce mélange de vrais et de faux seigneurs fait que les premiers se trouvent foiblement honorés d'un titre que quelques uns peut-être s'imaginent naïvement honorer eux-mêmes. Il y en a qui peuvent croire que l'académie les a recherchés, parcequ'un ou deux complaisants sans mission leur ont suggéré ou fortifié le desir de se présenter. Je saisis cette occasion de les détromper, de prévenir de pareilles illusions, et de les assurer que la compagnie proprement dite n'en a jamais recherché aucun, quoiqu'il y en ait toujours eu plusieurs dont le desir d'y être admis a pu la flatter. Ce n'est pas que l'académie, pour choisir ses sujets, doive attendre qu'ils se présentent. Il y a même un réglement qui défend les sollicitations et jusqu'aux visites des candidats. L'académie ne craint pas que ses places soient refusées, et il n'y en a point encore eu d'exemple. Le prétendu refus du président de Lamoignon, nom d'ailleurs si cher à la justice et aux lettres, fut le desir de plaire à deux princes du sang, qui faisoient, pour l'abbé de Chaulieu, son concurrent, les démarches les plus vives, et qui, l'instant d'après l'élection du président, le prièrent de s'en désister. Il en est parlé dans la seconde partie de l'histoire de l'académie ; mais j'ajouterai une particularité qui sert à prouver la liberté que Louis XIV laissoit dans les élections ; puisqu'au lieu de défendre formellement celle de l'abbé de Chaulieu, homme d'un esprit très aimable, mais dont la vie trop peu ecclésiastique lui déplaisoit, ce prince entra dans une espèce de négociation pour l'exclure. Il chargea donc secrètement Toureil, alors directeur, de traverser l'élection de l'abbé, en présentant quelqu'un qu'on lui préférât. Toureil, ami du président de Lamoignon, et qui savoit que ce magistrat étoit dans le dessein de se présenter un jour, mais non dans ce moment-là, le proposa, et, sur son refus, le roi dit au cardinal de Rohan de se présenter. Mais quand, par un excès de modestie, la place ne seroit pas acceptée, l'académie auroit fait son devoir en faisant un choix approuvé du public. C'est tout ce qu'elle lui doit, et à elle-même.

Depuis la réception de M. le cardinal de Rohan, l'académie a toujours eu la satisfaction de voir sur sa liste le nom de Rohan. M. le prince Louis a rendu cet illustre nom plus cher que jamais à la compagnie par des services réels, par un zèle aussi noble qu'éclairé pour la gloire de l'académie, par son amour pour les lettres et pour ceux qui les cultivent.

Si l'académie ne veille pas avec sévérité à l'exécution de son réglement contre les visites et les sollicitations, c'est que des gens ardents pourroient, par des recommandations secrètes, profiter de la foiblesse de quelques académiciens, surprendre leurs suffrages, et l'emporter sur le mérite modeste qui se tiendroit à l'écart. Les gens de lettres ont donc continué de solliciter les places. Il est vrai que la plupart, par des égards mal entendus, se retirent dès qu'ils se trouvent en concurrence avec des hommes puissants, ou qui se donnent pour tels. L'académie veut bien alors faire céder les droits aux prétentions, pour ne pas exposer un homme de mérite sans appui au ressentiment que lui attireroit son succès de la part d'une cabale injuste et puissante.

On sait combien cet abus a fait perdre à l'académie de sujets excellents, qui n'osent se commettre avec le crédit et l'intrigue. Une faute que font trop souvent les corps, c'est de ne pas considérer les hommes pendant leur vie, sous le point de vue où ils les verront après la mort. C'est par là que le collége des cardinaux doit regretter de ne pas voir sur sa liste le nom de Bossuet, à qui la catholicité devoit plus qu'à tous les cardinaux de son temps. L'académie a quelques reproches pareils à se faire. Si Fontenelle n'avoit pas eu le courage modeste de persister plusieurs fois dans sa demande, l'académie en auroit peut-être été privée. Les noms de Molière, de Dufresny, de Regnard, de Saint-Réal et d'autres, pour ne citer que des morts (car j'en pourrois citer de vivants), ne manquent à la liste que par des abus que l'académie peut toujours réformer. La liberté que le roi nous laisse, et l'égalité académique, sont nos vrais priviléges, plus favorables qu'on ne le croit à la gloire des lettres, sur-tout en France où les récompenses idéales ont tant d'influence sur les esprits. La gloire, cette fumée, est la base la plus solide de tout établissement françois. Tel est, heureusement pour ceux qui ont à nous gouverner, le caractère national, et il a toujours été le même.

Charlemagne, ayant formé dans son palais une société de savants, voulut en être un des membres; et, pour faire disparoître toute distinction de rang par une image d'égalité, il établit que, dans les conférences, chacun adopteroit un nom académique. Il prit celui de David; Alcuin, celui d'Homère; ainsi des autres. Lorsque Charles IX fit, en 1570, le plan d'une pareille société, il prit, dans les lettres patentes, le titre de *protecteur et premier auditeur d'icelle*.

Le cardinal de Richelieu, cet homme si despotique, dont le ministère fut un interrègne dans la vie de Louis XIII, sentit que les lettres doivent former une république, qui n'admet de distinction que le mérite littéraire. Ses prétendus imitateurs n'ont jamais mieux prouvé sa supériorité sur eux, qu'en s'écartant de ses principes. Nous avouerons que cinq ou six hommes illustres dans l'état, flattent l'académie par la confraternité; mais on ne doit pas craindre d'en jamais manquer. Plus le nombre en sera restreint, sans être fixé (car un nombre fixe pourroit dégénérer en honoraires, et ce seroit renverser le seul établissement digne des lettres et le plus sûr à ceux qui les cultivent), plus l'honneur d'en être sera recherché par ceux qui joignent à la naissance, au rang et aux places, le goût de la littérature. La liste en seroit plus courte; mais on n'y liroit point de noms équivoques. On n'y verroit pas moins en différents temps, ceux de Péréfixe, Huet, Dangeau, Bossuet, Fénélon, Massillon, Fléchier, Bussy-Rabutin, Polignac et autres, pour ne citer encore que des morts, parmi ceux qu'on distinguoit dans la république des lettres, quoique attachés à l'église et à l'état par des devoirs plus importants qu'ils remplissoient avec honneur. Je ne parle point d'académiciens passés et présents, uniquement appliqués aux lettres, sans occuper de postes d'éclat, mais sans être inférieurs en naissance à quelques-uns qui se croient de la cour, parcequ'ils font des séjours à Versailles. Il n'est pas inutile d'observer que les services rendus au corps ou aux membres par des académiciens attachés à la cour, l'ont été principalement par ceux qui cultivent eux-mêmes les lettres, tels que MM. de Dangeau, dont j'ai parlé ; M. le cardinal de Bernis, à qui l'on doit le logement de secrétaire, et à qui l'auteur de Rhadamiste dut la pension qui le fit subsister dans sa vieillesse ; M. le duc de Nivernois, d'un mérite en tous genres si reconnu, qui a toujours pris avec chaleur les intérêts du corps et des particuliers, et a si souvent contribué à la gloire de l'académie par la lecture de ses ouvrages dans nos assemblées publiques. Je serai obligé de parler un peu différemment de quelques-uns de nos confrères de la cour, à l'occasion des représentations que je me propose de faire à l'académie.

Ce sont les gens de lettres qui font véritablement connoître l'académie dans les pays étrangers. Voyons les jours où le public se rend à nos assemblées : quels sont les portraits qui attirent son attention ? Il passe rapidement devant ceux qui, ayant été beaucoup pendant leur vie, ne sont rien depuis leur mort. La curiosité s'arrête sur ceux qui jadis rendoient des respects, et à la mémoire desquels on rend aujourd'hui des hommages.

J'ai souvent entendu demander pourquoi on ne voit pas dans l'académie le portrait de Molière, dont elle a célébré la mémoire. On ne peut réparer plus hautement qu'on l'a fait ce tort, si c'en est un. Je dis, si c'en est un ; car on ne fait pas attention que la tyrannie du préjugé ne s'est éclipsée devant l'éclat du nom de l'auteur, que depuis la mort du comédien. Nos improbateurs réclameroient encore aujourd'hui pour ce préjugé en pareille circonstance. On déclame vaguement contre les préjugés, et malheureusement on n'abjure que ceux qui sont honnêtes et gênants.

Je finis en desirant que l'académie montre dans ses choix toute la liberté que le roi lui donne, et dont les autres compagnies de savants n'ont que l'image ; qu'on ne puisse lui appliquer ce que Montesquieu dit de la Pologne, qui use quelquefois si mal de la liberté et du droit qu'elle a d'élire ses rois, qu'elle semble vouloir consoler ses voisins qui ont perdu l'un et l'autre.

FIN DE L'HISTOIRE DE L'ACADÉMIE FRANÇOISE.

ÉLOGE

DE M. DE FONTENELLE.

Bernard Le Bovier de Fontenelle, fils de François Le Bovier, écuyer, sieur de Fontenelle, sous-doyen des avocats de Rouen, et de Marthe Corneille, sœur de Pierre et Thomas Corneille, naquit à Rouen le 11, et fut baptisé le 14 février 1657, dans la paroisse de Saint-Vigor.

La mort des hommes illustres est le terme de la jalousie qu'ils excitoient, et plusieurs n'ont jamais pu jouir de leur gloire. Celle de M. de Fontenelle a été bientôt hors d'atteinte; il en a joui, et ceux qui ne se faisoient pas un devoir de la reconnoître publiquement, s'en faisoient un de cacher leur injustice. L'idée qu'on s'est formée de M. de Fontenelle est fondée sur tant de titres, qu'on peut lui appliquer ce qu'il a dit de Leibnitz, que pour le faire connoître, il falloit le décomposer. Cette application se présentera à tous ceux qui auront à parler de M. de Fontenelle. Nous ne pourrons du moins nous dispenser de le considérer dans les lettres, dans les sciences et dans la société.

Il y avoit un siécle que M. de Fontenelle étoit né, lorsque nous l'avons perdu, et sa réputation étoit presque de la même date; à quatorze ans il eut un prix d'académie. Mais quelles contradictions n'eut-il pas d'abord à essuyer! Si l'on connoissoit moins les hommes, oseroit-on avouer que ce ne fut pas un avantage pour lui d'être neveu des Corneille?

Qu'on naisse de parents illustres par le sang, leur nom tient lieu de mérite à leurs descendants, du moins jusqu'à ce qu'ils aient eu le temps d'en acquérir un qui leur soit personnel. On commence par le supposer ou l'espérer, ce qui est déja un moyen de le faire naître, ou de le développer; et si le public est obligé de renoncer à ses espérances, un grand nom privé d'estime obtient encore des égards.

Il n'en est pas ainsi dans la république des lettres : le grand nom de Corneille fut un poids que M. de Fontenelle fut chargé de soutenir presque en naissant, ce qui lui fit des envieux prématurés. Il les mérita bientôt par lui-même. A peine étoit-il dans la première jeunesse, qu'un de ses oncles le chargea de faire à sa place un ouvrage pour la cour, et M. de Fontenelle eut l'honneur de le voir attribuer à celui dont il portoit le nom. On ignoreroit encore qu'il est l'auteur de l'opéra de Bellérophon, s'il n'eût été obligé, il y a peu d'années, de réfuter une imputation injurieuse à Thomas Corneille. Il n'étoit pas nécessaire pour cela de tenir à ce nom par les liens du sang; il suffisoit d'être François : le nom de Corneille appartient à la nation.

Dès sa plus tendre jeunesse, M. de Fontenelle commença par s'instruire de tout ce que l'antiquité nous a laissé de précieux dans les lettres. Il savoit combien cette étude, trop négligée aujourd'hui, est propre à développer l'esprit et les talents, et combien on y puise d'idées, sans en être plagiaire. Il lut, ou plutôt il étudia les grands maîtres avec cette critique qui admet et rejette, et, lorsqu'il ne se trouvoit pas d'accord avec ceux qu'il estimoit le plus, il avoit la ressource de pouvoir se comparer avec eux, et de juger lui-même. Il acquit un fonds d'érudition supérieure à son âge, mais égale à celle qui faisoit alors des réputations, réputations qui inspirent tant d'estime de soi-même à ceux qui ne peuvent aspirer à une autre. M. de Fontenelle savoit en apprécier le mérite. « J'ai fait dans ma jeunesse, me disoit-il un jour, des vers latins et grecs aussi beaux que ceux de Virgile et d'Homère; vous jugez bien comment, ajoutoit-il, c'est qu'ils en étoient pris. »

En effet, les versificateurs en langue morte ne font guère que des centons. Quelque estime qu'il eût pour l'érudition, il sentit qu'on doit, quand on le peut, ajouter à la masse des idées, et ne se pas borner à la connoissance du mérite d'autrui; il se fit bientôt un nom par des ouvrages d'un caractère nouveau, lors même qu'il en empruntoit le sujet.

Les Dialogues des Morts, ses poésies, et l'Histoire des Oracles, eurent la plus grande célébrité. La Pluralité des Mondes a conservé un éclat qu'aucun imitateur du même genre n'a partagé. On fut étonné d'une variété de talents qui, jusqu'à lui, avoient paru exclusifs les uns des autres ; et qu'en sortant de l'académie des sciences, où l'on venoit d'entendre traiter des matières qui exigeoient l'attention la plus suivie, on trouvât pour délassement Thétis et Pélée, ouvrage du même auteur.

M. de Fontenelle entra dans l'académie françoise en 1691, et il y avoit déja quelques années que la voix publique le nommoit. Sans doute que l'académie, en différant de répondre aux vœux du public, vouloit les irriter, et en faire un sujet de reproches à ceux qui étoient les moins favorables à un choix si juste. Chaque retardement augmentoit ses titres. Nous ne les rappellerons point ; ils sont entre les mains de tout le monde, et jouissent de l'approbation générale, ce qui suppose que ce n'a pas été sans contradiction. Il eut peu de critiques, les véritables sont presque aussi rares que les bons auteurs ; mais il vit s'élever contre lui une nuée de petits censeurs, insectes qui s'assemblent en foule autour de la lumière, et finissent par s'y consumer. M. de Fontenelle venoit de porter dans les lettres le flambeau de la philosophie, qui blesse les yeux de ceux qu'elle n'éclaire pas. D'autre part, les graces qu'il répandoit sur la philosophie, sembloient une profanation à ceux qui ne se croient solides que parcequ'ils sont pesants. Incapables de sentir son mérite, ils osèrent le regarder comme frivole, dans le temps que Bayle reconnut le philosophe dans ses premiers ouvrages d'agrément, et que le célèbre géomètre Varignon, si riche de son propre fonds, déclaroit, avec une reconnoissance noble, et qui flatte tant ceux qu'elle ne gêne pas, combien ses ouvrages gagnoient à être revus par M. de Fontenelle; il est vrai que ses adversaires n'avoient pas le droit de n'être pas jaloux, à peine avoient-ils des titres pour l'être. La célébrité est un attrait pour ces satyriques sans talents, qui, se flattant de se faire remarquer, auroient l'ambition d'être regardés du moins comme des ennemis, et qui ne font que s'avilir dans leur obscurité, sans en pouvoir sortir.

Ce n'est pas qu'à la honte des lettres, ou plutôt de l'humanité, on ne voie quelquefois des hommes de mérite se dégrader par la jalousie. S'ils ne sentent pas combien ils ajouteroient à leur gloire en respectant celle de leurs rivaux, c'est qu'il n'appartient qu'à l'envie d'étouffer jusqu'à l'amour-propre. Dans la carrière du bel esprit, un concurrent est un rival : pour le vrai philosophe, un rival est un ami ; il s'enrichit des découvertes de ses concurrents. La vérité étant le but vers lequel ils tendent, chacun de ceux qui en approchent ou y parviennent, en applanit la route. M. de Fontenelle n'a jamais montré de jalousie. Il paroît même qu'il n'eut pas besoin d'être en garde contre cette foiblesse.

Lorsque dans sa jeunesse il lisoit quelques satires contre des ouvrages estimables (c'étoit au sujet de Quinault), étonné de penser si différemment : « Il faut, disoit-il avec l'ingénuité d'une ame honnête, qu'on ait dans la capitale des lumières bien supérieures. » Il y vint, et se détrompa. Il connut, par sa propre expérience, quel tribut le mérite éminent est obligé de payer à l'envie. On ne l'humilie qu'à force de succès. Elle n'a point de pudeur; mais elle éprouve quelquefois de la honte, quand elle sent que sa voix est étouffée par celle du public.

Les censeurs se réduisirent enfin à ces reproches qui diffèrent peu des éloges : Il y a trop d'esprit, disoient-ils, dans les ouvrages de M. de Fontenelle. Ces allégations se répétoient par des auteurs bien innocents d'un pareil crime. Ce n'étoit point de ces hommes rares, dont l'imagination féconde, après avoir prodigué les fleurs dans une jeunesse brillante, donne des fruits nourrissants dans la maturité de l'âge. De tels censeurs, s'il s'en trouvoit, ne seroient pas suspects; il n'appartient qu'à un dissipateur corrigé de déclamer contre la prodigalité. En vain ceux qui n'ont jamais pu s'attirer de pareils reproches, se flattent-ils d'en imposer par leur humeur contre ce luxe de l'esprit ; on ne leur fait pas l'honneur de les taxer d'avarice, et leur économie, sur cet article, n'annonce que leur indigence.

Ce qui acheva de soustraire M. de Fontenelle à la jalousie de ceux qui avoient quelque fondement pour en avoir, ce fut de le voir entrer dans une nouvelle carrière. Il se livra particulièrement aux sciences. Alors ceux qui n'étoient que gens de lettres tâchèrent de le supposer comme éclipsé, depuis qu'il étoit dans une région où ils ne pouvoient plus le suivre. Ce n'est pas qu'il ne leur en procurât toutes les facilités, en dégageant les sciences de la sécheresse, qui en écarte la plupart des hommes. Il les rendoit agréables à ceux mêmes qui ne cherchent que l'amusement. Les lecteurs les moins appliqués se crurent savants en parcourant ses ouvrages, et la facilité qu'on trouvoit à l'entendre nuisoit peut-être à la reconnoissance qu'on en devoit avoir. Les hommes sont assez portés à respecter ce qu'ils ne voient qu'au travers d'un voile ; leurs yeux sont plus frappés des météores de la nuit, que de la lumière du jour.

M. de Fontenelle ne se borna pas à répandre des graces sur la philosophie, il y porta la raison ; car ce n'est pas toujours la même chose. Loin de chercher à se distinguer par des opinions singulières qui font un nom à leur auteur, quelquefois des sectateurs, et retardent les progrès de la vraie philosophie, il s'attacha à dégager la vérité de ce qui lui est étranger. Elle est comme les métaux que l'art ne crée point, mais qu'il purifie. Affranchie du prestige des systèmes, elle ne fait point de secte; et c'est souvent sacrifier de sa rénommée que de travailler à n'être qu'utile.

Combien M. de Fontenelle n'a-t-il pas assuré de réputations par son Histoire de l'Académie des Sciences ! Combien n'a-t-il pas sauvé de noms de l'oubli, en les attachant au sien par ses éloges académiques ! Il contribuoit, par ses lumières, aux réputations les plus méritées. Il est l'auteur de la préface raisonnée du livre du marquis de l'Hôpital, sur les infiniment petits : M. Rollin, qui l'ignoroit, ayant cité cette préface comme un modèle de jugement et d'impartialité dans la dispute vive sur les anciens et les modernes, fut fort étonné d'apprendre que l'auteur étoit un de ceux contre qui il vouloit en faire un titre. Ce ne seroit pas avoir une médiocre opinion du caractère de M. Rollin, que de croire qu'il se fût appuyé du même ouvrage, s'il eût été instruit du nom du véritable auteur. Le mérite de M. de Fontenelle étoit d'un si grand poids dans la cause des modernes, qu'on vouloit supposer qu'il méconnoissoit celui des anciens. Dans cette prévention, on l'avoit comparé à ces enfants vigoureux qui battent leur nourrice. Cette comparaison eût été plus justement appliquée à plusieurs de ceux à qui il avoit applani la route des sciences. Celles qu'on nomme exactes ont pu être portées en France plus loin qu'elles ne l'étoient alors ; mais en doit-on moins d'éloges à des maîtres capables de former des disciples dignes de les surpasser ?

Si M. de Fontenelle a trouvé des ingrats qui, peut-être, n'étoient pas assez éclairés pour être reconnoissants, et sentir ce qu'ils lui devoient, il en a été bien dédommagé par la considération dont il jouissoit dans toute l'Europe savante. Des étrangers distingués venoient en France, uniquement pour le voir. Un de ceux-là l'ayant demandé, en entrant dans Paris, aux commis de la barrière, crut ne s'être pas adressé à des François, puisqu'ils ne connoissoient pas le nom de Fontenelle. Cependant toutes les classes distinguées de la société lui rendoient dans sa patrie le même hommage que les étrangers. On vouloit le voir, on vouloit du moins l'avoir vu, si on n'étoit pas à portée de vivre avec lui.

Ses ouvrages, tout estimés qu'ils sont, ne l'emportoient pas sur sa conversation, mérite très rare. D'ailleurs, personne n'étoit plus fait que lui pour faire rechercher sa société, parceque personne n'a réuni plus de qualités sociales. Les hautes spéculations de la philosophie ne prouvent que l'esprit : la conduite seule prouve le philosophe. Son objet doit être de rectifier les idées, épurer les sentiments, régler les mœurs, et par là conduire au bonheur. C'étoit l'usage que M. de Fontenelle avoit fait de la philosophie. Il avoit trouvé l'art singulier d'étouffer la sensibilité naturelle sur les injustices, sans la perdre sur l'estime des hommes qui en méritent eux-mêmes. Si l'on étoit absolument insensible à toute espèce de louanges, on n'en mériteroit guère ; mais sa droiture ne lui a jamais permis de rechercher la gloire par des manœuvres contre ses rivaux ; il savoit qu'on perd souvent sa réputation en voulant enfler sa renommée : sa sagesse seule le rendit heureux. Il y a peu d'hommes qui pussent dire comme lui, à la fin d'une longue vie, qu'ils consentiroient à recommencer exactement la même carrière.

Le bonheur est l'objet de l'envie : le sien étoit un sujet d'éloge, puisque c'étoit son ouvrage. Sans ambition que celle de remplir les devoirs de son état, il n'en est jamais sorti. « L'homme sage, disoit-il, occupe le moins de place qu'il peut, et n'en change point. » M. le régent, s'étant bonnement imaginé que dans une compagnie où le mérite fait le titre d'admission, celui qui en a le plus à cet égard pourroit aussi la présider, offrit à M. de Fontenelle d'être le président perpétuel de l'académie des sciences. « Eh! monseigneur, répondit-il, pourquoi voulez-vous m'empêcher de vivre avec mes égaux ? » Caractère égal, on n'a jamais remarqué dans M. de Fontenelle aucun de ces écarts dont l'esprit ne préserve pas, et qu'il fait même excuser, parcequ'il n'en est que trop souvent la source. Tous les grands génies ont leur folie, lui disoit une princesse; vous êtes assez prudent pour nous avoir toujours caché la vôtre : avouez-nous-la de bonne foi. « En toute « humilité, répondit-il, je ne m'en connois point. » Tant de sagesse devoit être un objet de respect : elle fut encore en butte à la malignité. On tâcha de persuader que son ame étoit indifférente sur tout, et incapable de s'attacher aux dépens de son repos; c'est-à-dire qu'on lui reprochoit d'être né avec des passions réglées, ou d'avoir eu la force de se les assujétir. Eh! quelles sont donc ces amitiés du siècle qu'on proposeroit pour modèles? Quelques engouements peu réfléchis, bientôt suivis d'une liaison de respect humain, et quelquefois d'une rupture d'éclat. Les hommes supérieurs, loin de renfermer leurs inclinations dans un cercle étroit, se doivent peut-être à la société entière. C'est ainsi que les vrais princes s'occupent du bien des peuples, et n'ont point de favoris.

Cependant M. de Fontenelle a été ami essentiel, et en a eu un assez grand nombre pour un pareil titre. Il n'est pas d'ailleurs inutile d'observer que tous ceux qui ont cru ou voulu trouver peu de chaleur dans le cœur de M. de Fontenelle, ne l'ont connu que depuis sa soixantième année, âge où presque tous les hommes ont perdu les premiers, et par conséquent les plus chers objets de leurs affections; âge où l'on n'acquiert plus d'amis bien vifs, où l'on n'est plus soi-même en état de le redevenir comme on l'a été, quoique l'on continue de l'être, et que les anciens amis soient plus chers que jamais; âge enfin où l'on est réduit aux liaisons de société; mais les procédés les plus honnêtes qu'on y peut avoir, ne sont pas des sentiments. M. de Fontenelle est peut-être le seul homme qui, dans sa vieillesse, ait senti et avoué l'affoiblissement des forces de son esprit. Il savoit combien la mémoire est nécessaire à l'esprit. En effet, elle rassemble les idées, l'esprit les met en ordre, le jugement prononce sur la justesse de leur union. Il faut donc une mémoire étendue et prompte pour offrir à-la-fois une quantité d'idées, dont l'esprit fait un rapprochement subit, en supprimant la chaîne des intermédiaires, pour n'en donner que le résultat. M. de Fontenelle avoit souvent donné des preuves de ce talent rare. Je lui rappelois un jour quelques uns de ces traits d'une lumière vive. « Je ne produis plus, « me dit-il, de ceux-là. » Et en parlant des pertes de sa mémoire : « Prêt à déloger d'ici, c'est le gros ba- « gage que j'envoie d'avance. »

La longue vie de M. de Fontenelle pourroit encore entrer dans son éloge, puisqu'il la dut en partie à sa sagesse, sans rien retrancher sur les plaisirs, du moins sur les vrais, qui ne sont fondés que sur les besoins, et annoncés par les desirs : il ne s'en interdit aucun de ceux-là. Il écouta toujours la nature, sans lui commander des efforts. On ne l'oblige jamais à des avances, qu'elle n'en fasse payer les intérêts très cher. Né avec un tempérament sain, mais délicat et foible, puisque, dans son enfance, on ne croyoit pas qu'il pût vivre, il a rempli un siècle par sa conduite, et non par un régime superstitieux, peut-être aussi contraire à la nature que des excès. Il sembloit que Dieu, en lui donnant une raison supérieure, l'eût laissé le dispensateur de ses jours. Aussi disoit-il dans ses derniers moments, quand on l'interrogeoit sur son état, qu'il ne sentoit autre chose que l'impossibilité d'être. Il mourut le 9 janvier 1757; mais son nom ne mourra jamais.

L'éloge de plusieurs hommes illustres n'est qu'un hommage glorieux à leur mémoire, sans aucun fruit pour la postérité. M. de Fontenelle a laissé un exemple de ce que l'esprit juste et sage peut procurer de bonheur; mais on pourra peut-être lui appliquer ce qu'il a dit de son oncle Pierre Corneille, qu'il n'a laissé son secret qu'à celui qui sauroit l'employer.

FIN DE L'ÉLOGE DE M. DE FONTENELLE.

CONSIDÉRATIONS

CRITIQUES ET HISTORIQUES

SUR LE GOUT.

Les mots qu'on entend le plus souvent prononcer, ne sont pas toujours ceux qui font naître les idées les plus claires. Le mot goût, pris au figuré, est du nombre de ceux dont la signification n'est pas fort précise. Si nous n'avions jamais pour objet de nos pensées que des êtres physiques, tels qu'un arbre, une fleur, etc., nos expressions seroient toujours claires pour ceux qui connoîtroient ces objets, et parleroient la même langue; mais comme notre esprit se porte souvent sur des objets moraux ou métaphysiques, sur des abstractions, des modes, des rapports, etc., nos perceptions, qui peuvent être très claires pour nous, ne le sont pas également pour ceux à qui nous voulons les communiquer. Nous n'attachons pas tous au même terme une idée parfaitement uniforme; la moindre idée accessoire, ajoutée à une idée simple, peut mettre de la diversité dans nos jugements. Si je dis à quelqu'un, en entrant dans un parterre : voilà de belles fleurs, il sera sûrement d'accord avec moi sur l'existence des fleurs; mais l'idée de beauté que j'y ai ajoutée, suffit pour que le jugement qu'il en porte diffère du mien; et ce que je trouve beau peut lui paroître fort différent.

Indépendamment des idées réunies dans une proposition, combien avons-nous de termes qui, loin de porter la même idée dans tous les esprits, ne sont pas bien nettement conçus par celui qui les emploie! Les mots de courage, de modestie, d'honneur, de vice, de vertu, tous si communs dans les conversations, sont-ils des signes d'idées bien précises? Il n'y en a pas un de ce genre qui ne pût être la matière d'une discussion. Les mots transportés du propre au figuré, sont encore une source d'obscurité ou d'équivoque.

Lorsque les hommes ont voulu transmettre des idées relatives aux opérations de leur esprit, au mouvement de leur ame, à leurs sentiments, ils ont emprunté les dénominations des objets sensibles où ils croyoient remarquer quelque analogie avec ce qui s'opère dans leur ame. On parle du brillant de l'esprit, du feu de l'imagination, de la chaleur de l'amitié; ces expressions figurées ont souvent plus d'agrément, de force, d'énergie, que les termes propres; l'esprit est frappé à-la-fois de la lumière directe de l'objet et de la lumière réfléchie de l'image. Si, pour peindre les opérations de l'esprit, nous adoptons les noms des objets sensibles, nous empruntons aussi ceux des sens mêmes. Le toucher, la vue, l'odorat et le goût entrent figurément dans tous nos entretiens. On n'entend parler que de toucher, voir, sentir et goûter les choses les moins matérielles. L'ouïe est le seul de nos sens qui ne se prenne point au figuré. Si l'on se sert plus communément aujourd'hui du verbe entendre que du verbe ouïr, ce terme, loin d'avoir été emprunté du sens de l'ouïe, y a été appliqué d'après l'entendement de l'esprit.

Rien n'est plus ordinaire que l'usage figuré des autres sens avec des acceptions aussi claires, que s'il s'agissoit du propre; il y en a cependant un dont l'acception n'est pas absolument claire, c'est le goût. Aucun terme ne se prononce aussi souvent; mais, s'il est question de savoir quelle est sa nature, quel est son objet, les définitions différentes qu'on en donne prouvent d'abord que l'idée n'en est pas uniforme. J'ai même entendu quelquefois avancer que le goût ne se définissoit pas, et que, si l'on pouvoit le définir, on pourroit l'inspirer; il en seroit donc du mot goût comme de celui de hasard, qui ne signifie autre chose, en parlant de la cause d'un événement, que *je n'en sais rien*. D'ailleurs il n'est pas vrai qu'on puisse donner ce qu'on peut définir : on définit assez clairement d'autres facultés, telles que l'esprit, le génie, le talent, le jugement, etc., sans les communiquer par la définition. Il me semble qu'un homme raisonnable ne doit jamais prononcer un mot sans y attacher un sens décidé, du moins pour lui-même, puisque par les mots ce ne sont que ses idées qu'il veut communiquer.

D'après ce que j'ose avancer ici, on est en droit de demander ce que j'entends par le goût. Il me semble que le goût est le sentiment du *beau*. Le beau seul est donc l'objet du goût qui, dans les auteurs et les artistes est le talent de le produire, et, dans les juges, celui de le sentir et d'être blessé du contraire; car le goût ne consiste pas moins à rejeter ce qui est désagréable, qu'à être flatté du beau.

Il paroît assez singulier que, pour exprimer une faculté si fine de l'ame, on ait choisi un des deux sens qui, pris au propre, transmettent le moins d'idées, et ne font jamais que des fonctions matérielles. Le toucher, la vue et l'ouie, outre la propriété, commune à tous, d'être agréablement ou désagréablement affectés, sont le véhicule de presque toutes nos idées, sans que cette fonction fasse éprouver matériellement ni peine, ni plaisir. La main, ou seule ou avec le secours de l'œil, estime et mesure l'étendue, les distances, les proportions. L'ouie et la vue, par le moyen de la parole et de l'écriture, enrichissent l'esprit d'une infinité de connoissances. Le physique se fait à peine sentir dans toutes ces opérations de l'ame, quoiqu'il soit le moyen de ce qu'elle éprouve; mais le goût et l'odorat sont uniquement bornés au physique. Cependant on a choisi le goût pour le signe, la figure d'une des plus délicates fonctions de l'esprit, même à l'égard des choses qui sont uniquement du ressort de la vue. On cite le goût en peinture, en sculpture, en architecture, etc. Si l'on dit d'un connoisseur qui distingue et apprécie les beautés d'un tableau, qu'il a de *bons yeux*, cette expression ne lui attribue rien de matériel, mais du goût et de la pénétration, comme on dit encore qu'il a le tact fin, quoiqu'il ne soit nullement question de choses qu'on puisse toucher. Les yeux et le toucher sont pris figurément.

Puisqu'il y a tant de sortes de beautés que la vue seule nous met à portée de sentir, pourquoi lui a-t-on préféré le goût pour en faire le juge universel du beau en tout genre? Je crois que cette préférence vient particulièrement de l'obscurité de cette expression. Combien y a-t-il de gens naturellement très sensibles au beau, et blessés de ce qui s'en écarte, qui ne seroient nullement en état de motiver leur jugement. Cela me plaît ou cela me déplaît: voilà leur décision souvent très juste; mais le pourquoi dépend d'une analogie très fine, dont très peu d'esprits sont capables. Il est donc naturel, qu'en voulant rappeler les impressions qu'on reçoit à la manière dont les sens sont affectés, on ait choisi celui dont on est dispensé de rendre compte. C'est un axiome qu'on ne dispute pas des goûts.

Mais quand des philosophes auroient dirigé l'esprit dans le choix du terme figuré, pour être le signe représentatif des opérations les plus intellectuelles, ils n'en auroient pas choisi un autre. C'est ce qui va fixer l'objet du goût.

Le propre du beau est de plaire, d'être agréable, de quelque nature que soit l'agrément; or, le goût physique ne juge que des saveurs, c'est son unique fonction. Quoique la nature ait attaché du plaisir aux aliments nécessaires à notre conservation, ce plaisir n'est pas la mesure de leur salubrité, puisque les plus salubres ne sont pas toujours les plus agréables, et que dans bien des occasions le goût répugne à des potions dont la vie peut dépendre; le goût juge donc uniquement de ce qui est agréable : c'est pourquoi il s'applique figurément à ce qui peut plaire ou déplaire. Le premier qui adopta le goût pour symbole de ce qui flattoit sa vue, son oreille ou son esprit, crut y reconnoître quelque analogie avec l'impression des saveurs. Le goût est un sentiment non raisonné; la discussion peut le confirmer, quelquefois le détruire, et ne l'inspire jamais. S'il est accompagné et guidé par une sorte de discussion, elle est si fine et si prompte, qu'elle paroît plutôt être un effet de l'instinct qu'un jugement en forme.

La bonté ni la vérité ne sont point du ressort du goût, mais de la raison; quoique le bon et le vrai doivent être le fondement du beau, le goût ne juge que du dernier. Personne n'ignore que la raison, l'esprit, le jugement, le sentiment, le goût, ne sont point des êtres distincts et séparés de l'ame; mais il est souvent à propos, pour éclaircir nos idées, d'envisager séparément, et par abstraction, ces différentes facultés. Ainsi, parler du goût, c'est considérer l'ame uniquement occupée du beau.

Il est si particulièrement et si exclusivement l'objet du goût qu'on ne peut jamais l'appliquer aux vraies sciences; qui que ce soit ne s'avisera de chercher le goût en géométrie, en astronomie, en chimie, en médecine, etc. Son ressort ne s'étend pas non plus sur les grands objets de la société. On n'entendra point parler d'un général, d'un politique, d'un négociateur de bon goût; on dit bien d'un homme qu'il a du goût pour la géométrie, pour la guerre, ou pour toute autre science; mais le goût est pris alors dans une acception très différente, et ne signifie que l'inclination, le talent, les dispositions naturelles pour telle ou telle science. L'empire du goût s'étend sur la poésie, la musique, la peinture, enfin sur tous les arts que, pour cette raison, on nomme les arts de goût; ce qui n'en exclut pas les règles, qui ne sont cependant que des observations sur ce qui a plu, et sur les moyens de plaire.

En bornant le goût aux choses purement agréables, en l'excluant des grands objets de la société, je ne prétends nullement en diminuer le mérite. Il suppose beaucoup d'esprit, et en exige peut-être plus que des sciences plus utiles. Cet esprit, cependant, est ordinairement plus fin et délicat que ferme et profond. Le beau, quelque part qu'il se trouve, n'est que la forme, l'extérieur des choses; le goût ne s'exerce que sur des surfaces.

Il est si vrai que l'extérieur constitue seul la beauté prise au propre, qu'en parlant de la beauté d'une personne, on ne fait aucune attention à la santé, à la force, au caractère : rien enfin de ce qui est intérieur ne se présente à l'esprit. Le beau, transporté au figuré, a conservé la même acception qu'il a au propre. Le goût n'a que le beau pour objet; mais tous les genres de beauté ne sont pas de son ressort.

J'avouerai qu'on place parmi les auteurs de goût des génies créateurs et profonds, tels que Corneille et Molière; mais si l'on y fait attention, on verra que ce n'est pas sur la partie du génie que le goût prononce ; on ne dira pas que, dans leurs ouvrages, les plans, les situations, les caractères, sont de bon goût; quoiqu'on dise communément de belles situations, de beaux caractères, de beaux sentiments, ces différents genres de beauté exigent, pour être produits et sentis, toute autre qualité que du goût. C'est l'auteur qui a travaillé dans ce genre, ou celui qui en a fait une étude particulière, qui juge du plan et même des situations, du moins quant à l'art de les préparer, qui en fait le premier mérite. Le spectateur le moins exercé est blessé d'une situation forcée, sans savoir pourquoi, et touché de celle qui est préparée, mais sans reconnoissance pour l'art qu'il ignore.

Il faut de la sagacité, de la justesse et de l'expérience pour juger des caractères. L'élévation des sentiments ne se fait parfaitement sentir qu'à des ames élevées; les passions qu'à des ames sensibles, et qui en ont éprouvé; le goût juge simplement de l'élégance d'expression, du coloris, du style de ces grands ouvrages. Racine, à cet égard, avoit plus de goût que Corneille et Molière, sans qu'on en doive rien conclure à leur désavantage.

Newton pouvoit fort bien manquer de goût, quoiqu'il pût aussi en avoir; mais on voit qu'en général les hommes occupés de grandes affaires, de vastes desseins, d'études fortes, ont peu de goût *sur* les choses qu'on désigne sous ce titre. Peut-être cela vient-il aussi de ce qu'ils en ont peu *pour* ces choses-là, et n'y sont pas exercés. En effet, le goût exige, outre les dispositions naturelles, beaucoup d'exercice pour se perfectionner, s'étendre et s'affermir: aussi personne ne l'a peut-être jamais eu universel. Tel qui l'a exquis en musique, en est privé en peinture ou dans telle autre partie des arts; il y en avoit peu quand l'érudition régnoit exclusivement, mais elle le préparoit. La philosophie, qui doit l'éclairer, l'a peut-être altéré dans quelques esprits, et perfectionné pour d'autres; car elle peut opérer ce double effet, elle dessèche ce qu'elle n'éclaire point.

Après avoir établi que le beau seul est l'objet du goût, il faudroit définir le beau, et déterminer ce qui le constitue; mais c'est la matière d'un mémoire particulier. Je dirai seulement que le beau, quelque part qu'on le considère, me paroît résulter de l'accord, de l'harmonie, de la convenance de toutes les parties d'un tout. On dira peut-être que c'est plutôt définir la perfection que le beau; mais peut-être aussi les degrés du beau ne sont-ils que les degrés vers la perfection qui constitue le beau parfait.

Si les esprits bien organisés sont naturellement attirés par le beau, d'où peuvent naître tant de variétés de goûts de particulier à particulier, et surtout de nation à nation? C'est ici qu'on peut remarquer encore l'analogie qui se trouve entre le goût sensuel et le goût intellectuel. L'un et l'autre, quoique naturels, participent beaucoup de l'habitude. Comme on apprend à goûter certains aliments, le goût intellectuel se forme par l'exercice; si le goût physique a des préférences, de manière que ce qui est *sapide* pour un palais est insipide pour un autre, le goût intellectuel n'a-t-il pas ses prédilections, de sorte que tel se passionne pour les beautés d'un art auxquelles tel autre est peu sensible? Le goût physique se déprave par l'usage de mets recherchés et peu naturels, l'autre par un choix de mauvais modèles. Le goût est de tous les sens celui qui dégénère le plus facilement, les autres s'affoiblissent sans être viciés; on en peut dire autant du goût intellectuel : ce qui arrive de particulier à particulier, souvent dans le même individu, par l'âge ou d'autres circonstances, doit être encore plus frappant de nation à nation, ou d'un siècle à un autre. Il est aisé de s'en convaincre par la comparaison des ouvrages étrangers et des nôtres, et par celle de la littérature et des arts d'un même peuple en différents âges. Les causes morales influent plus que le physique sur les variations du goût dans les lettres et dans les arts. On ne les cultive point chez les peuples barbares ou conquérants, ce qui est à-peu-près la même chose, par-tout enfin où l'on est occupé de sa subsistance ou de l'enlever aux autres.

Les Grecs, à qui le monde moderne a dû les premiers modèles en tous genres, faisoient sans doute la guerre; mais c'étoit ordinairement par le seul principe noble qui puisse l'autoriser, l'amour de la liberté, qui élève l'ame et la maintient dans toute la force de son ressort.

Si je cite les Grecs comme le plus ancien des peuples policés, ce n'est pas que je doute que les sciences et les arts n'aient fleuri antérieurement chez d'autres peuples, tels que chez les Égyptiens et beaucoup d'autres ; mais il ne nous en reste point de monuments comparables à ceux qui attestent aujourd'hui ce qu'étoient les Grecs dans les lettres et dans les arts. Nous sommes portés à regarder comme inventeurs ceux dont les preuves ont échappé au ravage des temps. Quoiqu'il y ait toujours eu une tradition de peuple à peuple que le philosophe aperçoit, ce que les hommes appellent invention, n'est souvent que transmission ou renouvellement.

Quoi qu'il en soit, on ne voit nulle part mieux qu'en Grèce l'influence du gouvernement sur les arts de goût. Les deux principales républiques, Sparte et Athènes, peuvent être considérées comme représentant toute la nation. Les autres états de la Grèce cultivoient ou négligeoient les arts suivant le rapport de leurs mœurs avec celles d'Athènes ou de Sparte. La sévérité de celle-ci, uniquement occupée de la guerre, ne pouvoit, par sa constitution, faire naître les arts d'agrément. L'éloquence seule devoit fleurir également dans ces deux républiques, où les affaires d'état se traitoient devant le peuple ; mais, comme les arts prennent toujours l'empreinte du génie particulier d'une nation, les deux genres d'éloquence étoient très différents. A Sparte, il suffisoit de convaincre le peuple ; il falloit persuader celui d'Athènes. L'austère Lacédémonien eût été blessé d'un discours dont les ornements auroient montré l'espoir injurieux de le séduire. Athènes admit donc les ornements qui embellissent quelquefois l'éloquence, et finissent par la corrompre. Ce fut ainsi qu'à ses orateurs et ses philosophes succédèrent les rhéteurs et les sophistes. C'est donc dans Athènes seulement qu'on doit considérer la naissance, les progrès, la perfection et la décadence du goût.

Lorsque les arts fleurissent dans une démocratie, ce qui est moins ordinaire que sous tout autre gouvernement, les fortunes s'y trouvant dans une proportion plus rapprochée, le goût y doit être plus uniforme. Les citoyens d'Athènes, grands ou petits, riches ou pauvres, traitoient publiquement des affaires d'état, en discouroient dans leurs sociétés particulières, assistoient aux mêmes spectacles, étoient frappés des mêmes objets, familiarisés avec les mêmes chefs-d'œuvre, et devoient parler la même langue, c'est-à-dire, qu'on ne devoit pas distinguer chez eux, comme parmi nous, le langage de la cour, celui des différentes classes de la bourgeoisie, et le jargon du bas peuple : n'on que j'imagine, comme les enthousiastes de l'antiquité le répètent souvent, qu'une herbière d'Athènes parloit aussi purement que Théophraste, parcequ'elle le reconnut pour étranger ; eh! quel est parmi nous l'académicien né dans certaines provinces, qui, parlant avec le plus d'élégance et de pureté, ne seroit pas, à son accent, reconnu dans nos halles?

Suivons un peu le développement de l'industrie. Les métiers naissent du besoin, les arts naissent du luxe, les sciences et la littérature ont cette double origine.

Lorsque les arts s'introduisent dans une république, la première application s'en fait à l'utilité commune. Tout est pour l'état chez un peuple roi. Il fait et ordonne les dépenses; il en veut jouir bientôt. L'opulence et l'inégalité des fortunes amènent le luxe et les distinctions extérieures qui en opèrent successivement de réelles. L'intérêt personnel commençant à prévaloir, celui de l'état en devient plus indifférent. Les dépenses publiques sont négligées, à mesure que celles des particuliers se multiplient.

Athènes, par un avantage qui ne s'est peut-être trouvé dans aucun état où la richesse ait pénétré, consacra la sienne au luxe public. Les Athéniens ne disputoient point entre eux de faste extérieur. Ils vouloient que leur ville fût l'ornement de la Grèce. L'ambition de ce luxe national opéroit sur tout un peuple ce qu'on voit parmi nous chez des particuliers, avec cette différence que le luxe public fait naître des chefs-d'œuvre en tout genre, au lieu que le luxe privé est rarement en état de traiter les arts en grand, et en corrompt quelquefois le goût par des fantaisies bizarres et des caprices de mode.

La navigation, ouvrage d'une suite de siècles et de générations, et qui fait tant d'honneur à l'esprit humain, dut faire naître et perfectionner, chez les Athéniens, une infinité de connoissances dont elle a besoin; car les arts qui semblent avoir le moins de rapport, se prêtent des secours mutuels, et peuvent concourir à former le goût, ou la justesse d'esprit qui en est la base.

La passion des Athéniens pour l'éloquence, la poésie, la musique, les arts d'agrément, enfin pour tous les plaisirs de l'esprit, leur laissoit peu de sensibilité pour les spectacles barbares. Aussi ne voulurent-ils point admettre les combats d'animaux ni de gladiateurs, quoiqu'ils eussent le pancrace et le pugilat, quelquefois aussi dangereux, mais qu'ils tenoient de leurs grossiers ancêtres, et qu'ils conservoient moins par goût que par tradition.

Nous venons de voir pourquoi le goût devoit être aussi étendu qu'uniforme dans une république telle que celle d'Athènes. Il n'en étoit pas ainsi de Rome; toujours, comme Sparte, occupée de la guerre, et de plus de la fureur des conquêtes, ou agitée de dissentions domestiques, elle n'étoit nullement propre à cultiver les sciences et les arts, et même les dédaignoit, puisque dans le siècle le plus brillant, sous Auguste même, Virgile fait aux Romains presqu'un sujet d'éloge de leur indifférence à cet égard.

Excudent alii spirantia molliùs æra,
Credo equidem; vivos ducent de marmore vultus;
Orabunt causas meliùs; cœlique meatus
Describent radio, et surgentia sidera dicent:
Tu regere imperio populos, Romane, memento;
Hæ tibi erunt artes, pacisque imponere morem,
Parcere subjectis et debellare superbos [1].

J'excepterai toujours l'éloquence, qui dut nécessairement être en vigueur à Rome, et le sera dans tout état où le peuple sera compté pour quelque chose.

Dans la république, et jusque vers sa fin, les sciences et les arts furent des plantes étrangères. Les Romains allèrent chercher en Grèce jusqu'à leurs lois : un esclave grec, Andronicus, leur donna les premières règles du drame; Térence, qui le perfectionna, étoit un esclave africain. Leurs meilleurs acteurs étoient communément sortis de l'esclavage : de là vint, pour le dire en passant, et comme je l'ai fait voir plus en détail dans un autre ouvrage, le mépris de leur profession, sur laquelle rejaillissoit le vice de leur naissance; ce qui n'étoit pas en Grèce, où les acteurs étoient de condition libre.

Dès que les Grecs et les peuples les plus éclairés eurent subi le joug de Rome, les arts, ou plutôt les

---

[1] « D'autres peuples feront respirer l'airain avec plus de grace, « et donneront la vie au marbre; ils défendront les causes avec « plus d'éloquence, mesureront le ciel avec le compas, et mar- « queront la route des étoiles. Pour toi, Romain, apprends à gou-

monuments des arts, y furent transportés par les vainqueurs. Les statues, les tableaux, les riches tapis, *textiles picturæ*, les vases précieux, les obélisques, tous les chefs-d'œuvre des arts furent la proie de l'avarice et de la cupidité des conquérants, étalés dans Rome, et adoptés par le luxe, sans l'être encore par le goût. Un luxe subit le précéda long-temps avant de le faire naître.

On ne transplante pas les auteurs et les artistes aussi facilement que les livres et les ouvrages de l'art ; il faut bien des années de culture avant que les lettres et les arts soient pour ainsi dire acclimatés chez un peuple nouveau, et que ceux qui les cultivent aient formé des élèves et laissé des successeurs : j'en pourrois citer des exemples très récents dans l'Europe moderne.

Quand des étrangers viennent pour s'instruire chez un peuple poli, comme tout n'y est pas politesse, ils n'en remportent long-temps que les ridicules et les faux airs.

Les Romains ne cherchèrent à devenir les émules des Grecs que sur les modèles de ceux-ci ; et vers le siècle d'Auguste, sous ce prince, le plus habile des tyrans, et qui avoit tant d'intérêt à adoucir les

---

« verner les nations ; tes arts seront de dicter des lois, d'épargner
« les peuples soumis, et d'abattre les téméraires qui oseroient te
« résister. » (Traduction de M. Binet, tome III, p. 160, 4 vol.
in-12, chez Lenormant.)

mœurs, après avoir contraint les siennes, les lettres furent portées à un très haut degré par les Romains ou des naturels d'Italie. Il y eut alors, par un malheureux échange, plus de goût et moins de vertu que dans la république. Non que je veuille adopter le paradoxe, aussi faux que dangereux, que les lettres puissent corrompre les mœurs. Cette erreur vient de ce qu'on a pris ou voulu prendre pour cause d'un mal ce qui arrive quelquefois en même temps, sans que l'un soit l'effet de l'autre. La richesse commence par procurer des commodités dont la privation n'étoit pas pénible, avant qu'elles fussent connues, mais dont la jouissance est agréable, et devient ensuite nécessaire. Le luxe s'y joint bientôt sans les améliorer. Les mœurs s'altèrent, et les lettres peuvent en même temps se perfectionner; mais loin qu'elles soient la cause de cette corruption, elles en sont peut-être le seul dédommagement, en adoucissant les mœurs. Au reste, le vice peut abuser des choses même dont se sert la vertu. Il y a si peu de connexion entre le vice et les lettres, que depuis Auguste, et sous le despotisme impérial, elles allèrent toujours en dégénérant, pendant que tous les vices croissoient et régnoient ensemble. Enfin tout retomba dans la barbarie, sous le despotisme militaire, qui fait alternativement la force et la perte des princes qui l'emploient.

On assigne communément quatre époques au

règne des lettres et des arts, les siècles d'Alexandre, d'Auguste, de Léon X et de Louis XIV; le premier a été plus justement nommé le siècle d'Athènes et de la Gréce. Si l'on en fait honneur à Alexandre, c'est qu'il a fait lui-même époque dans l'histoire universelle, que ce prince protégea les savants, fit les plus grandes dépenses pour les recherches et les expériences d'Aristote, son précepteur, et que, toutes choses égales, le goût brille plus particulièrement dans une cour, quand il s'y montre. D'ailleurs Athènes est un exemple unique parmi les républiques. En effet, ce n'est pas à Carthage et dans un état uniquement commerçant, qu'il faut chercher les arts d'agrément. La destruction de cette rivale ne procura que des richesses à l'avarice de Rome, et contribua plus à sa corruption qu'à son goût.

Nous venons de voir ce qui a mérité à Auguste l'honneur de faire la seconde époque. A l'égard de Léon X, sa famille doit être regardée comme la restauratrice des lettres et des arts en Europe; les Médicis recueillirent tout ce que la barbarie chassa de la Gréce; ainsi les Grecs furent encore, pour l'Italie, ce que leurs ancêtres avoient été pour les Romains, leurs premiers maîtres, comme les Italiens ont été les nôtres. C'est de l'Italie que sont partis les rayons qui ont éclairé tous les états modernes; mais ils ont porté en quelques endroits plus de chaleur qu'il n'en est resté au centre. On y trouve encore des hommes qui, en chaque genre, seroient distingués ailleurs; mais les productions ordinaires sont des comédies bizarres, des sonnets, ou ce qui ne tient qu'au bel esprit, qui n'est de sa nature que le brillant des idées communes. Si les artistes de toutes les nations vont encore en Italie étudier les modèles de leur art, ils y cherchent plutôt les chefs-d'œuvre dont elle est dépositaire, que ce qu'elle produit aujourd'hui.

Le siècle de Louis XIV, et je ne le borne pas à la France, a égalé en tout les trois siècles renommés, et les a surpassés en plusieurs points. Ce siècle dure encore, malgré les déclamations de ceux qui ne contribuent en rien à sa gloire. Si quelques talents paroissent peut-être avoir moins d'éclat, combien de lumières, quelquefois, je l'avoue, mêlées d'un peu de fumée, ne se sont pas répandues de proche en proche! Plusieurs de ceux qui se bornent à juger des lettres, en ont autant que ceux qui les cultivent par état, et plus que bien des auteurs qui brilloient autrefois. Tel qui auroit parlé alors, ne seroit pas aujourd'hui en état d'entendre. Je ne nierai pas que des esprits éblouis de leur propre lumière n'aient pu, par hasard, la porter dans de fausses routes; mais c'est toujours la clarté qui fait reconnoître la vraie, et y ramène; au lieu que des gens qui ne peuvent régner que dans les ténèbres, ont exagéré de légers écarts, non pour ramener, mais pour empêcher de marcher.

Ceux qui occupent certaines places sans les remplir, voudroient n'avoir que des aveugles pour témoins. Ils regrettent le règne des talents futiles, et protégent de petits clients qui ne peuvent les démasquer. Ils voudroient éteindre par-tout le flambeau de la raison. Ce sont, si je puis en matière si grave employer une comparaison frivole, ce sont des femmes dont le visage craint le grand jour. S'ils sont quelquefois obligés de recourir aux gens d'esprit, ils les recherchent comme instruments, et les haïssent comme témoins.

Après avoir considéré l'état des sciences, des lettres et des arts dans leurs différentes époques, on remarque aisément quelle forme de gouvernement leur est la plus favorable. Il me semble que c'est un état opulent régi par des lois douces, tel que celui d'Athènes; telle fut aussi l'administration des Médicis, qui, après quelques contrariétés, usurpèrent la souveraineté par l'amour de leurs concitoyens, usurpation plus légitime que le droit de conquête. Les mêmes avantages se trouvent dans une monarchie tempérée par une politique habile, telle que celle d'Auguste, ou par le desir de plaire à un prince puissant qui aura été assez heureux pour l'inspirer, ou en jouir s'il le trouve établi. Alexandre est un exemple du premier, et Louis XIV du second.

A quelque degré de perfection que les sciences, les lettres et les arts soient portés dans une monarchie, le goût doit y être presque aussi varié qu'il s'y trouve de classes de citoyens isolés les uns des autres. J'entends, par ce goût varié, celui qui dépend de l'arbitraire, ou qui en participe; car le bon goût est un, et se dirige constamment vers le vrai beau; mais qui regardera-t-on dans une monarchie comme les vrais gardiens du goût?

Le prince et un petit nombre d'hommes peuvent être nés avec un goût naturel pour le beau, auquel l'habitude d'en être frappés, la facilité de s'en procurer les modèles, les rendra sensibles. Ils peuvent exciter, récompenser, encourager les talents; mais ils ne peuvent ni ne doivent en faire une étude qui nuiroit à des devoirs essentiels. « N'as-tu pas honte, disoit un jour Philippe à Alexandre, de chanter si bien? » Il eût été à desirer pour l'humanité qu'il ne se fût occupé que de musique; mais....

Les hommes livrés à des professions graves, telles que la magistrature, à une administration de commerce, de finance, enfin, à tout ce qui exige une application suivie, nés, comme les premiers dont je viens de parler, avec un goût naturel, ne peuvent l'avoir fort exercé.

Le peuple, moins considéré dans une monarchie que dans les républiques, livré à des travaux pénibles ou dégradé par la misère, n'en est pas même à soupçonner la perfection des arts. Les plus grossières productions font sur son ame plus d'impression que les chefs-d'œuvre de délicatesse et de goût. J'excepterai toujours l'éloquence : j'entends celle qui échauffe et subjugue l'imagination ; et peut-être n'y a-t-il que cette sorte d'éloquence qui en mérite le nom : trop d'art la refroidit et l'énerve. Si je ne craignois pas de scandaliser les gens polis et autres, je dirois que les missionnaires et les charlatans, inspirés par le zéle et l'intérêt, sont les plus éloquents orateurs.

Si les grands objets de la société politique ou civile ont peu de rapport avec les lettres et les arts, si l'indigence de la plus nombreuse partie des citoyens les en écarte encore plus, où trouverons-nous les gardiens du goût?

On ne peut douter que ceux qui, par état, cultivent les lettres ou les arts, ne doivent, généralement parlant, avoir, dans la partie dont ils s'occupent, le goût plus exercé que ceux qui n'en font que leur délassement. Ces derniers, cependant, concourent aux progrès du goût ; mais ce qui le soutient encore plus, c'est cette classe de citoyens qui, jouissant d'une opulence oisive, ou légèrement liés à la société générale par des places qui leur donnent plutôt un état, qu'elles ne leur imposent des occupations suivies, cèdent à un penchant naturel, consacrent leur fortune à l'encouragement des lettres et des arts, et y cherchent des amis, sans prétendre en faire des clients.

Ces trois classes réunies en forment une peu nombreuse dans quelque état florissant que ce puisse être. Un seul exemple en offre la preuve. Les trois spectacles de Paris, qui exigent le concours de tant de talents divers, ne sont pas habituellement fréquentés par trois mille personnes, presque toujours les mêmes, et sont comme étrangers pour huit cent mille autres.

Les cabinets consacrés aux arts sont assez rares. Une méprise très commune, c'est de confondre le luxe avec le goût. Aussitôt que celui-ci se fait remarquer et s'attire des éloges dans une nation puissante, le luxe vient en usurper le nom. Certains riches se l'attribuent naïvement, sans en donner d'autres preuves que des dépenses magnifiquement bizarres. Il n'est pas rare de voir dans des appartements surchargés de dorures, au lieu de tableaux de choix, de misérables copies, qui en occupent richement la place; car le luxe s'allie et compose souvent avec l'avarice. Le luxe stupide est la manie des petites ames; manie si forte qu'ayant une fois éclaté, elle ne disparoît que lorsqu'une ruine absolue l'y force : c'est le dernier sacrifice de la vanité, car il est au-dessous de l'orgueil. Sans vouloir prendre parti entre les adversaires et les apologistes du luxe, il faut qu'il soit bien pernicieux de sa nature, puisqu'il est presque aussi dangereux de le proscrire d'un état que de l'y faire naître. Une loupe est une difformité; mais on ne l'extirpe pas sans danger pour la vie.

Il y a encore une autre espéce d'usurpateurs de goût, comme on en voit de noblesse, incapables de rien produire, ou de soutenir ceux qui produisent. Ils se constituent juges des productions. Ils sont gens de goût par état. Ils n'en ont pas d'autre, trouvent assez de sots qui les croient, et incommodent à-la-fois les lettres, les arts et les vrais juges. Je ne m'arrêterai pas à développer davantage ici ce caractère, qui en auroit pourtant besoin.

Si le nombre des savants, des lettrés, des artistes, et de ceux qui sont dignes de les soutenir, est assez borné, cela n'empêche pas que l'utilité n'en soit très étendue, et qu'ils n'influent beaucoup sur la gloire et la prospérité d'un grand état. Il y a telle fête publique qui assure la subsistance d'une infinité de familles, dont les professions n'y ont qu'un rapport éloigné. Il est donc fort à desirer que le bon goût, en tout genre, ne céde pas à l'inconstance, et se maintienne dans une nation où il est comme naturalisé, et met à contribution les peuples imitateurs.

Trois de mes confrères [1], dont le nom seul fait une recommandation pour leurs ouvrages, ont

---

[1] Voltaire, Montesquieu, d'Alembert.

traité cette matière, chacun dans le caractère qui lui est propre. Quels que soient leurs principes sur le goût, ils en ont du moins fourni des modèles.

FIN DES CONSIDÉRATIONS SUR LE GOUT
ET DU TOME HUITIÈME.

TABLE

DES PIÈCES ET CHAPITRES

CONTENUS

DANS LE HUITIÈME VOLUME.

REMARQUES sur la grammaire générale et raisonnée.	1
1re *partie*. Chap. I. Des voyelles.	2
Chap. II. Des consonnes.	10
Chap. III. Des syllabes.	19
Chap. IV. Des mots en tant que sons.	24
Chap. V. Des lettres comme caractères.	30
Chap. VI. D'une nouvelle manière pour apprendre à lire facilement.	47
2e *partie*. Chap. I. Que la connoissance de ce qui se passe dans notre esprit est nécessaire pour comprendre les fondements de la grammaire.	51
Chap. II. Des noms substantifs et adjectifs.	55
Chap. III. Des noms propres.	59
Chap. IV. Des nombres singulier et pluriel.	60
Chap. V. Des genres.	63
Chap. VI. Des cas et des prépositions.	67
Chap. VII. Des articles.	78
Chap. VIII. Des pronoms.	94
Chap. IX. Du pronom relatif.	103
Chap. X. Si l'on doit mettre le relatif après un nom sans article.	114

TABLE.

Chap. XI. Des prépositions. 123
Chap. XII. Des adverbes. 128
Chap. XIII. Des verbes. 130
Chap. XIV. De la diversité des personnes et des nombres dans les verbes. 139
Chap. XV. Des temps du verbe. 142
Chap. XVI. Des modes des verbes. 146
Chap. XVII. De l'infinitif. 150
Chap. XVIII. Des verbes adjectifs. 155
Chap. XIX. Des verbes impersonnels. 159
Chap. XX. Des participes. 164
Chap. XXI. Des gérondifs et supins. 166
Chap. XXII. Des verbes auxiliaires. 171
Chap. XXIII. Des conjonctions et interjections. 190
Chap. XXIV. De la syntaxe. 192

Avertissement. 203
Mémoire sur les langues celtique et françoise. 205
Mémoire sur la langue françoise. 229
Mémoire sur les Druides. 259
Mémoire sur les épreuves par le duel et par les éléments. 277
Mémoire sur les jeux scéniques. 311
Mémoire sur l'action théâtrale. 345
Histoire de l'académie françoise. 373
Éloge de M. de Fontenelle. 405
Considérations sur le goût. 421

FIN DE LA TABLE.

www.ingramcontent.com/pod-product-compliance
Lightning Source LLC
Chambersburg PA
CBHW070530230426
43665CB00014B/1631